빛의 만리장성

『빚의 만리장성』에 보내는 찬사

디니 맥마흔은 『빅숏』의 마이클 루이스가 그랬듯 중국 경제의 베일을 벗겨내는 데 어느 누구보다 가까이 다가갔다. 그의 분석은 전문적이면서도 이해하기 쉽고, 구체적인 일화와 인물들을 통해 생생하게 전달되며, 다채로우면서도 비극적인 면이 있다.

— 『이코노미스트』

중국의 경기 둔화를 설명하는 데 『빚의 만리장성』을 대신할 수 있는 책은 없을 것이다.

— 『월스트리트저널』

중국 경제의 취약성과 모순을 취재한 수많은 책들 가운데 단연 최고다!

— 『로이터』

이해하기 쉽고, 말콤 글래드웰 스타일의 스토리텔링이 살아 있다. 중국에서 보낸 긴 시간 덕분에 맥마흔은 불투명한 금융 시스템의 장막 뒤를 이해할 수 있는 신뢰할 만한 통찰력을 보여준다.

— 『스코츠맨』

맥마흔은 경제와 금융이라는 광범위한 주제를 다룰 때 흔히 빠지는 함정을 훌륭하게 피했다. 너무 건조하거나 전문적인 서술 대신 기자의 시선으로 더 큰 주제를 알려주는 인물과 이야기들을 풀어내어 독자들이 지루해할 틈을 주지 않는다.

— 『선데이비즈니스포스트』

수많은 중국 관련 책들 가운데서도 『빚의 만리장성』은 단연 올해의 필독서가 될 것이다.

— 『차이나이코노믹리뷰』

디니 맥마흔은 중국 경제가 부상하는 과정을 연대기적으로 기록한 최고의 작가이다. 날카로운 관찰력과 깊이 있는 경제 분석으로 세계에서 가장 인구가 많은 나라 앞에 놓인 함정을 시기적절하게 경고한다.

— 자밀 앤더리니, 『파이낸셜타임스』 아시아 편집장

중국 금융의 지하 세계를 샅샅이 살필 수 있는 최고의 안내서. 지도부의 권력투쟁이나 미국과의 갈등보다 오히려 이 지하 세계가 중국이 진정한 초강대국이 될지, 아니면 무수히 많은 악성 부채의 무게에 짓눌려 멈춰설지를 판가름할 것이다.

— 리처드 맥그리거, 『아시아의 심판Asia's Reckoning』의 저자

『빚의 만리장성』은 중국에 관한 표준적인 경제 분석이라는 메마른 골격에 붉은 살을 입힌다. 가짜 마오타이주, 보비 곰인형부터 중국 정부가 '거대한 돈뭉치'를 어떻게 움직이는지에 이르기까지, 맥마흔은 결정적으로 중요한 시기에 현장에서 10년을 보낸 덕분에 오늘날 중국의 불안정한 금융 상황이 어떠하며 향후 어떻게 진화할 것인지에 관해 독특한 통찰을 제공한다. 점차 배타적으로 바뀌는 중국과 씨름하는 사람들을 위한 최고의 필독서.

— 칼 E. 월터, 전 JP모건체이스은행(중국) 최고경영자이자 『붉은 자본주의Red Capitalism』의 공저자

CHINA'S GREAT WALL OF DEBT

그림자 금융, 유령 도시, 대규모 부채
그리고 중국 경제 기적의 종말

빛의 만리장성
CHINA'S GREAT WALL OF DEBT

디니 맥마흔

유강은 옮김

일러두기

1. 본문에 나오는 중국 지명의 경우 성에는 원어를 병기하지 않고, 생소한 도시 등의 지명에만 간체자로 원어를 병기하였다. 단, 산시성의 경우 山西省과 陝西省을 구분 하기 위해 원어를 병기하였다. 중국 인명의 경우 중국 정치인 혹은 학자의 이름에만 간체자로 원어를 병기하였다.

2. 그 외의 외국 인명, 지명은 국립국어원의 외래어 표기법을 따랐고, 네이버백과사전, 브리태니커 등을 참조하였다. 그 외의 것은 원음에 가깝게 발음하였다.

3. 『 』는 단행본 혹은 정기간행물을 표시하며, 「 」는 논문 또는 신문기사의 제목이다.

4. 본문의 강조(고딕체)는 지은이의 것이다.

5. 본문의 * 표시는 모두 옮긴이 주로 각주로 처리하였다.

6. 이 책에서 지은이가 참조한 문헌 가운데 우리나라에 번역 소개된 책은 본문의 각주 또는 후주에 처음 등장할 때 서지 사항을 밝혀두었다.

중국어를 선택하게 해준 어머니와 아버지에게

CHINA'S
GREAT WALL
OF
DEBT
차례

서론 공포와 탐욕 _11

1장 · 블랙박스 _29

2장 · 좀비 기업 _61

3장 · 유령 도시 _93

4장 · 토지 약탈과 부동산 붐 _127

5장 · 그림자 금융 _159

6장 · 거대한 돈뭉치 _187

7장 · 개혁에 대한 저항 _223

8장 · 중국판 공급 중심 경제학 _251

9장 · 신창타이, 새로운 표준 _283

후주 _313
감사의 말 _351
옮기고 나서 _355
찾아보기 _361

공포와 탐욕

1985년, 중국공산당 총서기이자 덩샤오핑^{鄧小平}에 이어 중국 내 2인자인 후야오방^{胡耀邦}이 오스트레일리아를 방문했다. 세계 지도자로서는 다소 이례적으로 후야오방은 수도인 캔버라나 다른 주요 도시로 곧장 향하지 않고, 파라버두^{Paraburdoo}로 날아가는 것으로 오스트레일리아 방문을 시작했다.[1]

파라버두, 현지인들이 부르는 말로 "파라"는 인도양에서 시작해 오스트레일리아 내륙 깊숙이까지 길게 뻗은 붉은 땅인 필바라^{Pilbara} 남쪽 가장자리 바로 안에 있는 작은 광산 도시이다. 도시 이름은 이곳에 가득한 흰 앵무새를 가리키는 원주민 단어에서 따온 것이다.[2] 새를 포함해 모든 것을 뒤덮은 붉은 흙먼지가 아니라면, 적어도 이 앵무새는 하얀색일 것이다.

해마다 연초에 비가 오면, 도로변을 따라 애슈버턴 피^{Ashburton pea}와

스터트 피$^{Sturt pea}$가 보라색과 분홍색 꽃을 피우면서 파라버두는 온갖 색깔로 넘쳐난다. 하지만 한 해의 대부분은 덤불만 듬성듬성한 화성 같은 붉은 사막이다. 이곳은 오스트레일리아에서 가장 더운 지역으로 손꼽히며 파리 떼의 본고장이다. 3주 전 그들의 지도자에 앞서 방문했던 중국 관료 선발대가 가장 관심을 보인 것도 이 파리 떼다.[3]

좀처럼 접근하기 힘든 오스트레일리아의 외딴 구석까지 후야오방이 찾은 것은 사실 붉은 흙 때문이었다. 파라버두, 그리고 좀더 넓게 보아 필바라 전체는 세계에서 철광석이 가장 풍부한 곳으로 손꼽힌다. 1978년에 권력을 굳힌 덩샤오핑은 마오쩌둥毛澤東 아래서 수십 년 동안 정체되었던 중국 경제를 근대화하는 대규모 계획에 착수했다. 그러려면 자원이 필요했다. 후야오방은 도로를 따라 20킬로미터 떨어진 차나르산$^{Mount Channar}$을 방문하기 위해 파라버두로 날아갔다. 차나르산은 중국 최초의 해외 자원 투자처가 될 광석이 풍부한 산이었다.[4] 후야오방은 미래의 광산 꼭대기에 서서 더듬거리는 영어로 이 산을 "보물창고"라고 지칭했다.[5]

2011년, 나는 아버지와 함께 파라버두를 방문했다. 아버지는 전후에 경제 기적이 한창이던 일본에 공급하기 위해 1971년 파라버두에 광산을 세웠지만, 40년 동안 그곳을 다시 찾지 않았다. 겉모습만 보면 도시는 별반 달라진 게 없었다. 붉은 땅 한가운데에 어울리지 않게 자리한 광산 관리자 사택과 깔끔하게 다듬은 잔디밭은 여전히 마우스하우스$^{Mouse House}$라고 불렸다. 아주 작은 키에 광석을 제때 선적하기 위해 부지런히 다그치던 태도 때문에 아버지가 얻은 마이티 마우스$^{Mighty Mouse}$라는 별명을 딴 이름이었다. 근처에 있는 골프장은 여전히 풀 한 포기 보이지 않는 맨흙에 9홀 규모였고, 퍼팅 그린도 미끄러운 모래로 된 붉은 땅이어서 퍼팅을 할 때마다 땅을 먼저 살살 쓸어야 했다.

변한 것은 노동력이었다. 40년 전에는 파라버두에서 일하려면 그곳에 살아야 했는데, 그 이야기는 열기와 먼 거리, 성별 불균형을 견뎌야 했다는 의미이다. 하지만 2011년에는 모든 게 바뀌어 있었다. 그곳에 상주하는 대신, 노동력의 압도적인 부분을 차지하는 남성의 20퍼센트 정도가 "비행기 출퇴근족" 생활을 했다. 회사가 제공하는 비행기를 타고 와서 2주 동안 일을 하고, 다시 비행기를 타고 문명 세계로 나가서 2주 동안 휴가를 즐기는 것이다. 노동자를 찾아서 계속 일을 시키려면 그런 변화가 필요했다.

아버지가 파라버두에서 일하던 당시, 그곳은 필바라에서 세 번째로 큰 광산이었다. 차나르는 다섯 번째에 불과했다. 하지만 2011년에는 필바라에 30개가 넘는 광산이 있었는데, 대부분 2000년 이후 세워진 것들이었다. 이 나라의 다른 지역에서도 광산이 우후죽순처럼 생기는 가운데 그 많은 광산에 필요한 인원을 충원하기 위해 회사들은 광업을 매력적인 일로 만들 방법을 찾아야 했다. 결국 그들은 비행기 출퇴근족을 고용해 오스트레일리아에서 내로라하는 수준의 임금을 지불했다. 필바라 지역의 트럭 운전사들과 굴착 기사들은 1년에 자그마치 20만 호주 달러*를 벌 수 있었다.[6] 숙련 노동자들이 광산으로 발길을 돌리자 시드니와 멜버른에서는 장인들의 씨가 거의 말랐다. 요컨대 이 노동자들은 역사적 유례를 찾아보기 힘든 호황, 즉 중국의 호황에

* 약 1억 6,000만 원.

기여하고 있었다.

20여 년 전만 해도 중국은 싸구려 운동화를 대량 생산하는 능력 말고는 나머지 세계와 별 관계가 없는, 세계의 공장에 불과했다. 그런데 대규모 도시화로 전례 없는 자원 수요가 생기면서 필바라에 새 기운을 불어넣고 전 세계의 상품 수출국들에게 노다지를 안겨주는 국가가 되었다. 현재 중국 경제는 다음 단계로 나아가는 중이다. 활력이 넘치는 중산층이 등장하면서 잠재적으로 수억 명에 달하는 소비자가 부자나라의 소비자들에 맞먹는 취향을 발전시킴에 따라 앞으로 수십 년 동안 전 세계의 성장을 이끌 것으로 기대된다.

한편 오스트레일리아 정부가 과감하게 믿고 중국공산당에 최초의 해외 투자를 허용한 지 30년이 지난 지금, 중국의 해외 투자가 엄청난 규모로 진행되고 있어서 캔버라에서 워싱턴 DC, 베를린에 이르는 각국 수도가 안보에 미치는 함의를 우려할 정도이다. 그렇지만 바로 이 나라들의 시장과 주지사들은 중국 기업에 공세적으로 구애를 하고 있다. 중국 기업이 투자하면 지역 경제를 소생시키는 데 도움이 될 것이라고 기대하기 때문이다. 그리고 개발도상국들에서는 중국의 차관 덕분에 경제 발전에 필수적인 기반 시설 건설이 가능해져, 중국의 자금이 없었다면 건설되지 못했을 항만과 도로 같은 필수적인 시설들— 그리고 아직은 그만큼 절실하지 않은 스포츠 경기장과 정부 관청까지 포함해—이 속속 만들어졌다.

수십 년 동안 세계는 성장의 쌍둥이 엔진으로 미국과 유럽에 의존했는데, 글로벌 금융 위기에서 볼 수 있듯 두 엔진이 동시에 고장 나면 매우 불안정한 상태에 빠질 수밖에 없다. 2030년 무렵 중국이 미국을 앞질러 세계 최대 경제로 부상할 것으로 예상되는 가운데,[7] 중국은 마침내 제3의 엔진으로 부상 중이다. 그렇지만 세계가 중국 경제의 부상 전망에 군침을 흘리는 가운데 우리 모두가 걱정해야 하는 것은 다름 아닌 중국 경제의 약점이다.

나는 아홉 살이던 1988년에 처음 중국어 수업을 들었다. 마침내 중국이 차나르 광산을 개발하는 거래에 서명한 지 몇 달 뒤였다. 수업을 신청한 건 아버지의 아이디어였지만, 매주 금요일 오후 방과 후에 나를 중국어 교실에 데려가는 책임을 맡은 것은 인내심이 많은 어머니였다. 나는 어머니에게 몇 번이고 시간과 돈만 낭비할 게 뻔하다고 설명했다. 그렇지만 결국 어머니가 이겼고 어쨌든 나는 초등학교 내내, 그다음에는 고등학교까지 계속 중국어를 배웠다.

돌이켜보면 1990년대는 중국 호황의 초창기였다. 오늘날에는 80퍼센트 이상이 중국으로 향하지만, 2003년까지만 해도 오스트레일리아 철광석의 주요 종착지는 일본이었다. 그렇지만 내가 고등학생일 때에도 중국의 부상이 불가피해 보이는 면이 있었다. 그래서 분명 좋은 점도 있었다. 지금도 내가 1996년에 고등학교 졸업시험을 준비하며 최종 시험에서 활용할 수 있는 이런 문장들을 암기하던 기억이 난다. "중국어를 배우면 취직하는 데 도움이 될 것이다." "중국의 빠른 경제 발전은 오스트레일리아에 좋은 일이다."

고등학교를 마친 뒤 나는 베이징으로 가서 1년 동안 중국어를 배웠다. 그리고 몇 년 뒤 다시 가서 또 1년 동안 공부했다. 세 번째로 중국에 갔을 때는 눌러앉았다. 나는 모두 합쳐 13년—성인기의 상당한 기간—을 중국에서 살았는데, 처음에는 학생으로, 나중 10년 동안은 경제 언론인으로 살았다. 오늘날 중국은 내가 열일곱의 나이에 처음 방문했을 때에는 상상조차 하지 못할 정도로 바뀌었지만, 나에게 그대로 남아 있는 한 가지가 있다. 나는 언제나 중국에는 뭔가 저항할 수 없는 매력이 있다고 생각했다. 변화의 속도, 사람들의 역동적인 모습, 조국의 운명에 관한 사람들의 굳건한 믿음 등이 그것이다. 단지 중국에 체류한다는 사실만으로도 나는 역사의 일부일 뿐만 아니라 역사의 아주 특정한 단계, 그러니까 중국이 부유한 세계를 따라잡는 경주의 일부가 된 것 같은 느낌을 받았다.

중국에 머무르는 동안 나는 중국 경제가 바뀌는 모습을 보았다. 이 구조적 변화는 적어도 처음에는 분명 더 나은 쪽으로의 변화였다. 하지만 시간이 흐르면서 나는 세계의 부러움을 사던 경제가 서서히 기능장애에 빠지는 모습을 보았다. 언뜻 보기에도 문제는 분명했다. 경제 모델은 이미 수명을 다했는데 개혁이 아직 준비되지 않았던 것이다. 현재 이런 성장 모델은 중국 경제와 글로벌 경제의 건전성을 모두 위협하고 있다. "전후戰後 시기에 발생한 지금까지의 모든 세계적인 불황은 미국 경제의 하강에서 시작되었지만, 다음번에는 중국발 위기로부터 시작될 가능성이 크다." 2016년, 모건스탠리 인베스트먼트 매니지먼트의 수석 글로벌 전략가이자 『국가의 흥망성쇠The Rise and Fall of Nations』의 저자인 루치르 샤르마Ruchir Sharma는 이렇게 진단했다. "중국의 기적 같은 성장기는 끝났으며, 이제 중국은 부채의 저주에 직면해 있다."[8]

중국 경제에 관한 흔한 오해는 수출 주도 경제라는 것이다. 한때는 그랬지만, 이미 10여 년 전부터 중국 경제는 수출 주도 경제와 거리가 멀었다. 글로벌 금융 위기가 강타했을 때, 미국과 유럽의 가계 차입 덕분에 가능했던 수출량의 지속적인 증가세는 덜컹거리며 멈춰 섰고, 결국 수천만 명의 중국인이 일자리를 잃었다. 성장의 고삐를 죄기 위해 베이징 당국은—전 세계 여느 주요국 경제와 마찬가지로—대대적인 경기 진작에 나섰지만, 다른 나라들이 주로 정부 지출을 통해 경기 부양 예산을 충당한 것과 달리, 중국에서는 은행들이 큰 짐을 짊어졌다. 글로벌 경제가 교착상태에 처했을 때 중국은 거의 위기를 겪지 않았다. 금융 시스템이 신규 주택과 기반 시설, 공장 등의 건설에 필요한 막대한 금액을 빌려주었기 때문이다.

경기 진작은 결코 중단되지 않았다. 대신에 부채가 중국의 성장에서 핵심 동력이 되었다. 절대적인 수치로 볼 때, 중국의 부채는 관리 가능한 수준으로 보인다. 정확히 측정하기는 어렵지만, 2016년 말 중국 비금융 부문에서 누적된 총 부채액은 경제 규모와 비교했을 때 약 260퍼센트로,[9] 미국의 비율과 거의 같은 수준이다(일부 추정치에서는 미국의 수치를 훨씬 높게 잡는다). 하지만 우려되는 것은 총 부채액이 아니라 부채가 누적되는 속도다. 2008년, 중국의 국내총생산GDP 대비 부채는 160퍼센트에 불과했다. 과거의 경험을 볼 때, 한 나라의 경제 규모에 비해 지나치게 많은 부채가 아주 빠른 속도로 누적될 경우 대체로 위기가 뒤따른다는 것을 알 수 있다. 실제로 중국의 부채 누적 속도는 현대사에서 가장 빠른 축에 속한다.[10] 중국인민은행에 따르면, 2008년 이래 중국 경제의 부채는 약 12조 달러 이상이 증가했는데, 이것은 그해의 미국 전체 은행 시스템의 규모와 맞먹는 액수다. 중국의 은행 시스템은 지난 9년 동안 규모가 4배 커졌다. 바야흐로 세계 곳곳의 금융 중심지에서 경보가 울리기 시작하는 중이다.

2016년 말, 잉글랜드은행 총재 마크 카니Mark Carney는 이렇게 말했다. "신흥 경제는 말할 것도 없고 선진 경제에서도 이례적인 규모의 차입이다."[11] 그는 중국의 성장이 점점 "급속한 신용 팽창"에 의존하고 있는 것을 글로벌 금융 안정성의 첫 번째 위험 요소로 꼽았다.

중국을 돌아다니다보면 무언가 잘못되었다는 사실을 알 수 있다. 많은 도시들이 텅 빈 고층 아파트에 둘러싸여 있다. 화려한 신축 정부 청사에는 공무원들이 다 들어가고도 사무실이 남아돈다. 중국 공장들은 전 세계 철강 생산량의 절반이자 이 나라가 사용할 수 있는 수준을 훨씬 초과하는 양을 생산한다. 공장을 짓기 위해 바다를 메워서 토지를 개간하고 있지만, 그 땅에 공장은 전혀 지어지지 않는다. 전국 각지에 무수히 많은 공장이 지어졌지만, 최대 생산 능력을 온전히 활용하는 공장은 눈을 씻고 보아도 찾을 수 없다. 위험 요소는 이런 개발 사업에 낭비된 부채가 절대 상환되지 않을 것이라는 사실이다.

아마—"중국의 세기"라고 상투적으로 묘사되는—21세기 어느 시점에선가 중국은 세계 최대의 경제가 되고, 전 세계적 지배는 아닐지라도 많은 이들이 바로 코앞에 다가왔다고 생각하는 수준의 지역적 지배를 이루어낼 것이다. 하지만 그런 일이 생기기 전에 중국은 심판에 직면할 것이다.

그 심판이 어떤 모습일지 확실히 알 수는 없다. 금융 위기가 될 수도 있고, 일본이 "잃어버린 10년" 동안 경험한 장기간에 걸친 경기 둔화가 될 수도 있다. 또는 성장률이 2퍼센트 정도로 떨어질지도 모른다.

이 수치는 선진국 경제에서는 상당한 수준이지만, 중국같이 필사적으로 선진국을 따라잡으려는 개발도상국에게는 물속에 서서 헤엄치는 것과 비슷한 수치이다. 어쩌면 당국은 경제를 성공적으로 개혁할 수도 있을 것이다. 하지만 이 시점에서 개혁은 고통스러운 동시에 성사시키기 어려우며, 무한정은 아니더라도 당분간은 성장이 한결 느려지는 결과를 낳을 것이다. 그런데 심판이 어떤 형태를 띠는지와 무관하게 한 가지는 확실하다. 이제 기적은 끝났다는 것이다. 베이징이 다가오는 사태를 어떻게 관리하는지에 따라 중국의 상승이 단지 늦어지느냐, 아니면 영원히 궤도를 벗어나느냐가 결정될 것이다.

물론 지금까지 오랫동안 거듭해서 예언된 어떤 위기도 중국에서 현실되지 않았다. 2001년, 칼럼니스트 고든 챙Gordon Chang은 『중국의 임박한 몰락The Coming Collapse of China』*이라는 책을 출간했는데, 여기서 그는 중국 경제가 허약한 금융 시스템 때문에 위협받고 있으며, 공산당은 10년 안에 권좌에서 밀려날 것이라고 주장했다. 2010년, 엔론의 붕괴를 예측한 것으로 유명한 미국의 헤지펀드 매니저 짐 체이노스Jim Chanos는 중국 경제가 "지옥으로 향하는 쳇바퀴에 올라 있다"[12]고 설명하면서 중국의 부동산 시장이 "두바이를 1,000배 확대한 모습"이라고 꼬집었다. 바로 전해에 아랍에미리트가 위기를 겪은 일을 상기시키는 발언이었다.[13] 2014년 초, 투자자 조지 소로스는 어느 글에서 중국의 성장 모델은 "활력이 다했다"고 말했다. 그는 "중국이 직면한 어려운 문제가 (……) 몇 년 안에 곪아 터질 것"이라고 예측했다.[14]

---

* 우리나라에는 『중국의 몰락』(고든 G. 창 지음·형선호 옮김, 뜨인돌, 2001)으로 소개되었다.

그로부터 2년 뒤 소로스는 "사실상 경착륙은 피할 수 없다"고 말했다. "나는 경착륙을 예상하는 게 아니다. 이미 보고 있는 중이다."[15]

그렇지만 중국 경제는 여전히 건재할 뿐만 아니라 꾸준하게 높은 성장률을 유지해왔다. 지난 40년간 거의 매년 평균 10퍼센트 성장률을 기록했고, 6퍼센트 이하로 떨어진 적이 없다. 2012년 이후 성장 속도가 저하되면서 황금기가 끝난 듯 보이지만, 2016년에도 경제는 믿기 어려울 정도로 탄탄하게 6.7퍼센트의 성장률을 기록했다.

많은 사람들이 보기에, 이렇게 확고하게 실패하지 않는 모습은 중국 예외주의를 보여주는 증거이며, 이데올로기에 휘둘리지 않은 채 성장이라는 최우선적인 목표를 추구하면서 어려운 결정을 내릴 수 있는 테크노크라트 엘리트 집단의 수중에 경제 관리를 맡긴 결과이다. 미국에서는 중국 예외주의에 대한 믿음이 대체로 불안정한 미국 상황에 빗댄 표현으로 드러난다. "우리가 하루 동안 중국이 될 수 있다면 어떻게 될까요?" 2010년 토머스 프리드먼은 〈미트 더 프레스Meet the Press〉에 출연해서 이렇게 물었다. "아시다시피 우리는 제대로 된 해법을 승인할 수 있을 겁니다."

중국은 미국 언론에서 대체로 이렇게 묘사된다. 즉 미국이 모방하고 싶어하지만 그러지 못해서 걱정인 모든 것, 또는 가까운 미래에 될 수 없는 나라, 다시 말해 재정적으로 건전하고 지배적인 기술을 보유하며 순조롭게 통치되는 나라로 말이다. 이런 표현의 가장 우호적인 극단에는 2015년 영화 〈마션The Martian〉에서 묘사되는 중국이 있다. 영화에서 미항공우주국NASA은 중국이 도와주지 않는다면 맷 데이먼을 화성에서 구조할 수 없을 것이다. 반면 불안해하는 극단에는 2010년 미국의 정치 광고가 있다. 2030년 베이징의 강의실 풍경이라고 주장하는 광고에서 중국 교수는 미국의 전 세계적 우위가 쇠퇴한 것은 미국이 낭비하고 빚을 졌기 때문이라고 설명한다. "그래서 지금 미국이 우리 밑에서 일하고 있는 겁니다"라고 교수가 말하자 강의실 전체가 웃음바다가 된다. 갤럽에서 해마다 시행하는 여론조사에 따르면, 2011년 이후로 미국인의 과반수가 비록 중국 경제가 규모 면에서 미국 경제의 70퍼센트에 불과할지라도 이미 중국이 세계를 이끄는 경제가 되었다고 생각한다.[16]

요컨대, 중국 예외주의를 사실로 인정하는 일반적인 분위기야말로 중국이 가진 상당한 힘의 원천이다. 오스트레일리아의 전 총리 토니 애벗Tony Abbott은 2014년 독일 총리 앙겔라 메르켈이 오스트레일리아의 대對 중국 정책을 움직이는 힘이 무엇이냐고 묻자 이렇게 요약했다. "공포와 탐욕이지요."[17]

오스트레일리아는 대부분의 다른 나라들에 비해 중국의 부상을 통해 경제적 이득을 얻고 있다. 광산업의 호황은 내가 파라버두를 방문하고 나서 오래지 않아 끝났지만, 현재 오스트레일리아 사람들은 농업이 그 자리를 대신하고 있다고 말한다. 중국 중산층이 점점 더 많은 쇠고기와 해산물, 와인, 꿀, 유제품을 구입하고 있기 때문이다. 한편 그 어느 때보다 많은 중국인들이 오스트레일리아 공항에 도착하면서 교육과 관광업이 각각 이 나라의 3위, 5위의 수출 산업으로 올라섰다.

하지만 애벗 총리가 말한 탐욕은 오늘날 세계 2위 규모의 경제에 접근하면 얻을 수 있는 열매에 관한 것이라기보다는, 10년 정도만 있으면 1위가 될 나라의 잠재력에 관한 것이다. 미국이 해마다 2퍼센트씩 간신히 성장한다고 가정하면, 중국은 2016~2026년에 경제 규모를 2 배로 늘려야 할 것이다.[18] 중국의 성장 규모 자체는 선진 각국의 성숙한 시장을 능가하는 기회를 보여준다. 하지만 중국의 부상에 따른 결실이라는 특권을 누리기 위해서는 터무니없는 대가를 치러야 할 것이라는 공포가 실재한다.

오래전부터 중국은 다른 나라가 중국 경제에 진출해오는 것을 정치적 수단으로 활용해왔다. 오슬로에 본부를 둔 노르웨이 노벨위원회가 중국의 반체제 인사 류샤오보劉曉波에게 평화상을 수여하자, 중국은 노르웨이산 연어 수입을 대폭 감축하는 것으로 노르웨이에 응징을 가했다.[19] 2016년, 한국이 베이징 당국의 반대를 무릅쓰고 미국의 사드 THAAD—고도로 발전된 레이더 시스템—배치를 허용하자 중국은 한국을 방문하는 단체 여행객 수를 줄이고[20] 한국 재벌 롯데그룹이 중국에 개설한 99개 점포의 절반 이상에 영업정지 처분을 내리는 것으로 대응했다.[21] 그리고 2016년 말 몽골 정부가 달라이라마의 입국을 허용하자 중국은 몽골의 대중국 수출에 새로운 관세를 부과하는 것으로 불만을 표시했다.

오스트레일리아의 애벗 총리가 이야기한 공포는, 중국이 영유권 주장을 밀어붙이고, 자신의 선호와 묵인, 타협과 소망에 맞게 국제 질서를 개편하려는 시도가 세계에서 가장 중요한 성장의 원천으로 진입하는 데 따르는 대가가 될 것이라는 사실 앞에서 느끼는 공포이다. 하지만 공포와 탐욕은 한 가지 근원적인 가정에 입각한다. 바로 중국이 아무 방해도 받지 않고—하나의 경제와 글로벌 강대국으로서—상승하는 것이 불가피하다는 가정이다.

그런 불가피성, 또는 예외주의에 대한 믿음은 현재까지의 매우 인상적인 실적에 근거한다. 중국의 테크노크라트들은 온갖 역경을 무릅쓰고 거의 40년 동안 빠른 성장세를 지속시켜왔다. 중국이 경제구조를 개혁하는 데에는 선견지명과 기술, 정치적 용기가 끊임없이 필요했다. 초기의 개혁가들은 공산주의의 기본 교의인 인민공사와 계획경제를 폐기했다. 다음 세대는 세계무역기구WTO에 가입하기 위해 수만 개의 국영기업을 폐쇄하고 무역 장벽을 무너뜨렸다.

　하지만 마지막 세대의 위대한 개혁가들은 2000년대 초에 퇴장했다. 이와 대조적으로, 최근의 지도자들—글로벌 금융 위기를 거치면서 중국을 이끈 지도자들—이 이루어낸 대성공은 안정을 유지하기 위해 개혁을 피한다는 신중한 결정의 결과이다. 그 후로 부채와 낭비가 거대한 규모로 증가함에 따라 경제가 작동하는 방식을 철저히 점검할 필요성은 더욱 중요해졌다. 따라서 다음과 같은 영원한 질문이 제기된다. 중국 지도자들은 이 문제에 어떻게 대응할 것인가? 시진핑習近平 주석은 현재 자신이 직면한 과제를 분명하게 알고 있다.

　2016년 초에 발표된 연설에서 시진핑은 이렇게 말했다. "만약 우리가 경제를 구조적으로 바꾸는 대신 단기적인 성장을 이루어내기 위해 경기를 부양하기만 한다면, 미래에 세금을 물리는 꼴이 될 것입니다." 그러면서 중국이 2020년 말까지 구조 개혁을 이루어내야 한다고 말했다. "만약 계속 머뭇거리면서 지켜보기만 한다면, 우리는 이 소중한 기회의 창구를 잃을 뿐 아니라 개혁기가 시작된 이래 축적해둔 자원을 고갈시키게 될 겁니다."[22]

　체제의 월권행위를 줄이려고 시도하는 과정에서 시진핑은 복지부동하는 관료들의 완강한 저항에 부딪혔고, 지금까지 극히 작은 성공만을 거두었을 뿐이다. 그런데도 그는 부채와 낭비를 끊임없이 누적시키는 메커니즘을 철저하게 점검하는 데 무관심해 보인다. 오히려 시진핑이 구조 개혁에 관해 가지고 있는 비전은, 기존 체제에 새로운 성장의 마디를 접목하여 중국이 현재의 여러 문제를 넘어서서 계속 성장하게 하는 것이다. 지금까지 그가 내놓은 타협안은 이전에 표준이었던 "빠른" 성장을 고집하는 대신 연 6.5퍼센트 정도의 "중간 속도" 성장을 호소하는 것이었다. 그런데 문제는 미래 성장을 추동할 수 있는 새로운 산업을 구축하려는 시진핑의 실험이 계속되는 가운데서도 중국 지도부가 필요하다고 여기는 속도로 계속 경제가 성장하려면 점점 더 많은 부채가 필요하다는 것이다. 2015년, 중국의 전 재무장관이자 정부에서 가장 친개혁적인 인물로 손꼽히는 루지웨이樓繼偉는 대학생들과의 대화에서 이런 진퇴양난 상황의 본질을 포착했다. "첫 번째 문제는 차입 투자leverage가 누적되는 것을 막는 것입니다. 하지만 그러면서도 경제가 속도를 잃도록 내버려두어선 안 됩니다."[23]

중국 경제는 예외적이지만, 우리가 다 같이 추론한 방식으로 예외적인 것은 아니다. 중국은 위기와 불황과 공황을 겪지 않는다기보다는 베이징 당국이 그런 상황을 인정하는 것을 무기한 미룰 수 있을 정도로 개입할 의지와 능력이 있다는 점에서 독특하다. 하지만 그럴수록 미래에 직면할지도 모를 더 큰 고통을 차근차근 쌓는 대가를 치러야 한다. 체이노스와 소로스는 틀리지 않았다. 중국 당국이 문제를 뒤로 미룰 수 있는 유례없는 능력을 가지고 있을 뿐이다. 하지만 매번 뒤로 미룰 때마다 문제는 점점 커지고 있으며, 이제는 예전만큼 멀찍이 미뤄둘 수 없다. 어느 순간, 그들은 전혀 미루지 못하게 될 것이다.

이 책에서 내가 시도하지 않는 것들이 여러 가지가 있다. 이 책은 엘리트 정치에 관한 책이 아니다. 따라서 중국 고위 지도자들의 생각이나 당파와 파벌들이 꾸미는 정치적 음모에 관한 통찰을 기대하는 사람이라면 크게 실망할 것이다. 수년간 중국 경제에 관해 보도한 끝에 나는 중요한 변화는 하향식이 아니라 상향식으로 확산된다는 사실을 배웠다.

이 책은 악성 채무를 정리하거나, 공장을 폐쇄하거나, 차입자들에게 책임 있는 태도를 강제하는 등의 어떤 단편적인 시도가 되었든, 거시경제 개혁을 다루는 책이 아니다. 지금까지 수년 동안 이루어진 여러 개혁은 대체로 근원적인 구조적 문제를 깊이 파고들어 바로잡는 대신 과도한 행위를 피상적으로 정리하려고 시도했을 뿐이며, 이런 시도들은 좋은 의도와는 무관하게 언제나 방해를 받았다.

이 책은 세계 1위의 기술을 보유한 대기업을 세운 기업가들이나, 예전의 실크로드 경제들에 다시 활기를 불어넣으려는 정책이라고 느슨하게 정의할 수 있는 일대일로一帶一路 구상을 통해 새로운 시장을 창출하려는 베이징의 시도 같은 중국 경제의 밝은 면에 관한 책이 아니다. 두 가지 모두 그 자체로 매력적이긴 하지만, 어느 쪽도 중국 경제의 궤적에 중대한 영향을 미칠 것 같지는 않다.

그리고 마지막으로, 이 책에서는 언제 파국이 시작될 가능성이 높은지, 또는 그 파국이 어떤 모습일지 정확하게 예측하려고 시도하지 않는다(그렇다 하더라도 심판의 날이 빠르게 다가오고 있는 것은 분명해 보인다). 그보다는 중국 경제가 어떻게 작동하는지, 왜 중국 경제는 스스로를 구조할 위치에 있지 않은지 그 역학을 규명하려고 시도한다. 그런 시도에 착수하기 위해 나는 부채에 초점을 맞춘다. 왜 국영기업과 지방정부들은 그렇게 많은 돈을 빌렸는가, 금융 시스템은 어떻게 국영기업과 지방정부들에 편의를 제공했는가, 테크노크라트 관리자들은 왜 감당할 수 없는 지경이 될 때까지 상황을 방치했는가, 현재 중국이 추구하는 해법은 왜 해결책이 되지 못하는가?

중국을 이해하려는 시도를 설명하기 위해 걸핏하면 사용되는—타당한 이유가 없는 것은 아니다—비유 중 하나는 코끼리를 만지는 장님에 관한 옛날이야기이다. 코를 움켜쥔 장님은 이 짐승이 뱀이라고 생각한다. 반면 다리를 잡으면 나무라고 생각한다. 중국이라는 국가를 전체적으로 이해하기란 굉장히 어려운 일이다. 거기에는 여러 가지 이유가 있다. 중국은 인구가 10억이 넘는 지리적으로 거대하고 다양한 나라이며, 중국어는 문외한이 배우기에 대단히 어렵다. 이런 사실에 더해 비밀주의 문화에 뒤덮인 불투명한 정치체제, 우리의 경제와 근본적으로 다른 방식으로 작동하는 급변하는 경제, 신뢰하기 힘든 공식 데이터와 통계, 개인과 기업과 무수히 많은 국가 부문의 경제적 결정에 영향을 미치는 독특하고 복잡한 일군의 유인 등이 복합되어 있다.

나는 지금도 옛날이야기 속 장님 같은 기분이며, 이 책이 얼마나 불완전한지 잘 알고 있다. 하지만 서브프라임 모기지 위기가 미국을 강타했을 때, 사람들은 상황이 그렇게 좋아 보였을 때 도대체 어떻게, 그리고 왜 그렇게 나빠진 것인지 앞다투어 이해하려고 애썼다. 중국 경제의 재앙이 깊어지면 사람들은 비슷한 답을 찾으려고 하겠지만 더 어려울 것이다. 나는 자신들도 모르는 사이에 승승장구하는 것처럼 보이는 중국 경제의 불합리한 면모를 이해하려고 지난 10년간 애써왔고, 이 책은 왜 지금 중국 경제가 흔들리기 시작하는지, 그리고 이 사실이 세계 나머지 지역에 왜 그토록 나쁜 징조인지 그 이유를 설명하려는 시도이다.

1장

블랙박스

이제 황쿤^{Huang Kun}의 얼굴에서는 예전 사진에서 볼 수 있던 오동통한 모습을 찾아볼 수 없었다. 그는 때로 무려 34명의 수감자와 함께 작은 감방에 갇혀 2년을 보내는 동안 몸무게가 40파운드*나 줄었다. 황은 벌어진 이 사이로 보이는 미소와 태평한 태도 뒤에 구금으로 인한 심리적 트라우마를 대부분 감추고 있지만, 중국 감옥에 수감됐던 시절을 이야기할 때면 어깨가 처지고 시선이 먼 곳으로 향한다. 석방되고 1년 뒤에 만난 캐나다 시민 황은 "교도소는 비인간적인 상태에 빠뜨리고 [자백서에 서명하도록] 강요하는 시설"이라고 말했다. "그곳에서는 법의 존중 같은 게 없습니다. 법체계는 하찮은 존재일 뿐이에요."

황의 이야기에 따르면 감방의 조명은 꺼지는 법이 없었고, 자살하

---

* 약 18킬로그램.

는 사람이 없도록 밤이면 수감자들끼리 교대로 동료를 감시하도록 강요받았다고 한다. 매일 하는 운동이라야 콘크리트 담장으로 둘러싸인 콧구멍만 한 운동장에서 1시간 동안 하는 게 전부였다. 식사로는 시든 채소로 끓인 멀건 국과 맛이 변해 시큼한 만두가 나왔다. 수감자들은 감방 크기에 맞춘 나무 침상에서 잤는데, 낮 시간에는 침상을 벽에 세워놓고 작업을 했다. 주로 크리스마스 전등을 만드는 일이었다. 한번은 황의 동료 수감자가 작업을 거부하자 교도관들이 그를 고문했다고 한다. "기다란 쇠파이프를 두 다리 사이에 끼우고 (……) 감방 앞 복도를 왔다갔다 걸어 다니라고" 강요했다고 한다.

황은 명예훼손죄로 그곳에 수감된 것이었다. 2011년 9월, 그와 존 칸스^{Jon Carnes}—그의 상관이자 소규모 헤지펀드의 소유주—는 허난성의 견실한 산업도시인 뤄양洛陽에서 한 은광 회사에 관한 보고서를 발표했다. 뉴욕과 토론토의 증권거래소에 상장된 기업이었다. 두 사람은 그때까지 수행한 조사에 기초해 볼 때 이 회사가 생산하는 은의 규모는 북미 주주들에게 말하는 수치와는 아주 거리가 멀어 보인다고 보고서에서 밝혔다. 이후 이 회사는 두 사람을 뉴욕에서 명예훼손으로 고소했다. 판사는 두 사람이 단순히 의견을 표명한 것일 뿐 어느 누구의 명예도 훼손하지 않았다며 고소를 각하했다. 하지만 명예훼손이 민사상으로만이 아니라 형사상으로도 범죄가 될 수 있는 중국에서 두 사람은 그렇게 가볍게 넘어가지 못했다.

칸스는 캐나다에서 휴가를 보내고 있을 때 자신이 조사를 받고 있다는 통보를 받았다. 그는 중국에서 쌓아 올린 것을 곧바로 포기하고 다시는 중국으로 돌아가지 않았다. 하지만 황은 여권이 없었기 때문에 중국을 떠날 수 없었다. 인도 여행을 계획하던 중이라 비자를 받기 위해 인도 대사관에 여권을 제출한 상태였던 것이다. 그가 여권을 다시 손에 넣었을 때는 이미 감시 대상 명단에 올라 있었다. 마침내 황은 중국을 떠나려고 시도하다 2011년 12월 베이징 공항에서 구금되었다. 알몸 수색을 받고 3일 동안 밤샘 조사를 받은 뒤, 6개월 동안 가택 연금에 처해졌다가 결국 교도소로 이감됐다. 그는 15개월을 구금된 끝에 하루 만에 일사천리로 진행된 비공개 재판에서 유죄를 선고받았다. 그리고 몇 달 뒤 열린 항소심에서도 졌다. 그 무렵 그의 형기는 그에게 선고되었던 2년에서 불과 한 달이 남은 상태였다. 형기가 만료되자 경찰은 그를 공항으로 데려가 비행기 표를 사라고 말했다. 2014년 7월, 황은 밴쿠버 공항에 도착해서 마침내 집으로 돌아갔다.

내가 칸스와 황을 만났을 때, 두 사람은 밴쿠버 교외에 있는 칸의 2층짜리 집 1층의 방 하나를 사무실로 쓰고 있었다. 그 방은 사무실이라기보다는 동굴에 가까웠다. 방 안에는 평면 TV와 인조가죽 소파 그리고 커피 기계 2개, 수집용 병 위스키(정도는 달라도 거의 병이 비어가는 상태였다), 빈 레드불 상자로 꽉 찬 파란색 재활용 쓰레기통이 있었다. 한쪽 벽에서 주가 그래프를 번쩍이고 있는 컴퓨터 모니터 다섯 대만이 두 사람이 금융 분야에서 일한다는 사실을 보여주는 유일한 표지였다. 2009~2011년에 두 사람이 투자자에서 사기 단속업자로 변신한 소수 투자자들을 이끌고, 북미에서 주식을 판 중국 기업 수십 곳의 범죄 활동을 파헤쳤다는 사실을 보여주는 흔적은 아무것도 없었다.

두 사람의 기준에서 보았을 때, 문제의 그 은광 회사 ― 실버코프메탈Silvercorp Metals ― 에 관한 보고서는 그 전까지 그들이 발표한 보고서 가운데 너그러운 축에 속했다. 3개월 동안 실버코프를 조사한 뒤 그들은 뭔가 앞뒤가 맞지 않아 보인다고 자신 있게 말하면서도 누군가가 사기를 저지르고 있다고 비난하는 데는 신중했다. 하지만 확신을 갖게 되자 그들은 적당히 넘어가지 않았다. 황이 체포되기 전, 두 사람은 뉴욕증권거래소와 나스닥에 상장된 총 8개의 중국 기업을 불법행위로 고발했다. 결국 8곳 모두 거래소에서 상장 폐지되었고, 4곳의 고위 경영진이 미국 증권거래위원회에 의해 고발되었다. 회사 광산을 비밀리에 매각해서 미국 투자자들 몰래 수익을 챙긴 석탄 회사 회장[1], 회사 수입 규모를 속이고 주주들의 돈을 챙겨서 집을 사고 회사 신용카드로 베벌리힐스의 샤넬과 발렌티노 매장에서 쇼핑을 한 폐수처리 회사 회장과 최고경영자 부부[2], 증권거래위원회가 최소한 4,000만 달러의 회사 자금을 "횡령"한 혐의로 고발한 유전 개발 회사 회장[3] 등이었다.

지금도 고향인 사우스캐롤라이나의 부드러운 남부식 콧소리로 말하는 칸스는 2006년 중국으로 이주할 때 30대 후반이었다. 점점 많은 수의 중국 중소기업들이 미국 증권거래소에 상장하고 있을 때였다. 칸스는 투자할 만한 숨은 보석을 찾고 있었다. 중국에서 태어나 캐나다로 귀화한 황은 그가 처음 뽑은 직원들 중 하나였다. 그들은 일찍 진출해서 초창기 몇 년 동안은 큰돈을 벌었다. 중국의 경제 호황이 매력을 발휘하면서 여러 기업의 주가가 급등했기 때문이다. 하지만 그들은 미국에 있는 투자자들이 보지 못하는 무언가를 볼 수 있었다.

"회사들은 1,000만 달러를 벌고 있다고 밝혔지만, 우리가 계산해보면, 천만에요, 겨우 100만 달러에 불과했습니다." 칸스가 말했다. 이 회사들은 수입을 거짓으로 부풀려 실제 가치보다 훨씬 많은 돈을 받고 주식을 팔았다. 그리하여 중국인 소유주들은 맹목적으로 과다 지불을 하는 미국인 투자자들에게서 돈을 갈취할 수 있었다. 칸스와 황처럼 실제로 조사—때로 회사가 생산한다고 주장하는 물건을 실제로 만들고 있는지 직접 공장을 방문해서 확인하는 등의 간단한 일이었다—를 하는 사람이 거의 없었기 때문에 거짓말은 들통나지 않았다. 칸스가 내게 말했다. "우리는 시장이 폭발적으로 커지는 모습을 지켜보았지만 아무것도 사지 않았습니다. 그 숫자들을 믿을 수 없었으니까요."

그래서 2009년에 주가가 2배로 뛰자, 칸스와 황은 오히려 중국 기업들을 공매도하기로 결정했다. 공매도는 주가가 떨어지면 돈을 벌 수 있는 방법이다. 대체로 공매도자들—특히 칸스나 황처럼 자신들이 주가가 하락할 것으로 믿는 이유를 공개적으로 밝히는 행동주의적 공매도자들—은 기업과 투자자, 그리고 주가 상승세를 유지하는 데 관심이 있는 모든 사람에게 욕을 먹는다. 하지만 칸스와 황은 악담이나 멸시보다 심각한 위험에 직면했다. 처음 그들이 어느 회사에 관한 부정적인 조사 결과를 온라인에 게시했을 때, 불만을 품은 그 회사의 부회장이 황의 사무실이 있는 청두成都에서 그를 찾아냈다. 황이 그때의 기억을 떠올렸다. "이렇게 말하더군요. '우리 둘 다를 위해 그 내용을 즉시 내리는 게 좋을 거요. 팔이나 다리 하나가 잘려도 괜찮겠습니까?' 폭력배처럼 보이지는 않았어요. 안경을 썼고, 정말 점잖게 말하더군요."

그렇지만 황은 그 회사의 평판이 아주 나빴다고 말했다. 그와 칸스는 게시물을 내렸다.

그때부터 두 사람은 칸스가 공들여 고안해낸 완벽한 분신인 앨프리드 리틀Alfred Little이라는 필명으로 온라인에 보고서를 발표했다. 그 계략 덕분에 뤄양시 경찰이 두 사람에 대한 수사를 시작하기 전까지는 정체를 계속 감출 수 있었다. 하지만 칸스와 황은 이런 속임수로 처음에는 안전을 담보할 수 있었지만, 그들이 조사를 위해 고용한 사람들한테는 이런 방식이 통하지 않았다. 한번은 칸스가 어떤 회사가 주주들에게 말하는 만큼 많은 제품을 선적하고 있지 않음을 입증하기 위해 사람을 고용해서 공장 출입구 앞에 저속촬영 카메라를 설치하게 했는데, 이 과정에서 그가 회사 측에 잡혔다. 그 회사 회장은 그의 두 다리를 부러뜨리겠다고 위협했다. 칸스와 황의 또 다른 고용인은 집에 있다가 자신이 조사 중이던 회사에서 보낸 사람들에게 잡혀가 3시간 동안 호텔에 갇혀 있다 겨우 탈출했다. 또 언젠가는 지방정부 사무실에서 조사를 마친 뒤 집으로 돌아가던 변호사가 길에서 총을 든 남자들에게 끌려가는 일도 있었다. SUV로 변호사를 끌고 간 남자들은 그를 권총으로 가격하면서 조사를 중단하라고 을러댔다. 하지만 아무도 경찰에 이들을 고발하지 않았다.

이 모든 불쾌한 사건들 때문에 칸스와 황은 국영기업은 조사하지 않기로 방침을 정했다. 정부가 자신의 이익을 보호하기 위해 관여할 경우 어떤 일이 벌어질지 아무도 알 수 없었기 때문이다. 그렇지만 어느 모로 보나 개인이 소유한 회사인데도 전형적으로 국영기업과 관련된 종류의 지원을 받는 회사들이 간혹 있었다. 권총으로 가격당한 변호사가 나중에 황에게 말한 내용에 따르면, 그를 공격한 남자들은 자신들이 중국의 비밀경찰인 국가안전부 소속이라고 밝혔다고 한다. 두 사람이 조사한 또 다른 회사는 공장 구내에 경찰서를 지어놓고, 투자를 희망하는 사람들이 경찰의 호위를 받으며 시내를 둘러보게 했다고 한다.

이처럼 국가와 사익 집단의 경계가 모호했기 때문에 결국 황은 캐나다 법원에 불법 감금을 고발했다. 황은 단 하루도 구금될 이유가 없었다. 그는 실버코프가 상장된 곳이자 자신이 공정한 심리를 받을 것이라고 생각하는 캐나다에서 정의를 추구하고 있는 중이다. 그의 사건이 이례적인 것은 그가 중국 정부나 뤄양시, 뤄양시 경찰을 상대로 소송을 제기한 게 아니기 때문이다. 황은 국영기업이 아니라 상장 기업인 실버코프를 상대로 소송을 벌이고 있다. 그는 자신이 억류된 게 "국가의 독자적인 행동이 아니라 실버코프가 지역 경찰에 영향력을 행사한 결과"라고 주장한다.[4] 바꿔 말해, 그는 중국 당국이 정의나 법을 위해서가 아니라 사기업이 자신의 평판을 해치고 응징을 가하는 것을 공공연하게 돕기 위해 행동했다고 주장하고 있는 것이다.

중국 정부는 이제 과거와 달리 경제를 통제하지 않는다. 1980년대에 덩샤오핑이 경제개혁에 착수하기 전에는 대다수 품목의 가격을 정부가 정한 반면, 오늘날에는 에너지 가격과 몇몇 화물 운송료만 국가가 통제한다. 한때는 모든 사람이 정부에 고용되어 있었지만, 요즘은 국영기업의 고용률이 도시 노동력의 15퍼센트 이하에 머무르고 있다.[5] 표준이 됐던 국영 독점기업은 이제 금융, 에너지, 전자통신같이 전략적으로 중요한 소수 산업에만 영향을 미칠 뿐이다. 그런데 언뜻 보면 전통적인 국가 통제 메커니즘이 대부분 해체된 것 같지만, 그 대체물이 무엇인지를 명확히 설명하기는 훨씬 더 어렵다.

피상적으로 보면, 중국은 자유 시장 자본주의를 받아들인 것처럼 보인다. 기업은 자체적으로 사업 결정을 내리고, 사적 소유가 존재하며, 다보스 포럼에서 발언을 하는 첨단기술 기업가에서부터 길모퉁이에서 꼬치구이를 파는 남자에 이르기까지 모든 사람이 이윤을 만들어내려고 애쓴다. 이 나라는 주식시장, 담보대출, 벤처 캐피털 펀드, 경매 회사 등 자유 시장경제에 흔히 존재하는 모든 인프라를 갖추고 있다. 도시들마다 마천루가 빼곡하고, 도로는 고급 승용차들로 꽉 막히며, 거리에는 스타벅스 커피숍이 우후죽순처럼 생겨나고 있다.

하지만 중국은 국가자본주의의 특징 또한 다수 보여준다. 베이징 당국은 공작기계에서부터 철강에 이르기까지 여러 산업을 여전히 지배하는 국영기업에 통제권을 행사한다. 게다가 베이징은 로봇공학이나 반도체같이 중국이 글로벌 리더가 되고자 하는 산업에 보조금을 쏟아부으면서 우승자를 고르려 한다. 그리고 국내의 우수 국영기업들에게 독점을 비롯한 특전을 주어 키운 뒤 해외로 보내 자원과 전략적으로 유용한 인프라를 매입하게 한다.

그렇지만 사기업이 공권력을 등에 업고 그들을 사주할 수 있는 경제는 기껏해야 패거리 자본주의crony capitalism라고 할 수 있을 것이다. 시진핑 주석이 여러 해 동안 부패 척결 운동을 벌이고 있지만 부패가 여전히 기승을 부리는 것은 분명해 보이며, 관리들과 사기업은 계속 ―상호 이익이 되는―복잡한 관계를 유지한다. 그렇지만 패거리 자본주의, 국가자본주의, 자유 시장 자본주의 모두―각각으로나 모두 합쳐서나―중국 경제의 성격을 충분히 설명해주지 못한다. 시장은 번성하지만 정부의 존재를 어디에서나 찾아볼 수 있다. 양자의 상호작용은 중국만의 독특한 모습이다.

이런 역학에 대해 중국공산당은 이렇게 설명한다. 2013년, 공산당은 이제부터 시장이 경제에서 "결정적인" 역할을 하겠지만(전에는 "기본적인" 역할에만 국한되었다) "지배적인" 역할은 계속 국가가 담당할 것이라고 선언했다. 그런 변화가 발표된 이래 시장이 실제로 더 중요한 역할을 했다는 징후는 전혀 없지만, 그건 중요한 게 아니다. 중요한 것은 공산당이 국가의 역할을 약화시키지 **않고서도** 시장의 역할을 증진할 수 있다고 생각했다는 점이다. 이것은 심대한 모순처럼 보인다. 국가를 지배적인 지위에서 이를테면 단순히 영향을 미치거나 그냥 협의하는 지위로 좌천시키지 않은 채 시장을 기본적인 지위에서 결정적인 지위로 상승시킬 수는 없다. 그러려면 시장과 국가 통제가 양팔 저울의 양쪽 끝에 있어서 한쪽에서 한 걸음 멀어지면 다른 쪽으로 한 걸음 가까이 간다고 가정해야 한다.

그런데 공산당은 그렇게 생각하지 않는다. 중국 당국은 노골적인 국가 통제의 굴레를 해체하고 그것을 시장으로 대체하려고 하면서도 시장이 하는 일이 마음에 들지 않을 때는 언제든지 개입할 권리를 고스란히 유지한다. 당국은 경제를 개방된 시장의 마법에 기꺼이 맡기려 한다. 하지만 결과에 만족하는 선에서이다. 결정적으로, 국가는 자신이 원하는 것을 얻기 위해 독점이나 가격통제, 기업에 대한 직접 소유—이런 것들은 국가 통제의 전통적인 함정이다—를 필요로 하지 않는다. 대신에 비공식적이고 임시적이며 많은 경우에 외부자들에게 보이지 않는 방식으로 개입한다.

나는 중국 금융 시스템을 규제하는 자리에 있는 한 고위 관리와 가벼운 대화를 나누던 중, 중국 당국이 시장과의 관계를 어떻게 보는지 처음으로 이해할 수 있었다. 그의 사무실에서 서로 마주 보고 앉아 이야기를 나누는데, 우리 사이에 놓인 커피 테이블에는『이코노미스트』와『파이낸셜타임스』최근호가 잔뜩 쌓여 있었다. 그때가 2013년이었는데, 중국 바깥에서는 중국 은행들의 악성 채무가 전체 자산의 고작 1퍼센트밖에 되지 않는다는 공식 데이터에 대한 불신이 고조되는 중이었다. 대출 속도와 전국 각지에서 진행되는 수상쩍은 건설 사업들의 규모를 감안할 때, 그 수치는 터무니없이 낮아 보였다. 내가 물었다. 그 수치를 정말 믿어야 하는 겁니까?

그는 이 문제를 직접 언급하지 않은 채 이렇게 대꾸했다. "만약 중국이 사실은 회수 불능 채무가 생각보다 많다고 선언할 경우 누구든 실제로 이익을 보는 사람이 있다고 보십니까?"그의 대답은 나의 의표를 찔렀다. 나는 투명성이 본질적으로 좋은 것이라고 여겨지는 경제 전통에서 자랐다. 그런데 그는 그런 선입견에 전혀 매이지 않는 사람이었다. 그렇게 수정하려면 굉장히 많은 비용이 든다고 그가 말했다. 은행들이 국제 기준을 충족시키려면 신속하게 추가 자본을 확충하기 위해 싼값에 주식을 처분해야 했다. 그동안 은행들은 채무를 환수하기 위해 채무 담보권을 실행하고 토지와 공장, 기타 모든 자산을 압류해야 했다. 그럴 경우 좋은 시절이 올 때까지 버틸 수만 있으면 재정 건전성을 회복할 수 있는 기업들이 파산할 수밖에 없다.

그는 이런 접근법을 "공간과 시간을 맞바꾸는 일"이라고 지칭했다. 2차 대전 때 중국국민당이 일본에게 상하이를 잃은 뒤 구사한 전략이었다. 우월한 장비에 잘 훈련된 침략자들을 맞이한 국민당은 중국 극서부로 철수하면서 국가의 상당 부분을 일본에 내주었다. 적군이 기지에서 멀리 떨어진 곳까지 추적하느라 보급로가 지나치게 늘어지면서 지치는 동안, 결국 국민당 군대가 전열을 정비해서 반격을 준비할 시간을 벌 속셈이었다.

그의 추론에는 어느 정도 호소력이 있었다. 만약 당국이 한동안 규칙을 적용하지 않을 수 있다면 왜 중국이 불필요한 고통을 견뎌야 하는가? (물론 이 전략은 당국이 벌어들인 시간을 활용해서 쓰레기 더미를 청소할 때에만 효과가 있다. 이 대화를 한 지 5년이 지난 지금, 문제의 규모는 악화되었을 뿐이다.) 하지만 규칙 적용을 보류한다는 것은 결국 은행들이 악성 채무를 처리하는 데 필요한 자본을 조달하지 않아도 된다는 뜻이고, 시장이 중국 은행의 주식 가치를 평가할 수 있는 정확한 정보를 제공하지 않았다는 뜻이며, 대중이 경제의 건전성에 대해 그릇된 긍정적 관점을 가졌다는 뜻이다. 국가—또는 적어도 일부 관리들—가 국익이 시장을 기만하는 것을 정당화해준다는 견해를 받아들인 것이다.

안절부절못하는 손

사실을 호도하는 부정확한 데이터는 중국에 만연한 문제다. 2010년, 당시 랴오닝성 당위원회 서기였던 리커창李克强(2년 뒤 중국 총리로 승진한다)은 미국 대사에게 중국의 국내총생산 데이터가 기본적으로 날조된 것이라고 밝힘으로써, 당시 널리 퍼져 있던 의심을 확인시켜주었다고 한다. 중국의 국내총생산 수치는 국제사회에서 우스갯거리가 될 정도로 신뢰도가 낮다. 댈러스 연방준비은행 총재 리처드 피셔Richard

Fisher는 2009년 베이징을 방문하고 돌아온 뒤 연방준비제도이사회에서 이 발언을 하여 좌중의 웃음을 자아냈다. "나는 중국이 [국내총생산] 수치를 기민하게 발표할 때마다 깜짝 놀랍니다. 마치 [옛날의 히트 시트콤] 〈매시M*A*S*H〉에 나오는 레이더 병장이라도 되는 듯, 그들은 해당 분기가 끝나기도 전에 이미 수치를 알고 있는 것 같더군요."[6]

중국의 통계 수치는 거의 모두가 신뢰성 부족에 시달린다. 도시 실업률은 10년 넘게 4.1퍼센트 선에 머물러 있으며, 그 수치가 실제 실업자 수를 현실적으로 반영한다는 주장을 포기한 상태다. 베이징과 상하이의 주민들은 생계비 상승에 관해 관심을 가진 사람들에게 불만을 털어놓고 있지만, 공식적인 물가상승률은 여전히 낮아서 헛된 위안을 준다. 리커창 총리는 미국 대사와 대화하던 중에 중국의 공식 통계는 전부 "오직 참조용일 뿐"이라고 말했다. 그런데 통계만 희생물이 되는 것은 아니다. 언론 역시 철저한 통제를 받는다. 매일 당에서 어떤 문제가 보도 가능한지 지시하는 목록이 회람되고, 일부 기사를 다룰 때 사용해서는 안 되는 단어들의 목록도 내려온다.

한편 2012년 중국의 사설 조사 산업이 밝혔듯, 공식적인 상황 설명과 모순되는—또는 어쨌든 당국을 당혹스럽게 만드는—정보의 원천은 무엇이든 곧바로 국가 통제의 찬바람을 맞는다. 황과 칸스가 추적한 내용도 어느 정도 기여했지만, 미국에 상장된 부정직한 중국 기업들의 문제가 단순히 썩은 사과가 몇 개 있다는 수준을 넘어섰다는 것은 분명해졌다(미국 증권거래위원회는 결국 여러 위반 사항을 들어 60개 이상의 중국 기업을 상장 폐지했다). 베이징 당국은 사기꾼들을 솎아내거나 증권거래위원회와 협조해서 문제를 제대로 처리하려고 개입하는 대신 전에는 자유롭게 구할 수 있었던, 그리고 공매도자들이 조사 과정에서 크게 의지했던 여러 기업 문서에 대한 접근을 차단했다. 공식적인 지침이 있었던 것은 아니고 단지 정부 관리들에게 구두 지시가 내려졌을 뿐이다. 그리고 2012년 4월, 베이징 당국은 공매도자들이 수상쩍은 회사들에 관한 현장 조사를 위해 활용했던 조사자들을 일제 단속했다. 하룻밤 새에 1,000명이 구금되었다. 나는 조사 회사에서 일하던 한 미국인을 알고 있었는데, 그는 가방 하나만 꾸린 뒤 아파트 열쇠를 친구에게 맡겼다. 급히 공항으로 도망쳐서 다시는 돌아오지 않을 경우에 적어도 누군가는 그의 짐을 챙겨야 했기 때문이다.

결국 정부의 이 모든 간섭 때문에 중국 경제는 외국인만이 아니라 중국인들도 믿기 힘들어할 정도로 불투명하다. 하지만 이런 정보 통제—데이터 조작, 노골적인 위조, 허위 보고 눈감아주기, 발표 제한, 데이터 입수 차단 등 어떤 형태든 간에—가 중국 경제의 불투명성을 낳는 근본 원인은 아니다. 정보 통제는 단지 징후일 뿐이다. 중국이 그토록 불투명한 까닭은—그리고 애초에 정부가 그렇게 정보를 통제할 수 있는 까닭은—규칙이 유동적이기 때문이다.

정부를 비롯한 모든 이에게 규칙이 비교적 공정하고 동등하게 적용되는 평평한 경기장은 자유 시장의 기초이다. 다시 말해, 시장이 제대로 기능하려면 법의 지배가 시행되어야 한다. 하지만 일당—黨 국가인 중국에는 우리가 당연하게 여기는 국가권력에 대한 제한이 전혀 없다. 인기 없는 정부를 끌어내릴 수 있는 선거가 존재하지 않는다. 정부의 행정부, 입법부, 사법부 사이에 권력분립도 전무하다. 당이 행정, 입법, 사법뿐만 아니라 모든 성, 시, 진, 현까지 죄다 지배한다. 게다가 법원이 정치에 지배되어 당과 정부의 영향을 받기 때문에 국가는 자신이 만든 규칙에 구속받지 않는다. 정부는 마음 내키는 대로 규칙을 악용하거나 무시하거나 조작할 수 있다. 명백히 정치적인 목적을 위해 경찰을 활용하기도 한다. 규칙은 통치 수단에 불과하기 때문에 정부는 이를 준수하기는커녕 아무 의제에나 적용한다—또는 무시한다.

2008년, 원자바오温家宝 총리는 CNN과의 인터뷰에서 시장과 정부 권력의 상호작용을 이렇게 설명했다. "우리는 지난 30년간 중요한 한 가지를 경험했는데, 이 경험은 시장의 힘을 규제하는 데 보이는 손과 보이지 않는 손 둘 다 십분 활용해야 한다는 점을 확인해줍니다."[7]

이 말은 타당하게 들린다. 어쨌든 완전한 자유 시장 같은 것은 존재하지 않는다. 자유민주주의 사회에서도 정부의 보이는 손은 어디에나 존재하면서 안전 및 보건 기준, 오염 물질 배출, 노동임금, 금융 부문의 리스크 등을 규제하는 규칙을 부과한다.

하지만 중국에서는 보이는 손이 그냥 골격만 만드는 게 아니다. 보이는 손은 자신이 원하는 결과를 얻기 위해 끊임없이 간섭한다. 보이는 손의 존재가 워낙 널리 퍼져 있는 탓에 중국인들은 '쉴 새 없이 움직이는 손閒不住的手'이라고 부를 정도다.

정부의 개입은 때로 나지막한 지시의 형태로 나타나기도 한다. 가령 2010년 개인 소유의 식용유 제조업체들은 예정되어 있던 가격 인상을 실행하지 말라며 베이징 당국이 직접 내린 명령에 따랐다.[8] 때로 정부는 시장이 움직이는 기준이 되는 규칙을 바꾸는 식으로 개입하기도 한다. 주식 수가 늘어나 주가가 떨어질 것이 우려되면 신규 기업 공개IPO를 일시 중단시키는 식이다. 중국의 주택 가격에 관한 독립적인 데이터—공식 수치에서 나타나는 것보다 가격이 빠르게 상승하고 있다는 것을 보여준다—를 제공하는 민간 업체가 "사회 안정"이라는 명목하에 갑자기 발표를 중단한 경우에서 볼 수 있듯, 정부는 때로 정보 공급을 통제함으로써 시장 참가자들의 태도를 좌우하려고 한다. 그리고 겉으로 보기에는 위안화 가치가 시장의 힘에 의해 정해지도록 하는 구조를 마련해놓고도 정부가 때로는 속을 알 수 없는 블랙박스처럼 움직이며 통화 가치를 관리한다.

요컨대 정부는 시장 인프라를 조성한 다음 자신들의 필요에 따라 무시하거나 유연하게 해석할 수 있도록 입안한 규칙을 가지고 간섭하거나 일관성 없이 규칙을 적용한다. 그렇게 국가는 공과 사를 가르는 구분선을 흐릿하게 만들었다. 사기업은 허가나 인가를 확보하거나—정당성 여부와 무관하게—반부패 조사를 피하거나, 보조금과 면세 혜택을 받거나, 법원에서 공정한 대우를 받거나, 아무튼 제대로 사업을 하기 위해서는 국가의 은혜를 필요로 한다. 따라서 원칙적으로 그 출처가 어디든 간에 민간 투자를 환영하는 자유민주주의 국가로서는 굉장히 놀랍게도, 중국 당국은 사기업을 제멋대로 부릴 수 있다.

국제적으로 보면, 민간 기업의 투자는 보통 국영기업의 투자에 비해 조사를 훨씬 덜 받지만, 중국의 민간 기업들은 문제를 일으킨다. 중국 민간 기업들은 해외로 진출할 때 베이징 당국의 산업 정책에서 중심을 차지하는 부문에 있는 첨단 기업을 손에 넣는 식으로 점점 공공연하게 국가의 이익을 위해 행동하는 것처럼 보이기 때문이다. 이건 단순한 우연의 일치가 아니다. 중국 당국은 시장과 기업 모두에 자신의 뜻을 강제할 수 있는 재량권이 굉장히 많아서 자유민주주의 국가의 관료들은 꿈도 꾸지 못할 정도로 많은 경제 관리 권한을 갖는다. 하지만 이 권한은 베이징의 소수 관리 집단의 수중에 집중되어 있지 않다. 이런 재량권은 모든 수준의 정부가 어느 정도 공유한다. 그리고 걷잡을 수 없을 정도로 남용되기 쉽다.

2015년 초, 중급 호텔 체인의 최고경영자인 40대의 사업가 우하이嗚海가 리커창 총리에게 공개서한을 보냈다. 총리에게 편지를 보낼 방법을 알지 못했던 그는 온라인에 편지를 게시했다. 편지는 입소문으로 퍼졌다. "정부 관리들은 본처가 낳은 아들이고, 국영기업은 첩의 자식이고, 민간 기업은 매춘부가 낳은 소생입니다." 허심탄회한 편지였다. "우리 모두 아버지는 같건만 (……) 우리 같은 매춘부의 자식들은 왼뺨을 후려 맞아도 오른뺨을 들이미는 것 말고는 선택의 여지가 없습니다."[9]

이 편지는 그의 사업체가 오랫동안 거의 끊이지 않는 관료 집단의 권력 남용 때문에 겪어야 했던 좌절의 결과물이었다. 편지를 쓸 당시 65개 호텔을 보유하고 30개 도시에서 50개 호텔을 추가로 건설 중이던 우하이는 중국의 복잡한 관료주의 때문에 세금 징수인부터 소방 안전 조사관에 이르기까지 1,000명이 넘는 공무원을 상대해야 했다고 말했다. 그러면서 일관성 없는 법규와 자의적으로 부과되는 벌금, 번번이 뇌물을 요구하는 공무원 등에 대해 불만을 토로했다.

중국에서 사업하는 모든 민간 기업인이 이와 비슷한 경험을 한 적이 있다고 해도 결코 과장이 아니다. 나는 충칭에서 컨설팅 업체를 운영하는 한 사업가를 알고 있는데, 그도 지역 세무 공무원이 분기마다 같이 차나 한잔하자고 초대한다며 불만을 토로했다. 공무원이 자리에서 일어나려고 하면 사업가는 현금이 가득한 봉투를 공손하게 슬쩍 건네준다. 세무서 직원 10여 명이 몇 주 동안 자기 사무실에 진을 치고 회계감사를 하는 사태를 막기 위한 일종의 보증금이다. 나는 이런 사례 가운데 극단적인 경험을 한 또 다른 남자를 만났는데, 그는 자기가 운영하던 금융 회사가 지방정부에 의해 수용되었다고 말했다. 그와 동업자들이 시청에 불려갔는데, 담당자가 그들에게 휴대전화를 상자에 넣으라고 하더니 도청 방지 장치가 되어 있다는 방에 그들을 집어넣고는 회사를 시장 가치에 턱없이 못 미치는 값에 매각하라고 지시했다. 그러면서 매각 상대인 세 회사의 이름이 적힌 쪽지를 건네주었다.

우하이는 편지를 게시하고 몇 주 뒤에 이렇게 말했다. "[그 뒤로 나한테 연락한] 모든 기업가들은 나를 100퍼센트 지지했습니다. (……) 어떤 사람들은 [편지를 읽으면서] 눈물을 흘렸다고 말하더군요." 편지는 결국 총리의 관심을 끌었고, 국영 매체에 다시 발표되었다. 편지 내용은 총리가 끔찍하게도 싫어하는 것과 일치했다. 다음은 2013년에 총리가 한 연설의 발췌문이다.

어느 장관이 고충을 호소하는 편지를 받았다며 내게 그 내용을 말한 적이 있습니다. 한 젊은이가 베이징에서 대학을 졸업하고 고향으로 돌아가 중국 중부에 있는 현에서 사업을 하려고 했답니다. (……) 젊은이는 서점을 열기로 했습니다. (……) 부모와 친척에게 2만 위안*이 넘는 돈을 빌린 다음 서너 달 동안 관인이 찍힌 서류를 수십 장 준비했습니

---

* 약 340만 원. 1위안은 약 170원이다.

다. 전부 허가증을 받는 데 필요한 서류였습니다. 장소를 임대하고 오래 지 않아 감독관들이 왔습니다. 한 무리의 법 집행관이 와서는 서점 유리창 색깔이 잘못됐다고 말했습니다. 빛을 반사해서 거리에 "빛 공해"를 유발한다면서 시정하라고 했습니다. 젊은이는 돈이 없다고 대답했습니다. 그러자 법 집행관들이 돈 대신 책을 가져가겠다고 하고는 책 수십 권을 가지고 갔습니다. 이 책들이 성인물이거나 불법적인 내용을 담은 것이었을까요? 아닙니다. (……) 서점에 쌓인 책은 대부분 교과서였습니다. (……) 결국 그 졸업생은 조사를 감당하지 못하고 서점을 닫는 쪽을 선택했습니다.[10]

"우리는 살아남고 싶어 감히 목소리를 높이지 못합니다." 호텔 사업가 우하이는 입소문으로 퍼진 편지에서 말했다. "만약 거침없이 목소리를 내면 (……) 결국 감옥에 갇히거나 파멸할 겁니다."

칸스는 3개월간의 조사를 마친 뒤, 2011년 9월 실버코프에 관한 연속 보고서 가운데 첫 번째 것을 발표했다. 황은 실버코프가 보유한 가장 큰 광산에 관한 성 정부의 지질 보고서 사본을 확보하고 있었는데, 이에 따르면 2010년 광산 생산량은 회사가 보고한 것보다 광석은 35퍼센트, 은은 75퍼센트가 적었다. 이 수치들을 확인하기 위해 두 사람은 광산 바로 앞 도로변에 카메라를 설치해서 처리 공장으로 광석을 실어 나르는 트럭 숫자를 집계했다. 두 사람의 계산에 따르면, 트럭 교통량은 실버코프가 제시한 숫자와 일치하기 위해 필요한 것보다 34퍼센트 적었다. 두 사람은 트럭에서 내리는 광석 덩어리 또한 집계했는데, 분석해보니 은 산출량이 실버코프가 보고하는 수치의 극히 일부분에 불과했다.

이 조사는 많은 것을 암시했지만, 물론 광산의 생산량이 실버코프가 주장하는 수준에 미치지 못한다는 과학적 증거와는 거리가 멀었다. 그렇지만 칸스는 실버코프가 그 광산의 실제 은 생산 능력이 얼마나 되는지를 정확히 설명하기 위해 새로운 지질 보고서를 의뢰해야 한다고 주장하기에는 충분하다고 생각했다. 칸스는 독립적이고 국제적으로 인정받는 기업에 새로운 보고서 작성을 위임하라고 요구했다. 실버코프 회장은 주주들에게 편지를 보내는 것으로 대응했다. 편지에서 회장은 앨프리드 리틀이 "인터넷과 가명을 이용해서 허위 주장을 퍼뜨리는 악질 공매도자" 집단이라고 규정했다. 회사는 뉴욕에서 명예훼손 소송을 제기했고, 황은 베이징 공항에서 체포되었다.

황은 처음에 조사를 받을 때부터 약간 기분이 찜찜했다고 말한다. 황의 불법 감금 소송에 따르면, 경찰이 묻는 질문들은 대부분 중국 법률 위반과 무관해 보이는 데다 "뉴욕에서 벌어지는 명예훼손 소송과 연관해서 실버코프가 활용할 수 있는 정보를 획득하기 위한" 것 같았다.[11] 게다가 조사 담당자가 문자를 통해 계속 질문 내용을 전해 받았다고 황은 말한다. 그는 외부의 누군가가 심문 방침을 지휘하는 것 같은 느낌을 받았다. 황은 실버코프 사람이 지시한다고 의심했고, 그와 칸스는 실버코프가 경찰의 행동에 영향을 미치는 사례를 발견할 때마다 기록하기 시작했다.

황과 칸스는 실버코프가 뉴욕의 명예훼손 소송에서 활용한 정보는 경찰이 압수한 황의 노트북에서만 나올 수 있었던 것이고, 황이 재판을 받을 때 "실버코프 변호사들이 사실상 검사처럼 행동했으며,"[12] 황이 가택연금을 당하는 동안 실버코프가 경찰에게 이 사건과 관련된 비용을 대주었다고 주장한다. 황은 한번은 그가 아직 가택연금 중일 때 경찰과 함께 다른 성으로 가라는 요구를 받았다고 말한다. 그들이 머무르던 호텔에서 체크아웃을 하는데, 담당 경찰관이 호텔 직원에게 숙박비 영수증을 실버코프의 중국 자회사 본부 앞으로 끊어달라고 요청하는 것을 황이 들었다. 허난파운드광업회사[Henan Found Mining Company, 河南发恩德矿业有限公司]라는 이름의 회사였다.[13] (황은 나중에 돌아와서 호텔 영수증 사본을 확보했다.)[14] 또 한번은 경찰관이 누군가에게 전화해서 차를 빌려달라고 하는 말을 들었다. 캐나다 신문 『글로브앤메일[Globe and Mail]』은 후에 황이 적어둔 자동차 번호판이 허난파운드가 소유한 검은색 렉서스 차량임을 확인했다.[15]

그리고 황의 동료인 마이클 웨이[Michael Wei]가 찍은 동영상도 있다. 경찰은 2011년 12월에 웨이를 체포했는데, 그가 황에게 불리한 증언을 하겠다고 동의하자 그를 풀어주었다. 중국 국적인 웨이는 나중에 간신히 중국을 탈출했는데, 그 후 경찰에 한 자백이 강압에 따른 것이었다며 자백을 철회했다. 그런데 그는 탈출하기 전에 배낭에 카메라를 숨긴 채 조사 책임자인 뤄양시 경찰관 사무실에 찾아가서 비밀리에 영상을 찍었다. 그는 경찰관이 잠깐 사무실을 비웠을 때 휴대전화를 꺼내서 경찰관의 책상 위에 널브러져 있던 서류들을 찍기 시작했다. 허난파운드 앞으로 청구된 항공권, 통행료, 식당, 택시 영수증과 "현금으로 지불"이라고 찍힌 허난파운드의 서류 양식이었다.

황에게 이 동영상은 괴로우면서도 기쁨을 주는 존재이다. 한편으로 동영상은 소송에서 강력한 증거가 된다. 다른 한편, 동영상에 등장하는 경찰관의 모습은 그가 얼마나 큰 불의를 겪었는지를 여실히 보여주기 때문에 그는 동영상을 보는 내내 분노를 억누르기 힘들어한다. 동영상 속 경찰관은 이렇게 말한다. "형법에는 당신이 한 행동이 어떤 특정한 법률을 위반했는지 구체적으로 언급되어 있지 않아. 하지만 국가가 당신의 행동이 유해하다고 판단하는 한 (……) 어떤 식으로든 당신을 기소할 수 있다고."

내가 이 책을 쓰고 있는 현재, 실버코프는 황의 재판을 중단시키려고 노력 중이다. 회사는 이 사건의 공판을 중국으로 옮길 것을 요청하면서 중국 법원이 이미 황의 재판에서 이 문제를 다루었다고 주장했지만, 지금까지는 그 시도가 성공을 거두지 못했다. 이 사건의 공판은 2018년 초 캐나다에서 열릴 예정이었다.

칸스와 황의 보고서가 결국 회사에 거의 해를 끼치지 않았다는 사실은 커다란 아이러니다. 칸스의 첫 번째 보고서가 나온 직후 실버코프의 주가는 20퍼센트 떨어졌지만, 며칠 뒤 다시 반등했다. 칸스는 그 이유가 자신이 단지 우려되는 바를 개략적으로 설명했을 뿐 사기라고 주장하지 않았기 때문이라고 생각한다.

하지만 브리티시컬럼비아 증권거래위원회 역시 칸스와 황과 비슷한 우려를 품고 있었다는 것이 밝혀졌다. 두 사람이 첫 번째 보고서를 발표한 지 2개월 뒤인 2011년 11월, 브리티시컬럼비아 증권거래위원회의 수석 광업 고문은 실버코프 회장에게 편지—이 편지는 공개되지 않았다—를 보내 회사의 각종 기술 보고서에 "오류"가 있으며, "이 오류들은 개별적으로나 전체적으로나 광물 자원의 중대한 과대평가로 귀결될 수 있다"고 불만을 토로했다.[16] 하지만 회사 측은 어떤 비행도 저지른 적이 없다고 주장했다.

그렇지만 이듬해에 실버코프는 해당 광산에 매장되어 있는 은 광석의 정확한 양에 관한 공식적인 추정치를 하향 수정했다.[17] 결국 회사 주가는 칸스가 첫 번째 보고서를 발표하던 시점의 9달러 수준에서 2015년 말에는 1달러에도 못 미치는 가격으로 떨어졌다. (이 글을 쓰는 시점에는 2.50달러 수준으로 회복되었다.)

칸스와 황은 당국이 자신들을 추적한 것은 가장 소중한 자산을 지키기 위해서였다고 생각한다. 실버코프는 상대적으로 가난한 현의 가장 큰 납세자이다. 그리고 회사의 이익과 당국의 이익이 얽혀 있기 때문에 그 사실은 중요한 문제가 된다. 황의 동료가 찍은 동영상에서 경찰관은 이렇게 말한다. "당신들이 [공매도한] 회사들 중 일부는 정말 문제가 있었을 수 있지. 그런데 실버코프를 방해했기 때문에 문제가 커진 거야. 그러니까 벌을 받아야 하고. 우리가 할 수 있는 건 없어."

권력의 과도한 축적

중국의 정부 체계에서 가장 큰 문제 하나를 꼽자면, 정부에 책임을 물을 수 있는 독립적인 사법부나 자유 언론, 정치적 야당, 시민사회 등이 부재한 가운데 정부가 일정한 방식으로 스스로를 감시해야 한다는 것이다. 이론상으로는 원래 공산당이 그런 역할을 해야 하지만, 당은 독립적인 중재자가 아니다. 당은 본질적으로 정부와 뒤얽혀 있다. 당원들은 종종 두 가지 역할―당의 역할과 정부의 역할―을 하거나 정기적으로 역할을 맞바꾼다. 어떤 국영기업의 회장이든 대개는 이 기업의 당 서기이기도 하다. 언제나 당에 대한 충성이 우선이며, 시진핑 주석은 걸핏하면 당원들에게 책임을 진지하게 받아들이라고 강력하게 권고한다. 하지만 바로 여기에 문제가 있다. 정부의 책임 체계가 제도적 제약을 활용하기보다는 개인들의 올바른 행동에 의존하기 때문이다. 시진핑이 추진해온 부패 척결 운동으로 2012년 이래 10만 명 이상의 당원이 구금된 가운데 이 체계가 제대로 작동하지 않고 있다는 것은 분명하다. 리커창 총리는 이렇게 말했다. "권력의 과도한 축적과 감독의 부재야말로 부패의 온상이다."[18]

대체로 지방정부와 관료 집단에 적절한 외부의 감독과 객관적인 내부의 관리가 부재한 사실을 감안하면, 그들이 경제를 완전히 망가뜨리지 않고 그저 일부만 착복한 것이 참으로 놀라운 일이다. 충분한 감독이 부재한 가운데 관료 집단은―적어도 어느 정도는―깊이 각인된 정치적 유인 덕분에 질서를 지키고 있다.

각급 정부 공무원들은 매년 수량화된 많은 목표를 달성해야 한다. 이런 목표를 달성하거나 뛰어넘는 성과에 따라 승진 여부가 좌우된다. 가령 시장은 대중 시위가 일어나는 일이 없도록 막고, 자기 관할 구역에 일정량의 투자를 끌어들이며, 노후한 철강 생산 시설을 일부 폐쇄하는 등 환경 개선 조치를 취해야 한다. 하지만 공무원들이 달성해야 하는 모든 목표 중에 제일 중요한 것은 빠른 경제성장과 급속한 세입 증대이다. 특히 세금이 중요하다. 세금이 없으면 지방정부는 목록에 있는 다른 목표를 전혀 달성할 수 없다. 공공질서를 유지하고, 정리 해

고된 철강 노동자들에게 보상을 해주고, 교육 수준을 높이는 것 ― 베이징 당국이 기대하는 이 모든 일에는 자원이 필요하다.

하지만 중국의 조세 체제는 중앙정부 이외의 하급 정부에 크게 불리하게 짜여 있다. 하급 정부는 보건, 교육, 연금 등 모든 지출의 80퍼센트가량을 책임지지만 전체 납세액 가운데 절반만을 받는다. 베이징 당국은 최소한 일부 차액을 다시 이전하는 식으로 부족액을 채워주지만, 종종 충분한 예산을 제공하지도 않으면서 하급 정부에 새로운 책임을 떠넘기기도 한다.

따라서 지방 당국은 상당한 재량권을 활용해서 성장을 부양하고 세입을 확대하기 위해 창조적인 새로운 방식을 찾아낸다. 대체로 이런 동학動學은 중국 경제의 기적에 크게 기여하고 있다. 지방 당국은 관할 지역에서 무엇이 효과를 발휘하는지를 살펴보고 다른 지역의 성공 사례를 그대로 베낄 수 있었다. 하지만 베이징 당국이 수량화된 목표치에 의지해서 하급 당국에 일체화를 강제하는 방식은 역효과를 낳고 있다. 가령 지방 당국은 자신에게 직접 발생하는 세입의 양을 극대화할 수 있는 경제성장을 선호하기 때문에 민간 호텔업자보다는 (은광업 같은) 생산 기업을 선호한다(이 문제에 관해서는 다음 장에서 더 깊이 다뤄보겠다). 게다가 특히 경제성장 속도가 느려짐에 따라 지방 당국은 결과에 개의치 않고 목표치를 달성하기 위해 파괴적이고 착취적인 조치를 활용하고 있다.

지방정부는 걸핏하면 현지 기업들에 세금을 1년 앞서 선납하라고 압박한다. 베이징 재무부의 금지 권고에도 아랑곳하지 않는다. 때로는 포럼과 전시회, 교육 행사 등을 주최한 뒤 현지 기업들에 의무적으로 참가하는 특전을 부여해 수입을 챙긴다. 그리고 때로는 수수료와 벌금을 자의적으로 부과한다.

랴오닝성의 성도인 선양瀋阳시가 많은 사람들이 의심하는 예산 부족을 메우기 위해 벌금을 활용할 계획이라는 소문이 퍼지자 2012년 중반에 상점 주인들이 파업을 벌여 도심이 3일 동안 유령 도시로 바뀌었다. 그해에 선양시는 중국의 성들이 서로 겨루는 일종의 국내 올림픽인 전국체전을 앞두고 외관을 개조하느라 기반 시설에 엄청난 돈을 퍼부었다. 세무서 직원들이, 위조품 판매에서부터 합법적으로 벌목한 나무로 이쑤시개를 만들었음을 입증하는 확실한 인증서 부재에 이르는 온갖 위반 행위에 대해 소매업자에게 막대한 벌금을 부과하고 있다는 소문이 돌았다. 그러자 상점주들은 가게 문을 판자로 막아버렸다. 파업이 벌어지고 얼마 뒤에 내가 도시를 찾았을 때 장난감 노점을 운영하는 36세 여성 위칭칭은 이렇게 말했다. "하루 동안 가게 문을 닫아버렸어요. 법규를 위반하는 사람은 가혹한 처벌을 받는다는 말을 들었거든요. 그런데 도대체 그 법규가 뭔지 누가 알아요."

(결국 선양시 정부는 소문을 믿지 말라고 사람들에게 촉구하는 통지문을 온라인에 게시했다. 하지만 선양시가 마침내 전국체전을 열었을 때, 개회식 예산은 원래 계획의 10퍼센트에 불과했다. 전기 요금을 아끼기 위해 1987년 이래 처음으로 개회식이 낮에 열렸다.)[19]

다수의 지방정부에게는 이런 유사법적, 초법적 수입원이 필수적이다. 하지만 그래도 세입이 충분하지 않으면, 그들은 언제나 데이터를 조작한다.

차선책

2016년, 랴오닝성(성도는 선양이다)의 신임 성장省長은 지난 3년 동안 성의 세입이 20퍼센트 부풀려졌다는 사실을 폭로했다.[20] 공산당 기관지인 『인민일보』에 따르면, 랴오닝성을 방문한 중앙정부 감사단은 "성 전체에 (……) 경제 데이터 위조 문제가 만연해 있다"고 보고했다.[21] 위조는 세금에만 영향을 미친 게 아니라 각급 정부의 모든 경제성장 지표에도 영향을 미쳤다. "우리는 번영의 10년을 보냈지만, 데이터를 보면 훌륭했어도 실제로 경제는 고투 중이었다." 랴오닝성의 산업도시인 푸신阜新시 부시장 진동하이金东海는 이렇게 말했다. "결국 통계가 허위로 부풀려졌다는 게 (……) 분명해졌다."[22]

국내총생산 수치를 조작하다 발각된 뒤 랴오닝성은 데이터를 수정하면서 중국에서 첫 번째이자 유일하게 불황에 빠져든 성이 되었다. 하지만 랴오닝성만 데이터를 조작했을 리는 만무하다. 현대 중국의 커다란 수수께끼 중 하나는 모든 성이 해마다 국가 전체의 경제성장 속도보다 빠른 성장을 보고한다는 것이다. 외국인들은 이처럼 허위 데이터가 만연하다는 사실에 종종 비난을 퍼붓는다. 자신들을 희생양으로 삼으려는 것이라고 의심하기 때문이다. 그렇지만 중국 지도자들 역시 우리만큼이나 희생양이 되고 있는 것이 분명하다. 관리들은 자기 상관이 받아보는 데이터가 자신을 긍정적으로 보이게 만들려고 갖은 노력을 다한다. 중국의 오랜 속담처럼, "숫자가 관리를 만들기 때문에 관리는 숫자를 지어낸다".

이런 현실은 분명 베이징 당국에 도움이 되지 않는다. 베이징은 지방 당국의 보고에 의존하는 대신 지방 기업들로부터 직접 데이터를 수집하는 식으로 체계를 바로잡으려고 노력했지만 결과가 좋지만은 않았다. 한 예로, 베이징의 통계학자들은 잡다한 소규모 공산품―접착테이프, 유모차, 장식용 조명 설비―을 생산하는 남중국의 강변 도시 형란橫栏의 기업들이 제출한 모든 보고서가 동일한 IP 주소에서 발송되었음을 발견했는데, 추적해보니 형란 경제개발부의 IP 주소였다.

조사에 착수한 국가통계국은 조사 내용을 빠짐없이 기입했다고 주장한 73개 대기업 가운데 4분의 1 이상이 생산을 중단하거나 다른 곳으로 이전하거나 폐업한 사실을 밝혀냈다. 국가통계국이 추정한 결과 형란 당국은 산업 생산 데이터를 400퍼센트 정도 부풀린 셈이었다. 지방정부들은 데이터를 조작할 능력을 갖추었을 뿐 아니라 그런 조작을 하면서도 양심의 가책을 거의 느끼지 않는다. 또 다른 중국 속담을 인용하자면, "마을은 진에 거짓말을 하고, 진은 현에 거짓말을 하며, 이런 식으로 결국 국무원까지 거짓말이 이어진다".

미국이 일반적으로 중국에 관해 갖는 불만 중 하나는 중국이 "규칙대로 하지 않는다"는 것이다. 이런 비난에는 분노가 담겨 있다. 미국 아이들은 모두가 공정한 대우를 받을 수 있도록 규칙을 준수하라는 가르침을 받으며 자란다. 규칙대로 하지 않는 것은 신뢰를 노골적으로 어기는 짓이며 사회가 작동하는 밑바탕을 이루는 윤리적 토대에 위배된다. 하지만 중국 사람들이 규칙과 맺는 관계는 이와 매우 다르다. 규칙은 공정성과 관련된 게 아니며, 단지 누군가의 이익을 위한 것이다. 게다가 정부는 툭하면 규칙을 무시한다. 때로는 규칙이 너무 광범위해서 무차별적으로 적용되며, 늘 규칙이 너무 많아 자신이 정말 규칙대로 하는 것인지 확실하게 알 방법이 없다.

중국에서 규칙은 잘 넘어가고 적당해야 하는 것이다. 세무서 직원이 단속을 끝냈는지 확인하기 전까지는 가게 문을 닫는다든가, 지방 관리가 내 사업에 무차별적으로 규칙을 적용하지 않도록 작은 액수의 뇌물을 정기적으로 바치는 식이다. 지방정부 역시 — 그리고 이 문제에 관한 한 국영기업도 — 자신에게 부과되는 규칙과의 관계에서 다를 게 없다. 베이징 당국은 경제에서 리스크를 제한하고 건전한 경제 관리를 보장하려고 하지만, 이런 조치들은 언제나 지방정부가 최우선적인 두 가지 목표 — 성장 창출과 수입 극대화 — 를 이행할 수 있는 능력에 영향을 미친다. 따라서 지방정부는 끊임없이 빠져나갈 구멍을 찾고 있다. "상부에 정책이 있다면 하부에는 대책이 있다"는 관용구는 이런 역학 관계를 절묘하게 축약해준다. 다시 말해, 사람들은 언제나 규칙을 우회할 방법을 찾을 수 있다.

우리는 흔히 베이징의 문서가 절대적이라고 생각한다. 하지만 현실을 보면, 정부는 규칙을 일관성 없게 실행하고, 다른 모든 이들 — 공중, 기업 집단, 다른 정부 부문 — 은 규칙을 우회할 방법을 찾는다. 이런 이유로 중국은 이해하기가 어려우며, 또한 믿기 힘들 정도로 관리하기 어렵다.

최근 중국이 눈부신 경제성장을 기록할 수 있었던 것은 중앙정부가 이끈 덕분이 아니라 오히려 중앙정부의 방해를 극복했기 때문이다. 베이징 당국은 경제 안정을 유지하고 금융 시스템을 안전하게 지키기 위한 규칙을 만들었다. 그렇지만 단기적인 성장을 위해 안전과 장기적 안정이 희생되고 있다. 고위 관리들은 이런저런 문제를 해결하기 위해 걸핏하면 새로운 규칙을 내놓고 새로운 캠페인을 시작한다. 하지만 체제 곳곳에 깊이 박혀 있는 제어하기 어려운 힘들이 다른 방향으로 더 세게, 더 효과적으로 밀어붙인다.

중국 경제가 어떻게 해서 부채와 낭비로 비대해지게 되었는지를 이해하려면 이런 점을 반드시 유념해야 한다. 중국 언론은 부채를 이 나라 경제 문제의 "원죄"라고 언급하는 습관이 있지만, 꼭 맞는 말은 아니다. 원죄는, 경제 행위자들이 장기적인 결과를 살피지 않은 채, 그리고 최선을 다해 규율을 부과하는 고위 당국의 노력을 자유롭게 회피하면서 제멋대로 돈을 빌리게끔 자극하는 체제이다. 중국의 국영기업들을 살펴보면 이런 원죄가 가장 생생하게 드러난다.

2장

좀비 기업

2장

얼종그룹^{Erzhong Group}의 공단은 중국이 극찬하는 군산복합체에 기대
했던 모습과는 다르다. 빛바랜 파란색 작업복 차림의 나이 든 남자들
이 쓰촨성의 푹푹 찌는 열기 속에서 포장도로에 쭈그리고 앉아 잡초
를 뽑고 있었다. 그들은 이미 더 오래된 공장 건물들을 장악한 각종 덩
굴식물을 상대로 질 게 뻔한 사투를 벌이는 중이다. 지금은 정오 무렵
으로 노동자들이 2시간 반 동안의 점심시간을 보내러 집에 간 터라 공
장이 텅 비어 있었다. 자전거들이 먼저 출발하고, 15분 간격을 두고 자
동차들이 그 뒤를 잇는다. 공단을 빙 둘러싼, 회사에서 배정받은 오래
된 아파트에서 사는 퇴직자들은 공장 담벼락 옆 버려진 땅에서 채소
를 기른다. 그리고 이제 90대가 된 공장의 1세대 관리자들은 몇 안 되
는 저택에서 자녀와 손자들과 함께 산다. 중국 금귤과 사천요리에 사
용되는 얼얼한 향신료인 볼베어링 크기의 화자오^{花椒}가 자라는 나무들

이 저택에 그늘을 드리운다.

얼종 — 중국제이중형기계그룹China Second Heavy Machinery Group, 中國第二重型机械集团이라는 정식 명칭에서 알 수 있듯, 말 그대로 "제2중형"이라는 뜻이다—은 중국 홍군의 한 방계 조직으로 탄생했다. 1958년, 중국의 산업 중심지이자 제1중형First Heavy의 근거지인 동북 지방 노동자들이 쓰촨성 서부의 더양德阳으로 재배치되었다. 한때 중국의 동맹이었던 소련이 침략해올 경우를 대비해 충분한 안전거리가 확보된 곳에서 대구경포를 생산하기 위한 조치였다. 오늘날에도 굵은 후음으로 느릿느릿 말하는 북방 출신 이주민과 그 자녀들은 혀짤배기소리를 내는 쓰촨 토박이들 사이에서 이목을 끈다. 하지만 후미진 곳 특유의 매력을 뿜내는 얼종은 중국 산업 기반 시설의 중추 가운데 하나이다. 이제는 단순한 방위산업체가 아닌 얼종은 제철소 전체와 핵발전소를 짓는 데 필요한 부품 대부분을 생산한다. 그리고 화물선에 들어가는 크랭크축과 수력발전 터빈용 날개 등도 만드는데, 이 금속 부품들은 워낙 크기가 커서 공장 작업장들을 연결하는 철로 위로 운반하는 데 디젤 기관차가 필요할 정도다.

하지만 회사가 가장 자랑하는 업적은 땅딸막한 단지 위에 10층 높이로 우뚝 서 있다. 한쪽에 유리로 된 조망대가 붙어 있고 회색과 붉은색 부품으로 조립된 격납고에 들어 있는 이것은 세계 최대의 밀폐형 수압 프레스 단조이다. 중국은 이 2만 2,000톤짜리 강철 거인 덕분에 차세대 군사 무기 건조에 관한 한 미국을 기술적으로 앞지를 것으로 기대하고 있다. 이 기계는 특히 중국 공군과 상업용 여객기를 위한 격벽, 착륙장치, 엔진 부품 같은 금속 부품을 생산하기 위해 만들어졌다.

이 프로젝트의 담당 고문들은 이 기계를 항공모함, 장갑armor plating, 우주선, 고압 채굴 장비 등을 생산하는 데도 활용할 수 있을 것이라고 말한다. 무엇보다도 이 기계는 미국이 현재 생산할 수 있는 것보다 더 크고, 강하고, 가벼운 금속 부품을 만들기 위해 건조되었다.

롤러식 문 아래로 단조 기계가 얼핏 보였다. 기계가 공식적으로 가동된 지 1년 후인 2014년 중순이었는데, 초록색 위장 페인트가 여전히 새것처럼 보였다. 가로대에 붉은색 굵은 한자로 "중국2중中国二重"이라고 쓰여 있었고, 그 뒤로 대형 피스톤 5개가 멈춰 서 있는 게 보였다. 내가 진입로를 따라 들어서자 파란색 작업복에 노란 안전모를 쓴 채 입구에서 웃으면서 빈둥거리던 대여섯 명의 엔지니어들이 조용해졌고, 한 명이 버튼을 눌러 문을 내렸다. 그들과 잡담이라도 나누려다 머쓱해진 나를 누군가가 선전부로 안내했다. 선전부는 내게 단조 기계가 국가 기밀이라고 지체 없이 통고했다. 롤러식 문은 정부 관리 외에는 아무도 들어가지 못하게 내려져 있다.

중압 단조 기술은 완전히 새로운 것은 아니다. 2차 대전 중에 독일인들이 공급 부족에 시달리던 알루미늄 대신 마그네슘으로 만든 부품으로 공군을 구축하기 위해 처음 개발했다. 가장 단순한 형태의 단조는 가열한 금속 조각을 망치로 두드려서 모양을 잡는 작업에 지나지 않지만, 일반적으로 마그네슘은 너무 물러서 두드릴 수 없다. 중압 단조는 금속 조각을 원하는 형태로 천천히 밀어넣음으로써 이 문제를 해결한다. 워낙 큰 압력이 가해지기 때문에 금속 조각이 진흙처럼 움직이면서 주형이나 형판의 형태로 바뀐다. 무엇보다도 압력 때문에 금속의 내적 조직이 바뀌면서 더 강해진다. 단조 기계가 클수록 생산할 수 있는 부품이 더 크고 가벼워지기 때문에 더 효율적인 항공기를 만들 수 있다.

　2차 대전이 끝났을 때, 소련은 독일의 3만 3,000톤 규모의 단조 공장을 해체해서 자기 나라로 가져갔다. 미국에게는 1만 6,500톤짜리 기계 두 대가 남겨졌다.[1] 얼마 지나지 않아 중압 단조가 제트기 시대에 결정적으로 중요해질 거라는 사실이 분명해졌고, 따라서 미국 정부는 소련과의 격차를 없애기 위해 중단조 기계 10대를 건조하도록 자금을 지원했다. 일부는 이후에 조업을 중단했지만, 오하이오주 클리블랜드에 있는 최대 규모의 단조 기계는 지금도 작동 중이다. 이 기계는 5만 톤의 힘으로 내리치는 것과 같은 압력을 가할 수 있으며, F-35 3군통합전투기Joint Strike Fighter에서부터 60년 된 B-52 폭격기에 이르기까지 사실상 미군에서 운용하는 모든 항공기의 부품을 생산하고 있다. 러시아에 있는 세계에서 두 번째로 큰 단조 기계는 7만 5,000톤의 압력을 만들어낼 수 있는데, 현재 에어버스가 이 기계를 사용해 A380의 착륙 장치, 즉 세계 최대의 여객기가 지면을 때릴 때 그 하중을 지탱하는 가느다란 원통형 티타늄 부품을 주조하는 중이다. 얼종 단조 기계의 성능은 러시아산 기계를 능가한다. 공식적으로 이 기계는 8만 톤의 힘 — 잠수함 몇 정이 들어갈 수 있는 중국의 신형 항공모함도 번쩍 들어 올릴 수 있는 힘이다 —을 가하는데, 시험 중에는 10만 톤까지 높아지기도 했다.[2] 얼종 단조 기술의 아버지로 추앙받는 금속공학자 스창쉬师昌绪는 이렇게 말한다. "다른 나라는 지금 우리가 만들 수 있는 것을 만들지 못한다".

최근 중국 국영기업들은 중국의 커지는 힘과 서구의 상대적 쇠퇴를 나타내는 상징으로 부상하고 있다. 베이징 당국은 국영기업을 도구로 삼아, 서구가 미래에 비슷한 투자를 할 만한 예산도 정치적 역량도 갖지 못한 시기에 장기적이고 전략적인 결정을 내릴 수 있다. 베이징은 민간 부문이 떠맡기에는 너무 위험성이 큰 제품들을 국영기업을 활용해서 만든다. 언젠가 보잉과 에어버스 양대 기업의 독점을 깨뜨리겠다는 목표 아래 국영기업들이 수년간 심혈을 기울이고 있는 대형 여객기가 대표적인 예이다. 또한 국영기업들은 중국의 발전에 중요한 천연자원을 세계 곳곳에서 닥치는 대로 사들인다. 국영기업들은 여러 개발도상국에서 기반 시설을 건설하는데, 이런 사업은 우호 국가를 양성한다는 베이징 대외정책의 핵심적인 부분이다. 때로는 중국의 경제적 이익을 보호하는 데 국영기업들이 동원되기도 한다. 가령 중국알루미늄공사Aluminum Corporation of China, 中国铝业股份有限公司, 일명 차이날코Chinalco는 2007년에 130억 달러를 들여 리오틴토Rio Tinto 주식을 사들였다. 이 영국-오스트레일리아계 광산 회사가 BHP빌리턴BHP Billiton과 합병하는 것을 막기 위해서였다.[3] 합병이 성사되면 3대 철광 공급업체 중 두 곳이 합쳐져 중국이 철광석 수입가를 교섭하기 어려워질 가능성이 있었기 때문이다.

　여기서 간과하기 쉬운 것은 이 모든 일에 일정한 비용이 든다는 사실이다. 보잉과 에어버스의 경쟁자를 표방한 단일 통로 여객기single-aisle plane*인 코맥 C919Comac C919는 돈 먹는 애물단지가 되어 출시가

---

* 정원이 90~230명인 소형 여객기.

몇 년째 늦어지고 있다. 구매자들은 원래 2014년부터 여객기를 인도 받기로 되어 있었다. 그런데 그 시기가 2018년으로 미뤄졌고,[4] 2020 년까지 늦춰질 수도 있다. 여객기는 등장하기도 전에 낡은 기종이 될 지 모른다.[5] 리오틴토의 주식은 차이날코가 사들인 뒤로 거의 대부분 매입가의 절반에도 미치지 못하는 가격에 거래되고 있다. 중국 국영기 업들은 걸핏하면 외국 기업보다 많은 액수를 불러서 해외 광산을 매 입하는데, 대체로 누리는 특권에 비해 너무 많은 비용을 치른다. 중국 은 많은 나라들에 기반 시설을 지었는데, 그 나라들은 현재 차관을 상 환하기 위해 고투하는 중이며, 점차 중국의 영향력을 경계하고 있다. 그리고 쓰촨성 서부에서는 20억 위안을 들여 단조 시설을 만들었지만 거의 사용하지 않고 있다.

"중국은 현재 세계 최대의 단조 시설을 보유하고 있지만 가장 발전 된 수준은 아니"라고 칭화대학의 전前 제조업 자동화학과 교수 얀용녠 顔永年은 말했다. 그는 단조 기계 개발에 관해 협의하기 위해 얼종이 구 성한 고문단의 일원이었다. 그는 두 번째로 회사를 방문한 이후 다시 는 초청받지 못했다. "저는 회사와 의견이 달랐습니다." 얀용녠은 단 조 시설에 현대적인 기계 제어 장치가 부족하기 때문에 필요한 만큼 정밀하지 않다고 문제를 제기했다. 그는 그 이유를 이 회사 특유의 문 화 탓으로 돌렸다. 회사는 혁신을 택하는 대신 1980년대부터 이어진 러시아의 오래된 설계도를 바탕으로 단조 기계를 만들었다. 그 이후로 단조 기술은 더욱 복잡해졌는데 말이다. 금속 조직을 제대로 변형시키 려면 단조가 금속 내부의 변화에 신속하고 규칙적으로 반응해야 한다. 클리블랜드 단조는 첨단 기술 상태를 유지하기 위해 최근에 1억 달러를 들여 시설을 개선했다.

안용녠은 얼종—정기적으로 소집단 모임을 가지면서 마르크스레닌주의적 마오주의를 토론하는 당원 수천 명으로 이루어진 조직—의 기술자들이 새로운 것을 제시하기보다는 확실히 믿을 수 있는 오래된 설계를 사용하는 게 정치적으로 보다 안전하다고 말했다. 다시 말해, 그곳에는 위험을 감수하는 문화 같은 건 존재하지 않는다. "지시받은 대로 따라하기만 하면, 일이 어긋나더라도 당신 잘못이 아닌 겁니다."

단조 기계가 전면적으로 가동된 지 불과 1년 후, 중국은 세계 최대의 단조 시설을 필요로 하지 않는다는 사실이 분명해졌다. 미국은 1950년대 이래 얼종의 절반을 약간 넘는 단조 시설을 가지고도 그럭저럭 산업을 유지했고, 중국은 에어버스 A380 규모의 항공기를 생산하는 수준에 결코 미치지 못했다. 중국의 보다 작은 단조 시설—가령 얼종보다 1년 전에 우한武汉에서 생산을 시작한, 기술적으로 더 발전된 4만 톤급 단조 기계—은 중국의 군이나 산업이 현재 필요로 하는 모든 제품을 만들 수 있다. 게다가 얼종 단조 시설의 주요 사업원이 될 것으로 예상되었던 것들은 전혀 실현되지 않았다. 완공식에서 단조 기계로 처음 제작한 부품은 C919 여객기 착륙장치였지만, 얼종은 C919 부품 정규 작업 물량을 확보하지 못했고 앞으로도 절대 못할 것이다. 프로젝트 고문인 정판창曾凡昌은 내게 이렇게 말했다. "현재 대형 단조 시설이 남아돌기 때문에 충분한 작업량을 확보할 수가 없습니다."

리바이어던

대부분의 나라들은 국가 소유의 기업을 최소한 몇 개 보유하고 있다. 완전한 자유 시장경제보다는 국영기업이라는 사고를 더 편안히 여기는 프랑스는 자동차 제조사 2개, 항공기 회사 3개, 국영 항공사를 비롯해서 가장 큰 제조업체의 다수에 관여한다.[6] 미국에서조차 국민들이 편리하게 주택을 구입할 수 있도록 정부가 소유하는 지니메이^{Ginnie} ^{Mae}*와 우정공사^{USPS} 등 몇 개의 국영기업이 있다. 하지만 중국은 전혀 다른 부류에 속한다. 중국에는 다양한 층위의 정부 소유 기업이 15만 개 이상이 있어 전체 경제 생산량의 약 25퍼센트와 도시 일자리의 20퍼센트를 차지한다. 가장 거대한 규모를 살펴보면, 중앙정부가 세계 2위의 알루미늄 회사,[7] 세계 5, 6, 11위의 철강 회사, 세계 최대 조선업체 2개 등 경제의 지휘 고지^{commanding heights}**를 직접 소유한다. 중앙정부는 또한 석유 회사 3개, 항공사 3개, 통신 기업 3개 등도 소유하고 있는데, 이 기업들은 모두 사실상 해당 산업을 지배하는 소수 독점체이다.

하지만 하위 정부 차원에서는 어떤 기업을 지방정부가 소유할 것인지와 관련해 설명할 필요도 이유도 없다. 가령 충칭^{重庆}직할시 정부는 건설사, 지역 상수도, 은행 두 곳, 철강 회사 한 곳 등 수백 개의 기업을 소유하고 있다. 또한 시 정부는 돌고래 쇼와 번지점프대를 갖춘 놀이

---

* 연방주택금융공사.
** 국가 경제의 핵심 기업.

공원, 싼샤三峽 경관 투어를 진행하는 유람선 8척, 기침약으로 복용하는 백합 종류를 재배하는 중국 전통약재 회사도 하나 소유하고 있다.

각기 다른 회사들로 구성된 이 거대한 집단의 공통점이 있다면, 바로 부채다. 국영기업들은 경제에서 차지하는 비중이 4분의 1에 불과하지만, 전체 기업 부채의 60퍼센트 가까이를 빌렸다.[8] 중국은 미국과 비교해서 담보 부채가 거의 없고, 그리스와 달리 공식적인 국가 채무가 아주 적다. 하지만 중국 기업들—그리고 특히 국영기업들—은 엄청난 액수를 빌리고 있다. 컨설팅 기업 매킨지McKinsey에 따르면, 중국 기업들—국영기업과 사기업을 합쳐—은 2007년 3조 4,000억에서 2014년 중반에는 12조 5,000억 달러의 빚을 졌는데, 이것은 현대의 어떤 나라보다도 증가세가 빠른 것이다. 부채가 빠르게 쌓일수록 생산적 투자처를 찾기가 더 어려워지며, 결국 악성 채무의 양이 늘어나고 그와 더불어 위기가 발생할 위험성도 커진다. 2015년 말 현재 중국 기업들은 경제 규모의 163퍼센트에 달하는 채무를 지고 있는데, 이것은 2011년 말의 120퍼센트에서 훌쩍 늘어난 수치이다. 이 수치는 한국(105퍼센트), 미국(71퍼센트), 독일(52퍼센트) 등보다 높은 수치로, 이들 국가는 지난 4년 동안 한결같은 수치를 보여왔다.[9]

그렇지만 만약 중국의 기업 부채 대부분이 정부의 채무라면 걱정할 게 뭐가 있느냐는 질문이 흔히 제기된다. 확실히 중국의 국영기업들은 걱정하는 것처럼 보이지 않는다. 얼종 단조의 아버지인 스창쉬는 국가 경제계획 기구가 이 사업을 승인하기 전에 그렇게 대규모 기계를 건조하는 게 정당화될 만큼 충분한 작업량이 있을지를 둘러싸고 많은 논쟁이 벌어졌었다고 말했다. 결국 그건 중요한 게 아니라는 결정이 내려졌다. 자급자족이 효율성보다 더 중요했다. 그 후 얼종은 정부 지원금이 아니라 은행 차입금으로 단조 기계를 만들었다. 은행들은 이 기계가 제값을 못할 것임을 알고 있었다. 결국 이 부채는 정부가 보증을 선 셈이다.

하지만 국영기업들이 불려놓은 부채 중 전략적인 부채라고 주장할 수 있는 것은 일부에 불과하다. 강변 유람선과 놀이공원은 국영기업에 기꺼이 대출을 해주는 금융 시스템의 혜택을 그냥 누린다. 하지만 그렇다 하더라도 우리는 왜 국영기업에 대한 대출이 더 큰 국익에 도움이 되지 않는지 걱정해야 하는가? 어쨌든 정부 소유 기업들이 정부 은행으로부터 돈을 빌리는 것이며, 결국에는 정부가 모든 것을 책임지는데 말이다. 이 모든 대차대조표를 하나의 거대한 정부 원장으로 통합하면 부채가 사라질 것이다.

뿐만 아니라 그것은 정부 돈이 아니다. 대출은 은행에 돈을 예금한 보통 사람들의 저축에서 나오는 것이다. 점점 더 많은 기업들이 부채를 상환하지 못하는 가운데 일정한 시점이 되면 정부는 시민 예금주가 돈을 돌려받을 수 있도록 금융 시스템을 구제해야 한다. 그날이 오면, 중국 정부 역시 과거에 그런 위치에 처했던 다른 모든 정부 앞에 놓였던 똑같은 선택지 앞에 설 것이다. 은행과 기업들이 파산하게 내버려두거나(일자리와 연금이 사라진다), 세금을 인상하고 정부 채권을 발행해서 은행과 기업을 구제하거나(대중이 비용을 부담한다), 인플레이션이 악성 부채의 규모를 잠식하게 내버려둘 수 있다(시민들이 저축한 돈의 가치도 잠식된다). 아마 정부는 수조 달러 상당의 자산이 묶여 있는 국영기업의 주식을 팔 수도 있을 것이다. 하지만 수년간 이런 개혁이 이야기되긴 했어도 정치적으로 실행 가능해 보이지는 않는다. 결국 대중에게 실질적인 비용이 전가될 것이다.

중국의 국가 소유 체계가 가진 현실적인 이점은 시장경제에 비해 부실기업 정리가 더 용이하다는 것이 아니라 정리를 미루는 게 더 쉽다는 것이다. 하지만 무기한 미룰 수는 있지만 영원히 미룰 수는 없다. 국영기업들은 국가의 "지원"을 받을 수 있지만, 그렇다고 해서 실제로 정부가 상환 능력이 없는 기업의 부채를 대신 갚아주는 것은 아니다. 그보다는 채무가 악성으로 바뀌더라도 은행들이 정치적 악영향을 받지 않는다고 보면 된다. 은행은 그냥 악성 채무를 장부에 남겨두고, 정부가 묵인하는 가운데 악성이 아닌 척한다—이미 그들이 오랫동안 해오고 있는 일이다. 단기적으로는 실질적인 악영향이 전혀 없다. 물론 은행의 수익이 잠식되지만—어쨌든 대출금의 상당액에서 전혀 이자가 발생하지 않기 때문이다—악성 채무가 쌓인 것에 대해 아무도 책임을 지지 않는다. 그리고 무엇보다도 중요한 점으로, 빈털터리 기업들이 계속 생명을 유지한다.

"지난 1, 2년 동안 아무에게도 공장 견학을 안내한 적이 없습니다. 찾아온 언론도 없고, 투자자도 한 명도 없었어요. 그 사람들은 그냥 회사에 관심이 전혀 없어요." 2014년 여름에 내가 얼종을 방문했을 때 홍보 담당자인 류시웨이가 한 말이다. 그의 사무실에 앉아서 노동자들이 점심시간을 맞아 얼종 정문으로 썰물처럼 빠져나가는 모습을 지켜볼 즈음, 이미 류시웨이는 회사가 곤경에 처한 상황을 얼버무리려는 시도를 포기한 상태였다. 얼종은 상하이증권거래소에 상장돼 있었지만, 몇 년째 수익이 전혀 없기 때문에 상장 폐지는 시간문제였고—결국 1년 뒤에 퇴출되었다—류시웨이는 자기 일자리가 조만간 날아가버린다는 것을 알고 있었다. 회사 때문에 동북 지방에서 이주해온 부모 밑에서 태어난 류시웨이는 특유의 억양을 물려받았고, 얼종이 지역사회의 중심지 역할을 하던 시기에 자랐다. 그는 분명 얼종의 좋았던 옛 시절에 향수를 느꼈지만, 회사에 대한 자부심을 유지하는 데 점점 어려움을 느끼고 있었다. 회사 수익뿐만 아니라 상여금도 마른 지오래였다. 얼종의 직원 1만 3,000명과 여전히 회사가 먹여 살리는 퇴직자 1만 명에게 상여금은 수입에서 결코 적지 않은 부분을 차지했다. "[더양에 있는] 다른 회사 노동자들은 그나마 형편이 낫습니다. 가게 주인들도 그 사람들한테는 잘해주고요. 그런데 얼종 사람들 억양이 들리면 그리 달가워하지 않아요."

단조 시설이 완공되고 나서 석 달 뒤, 베이징 당국은 얼종을 또 다른국영기업인 중국기계공업그룹China National Machinery Industry Corporation, 中国机械工业集团有限公司, 즉 시노맥Sinomach과 합병할 계획이라고 발표했다. 시노맥은 여러 분야에서 조금씩 사업을 한다. 43개 자회사 중 한 곳에서는 굴착기를 비롯한 건설기계를 만드는데, 주로 개발도상국에 수출한다. 또 한 곳은 중국 우주선이 우주 실험실에 도킹하는 데 필요한 부품을 생산한다. 그리고 2010년, 스리랑카는 시노맥의 세 번째 자회사가 지은 석탄 화력발전소 그림을 100루피 지폐에 넣음으로써 완공을 축하했다.

2015년이 되었을 때, 얼종은 투자 수익은 거의 없는데 너무 많은 돈을 빌린 상태라 시노맥이 개입하지 않으면 무너지기 일보 직전이었다.

회사 상황은 2011년에 4,000만 달러의 손실을 입으면서 더욱 나빠졌다. 이후 4년 동안 회사는 거의 20억 달러에 달하는 누적 손실을 기록하게 된다. 내가 방문했을 때, 얼종은 그나마 확보한 작업을 야간에 하고 있었다. 그래야 피크타임이 지나 할인된 전기료를 적용받을 수 있었기 때문이다.

구제금융에 관한 한 시노맥은 최소한의 노력만 했을 뿐이다. 그들은 얼종이 채무 불이행 상태 일보 직전까지 갔을 때에야 투자자들에게 채무를 상환했다. 그리고 얼종에 돈을 빌려준 은행들과 협상해 채무 부담을 경감시켰다. 또한 자사의 연구 개발 부서에서 나온 혁신 기술을 모두 공유하고, 더 나아가 얼종을 다른 국영기업들에게 소개해 사업을 선전하고, 자사의 해외 연결망을 활용해 얼종의 수출을 늘리겠다고 약속했다. 하지만 얼종에 현금은 단 한 푼도 제공하지 않았다. 시노맥의 런훙빈任洪斌 회장은 "수혈을 해주는 게 아니라 건강을 회복시켜주는 것이 회사를 돕는 방법"이라고 말했다. "회사에 [현금을] 지원해줄수록 회사는 더 가난해집니다."[10]

2015년 초, 얼종 경영진은 감량경영을 시도하여 노동자들에게 한 달에 380위안의 연금을 받는 대가로 자발적 정리해고와 조기 퇴직을 수용하라고 요구했다. 380위안은 쓰촨성 최저임금의 4분의 1 정도에 불과한 액수였다.[11] 노동자들은 거리로 몰려나와 항의했다. 시내를 행진한 노동자들의 플래카드에는 이런 문구가 쓰여 있었다. "우리는 청춘을 [회사에] 바쳤는데, 이제 와서 잘못된 정책 결정의 책임을 노동자들이 떠맡아야 한다." "노동자들에게 피땀을 흘리라고 하더니 이제는 눈물까지 흘리란다."[12]

"지난 몇 년 동안 (……) 이런 손실이 누구의 책임인지를 묻는 사람은 아무도 없었습니다." 당시 외국 방송사와 인터뷰를 한 얼종의 한 노동자는 이렇게 말했다. "'하늘은 높고 황제는 멀다'는 말이 딱 들어맞는 경우죠." 경영진이 베이징 당국의 감독을 받지 않고 마음대로 할 수 있는 상황에 빗댄 속담이었다. "국가 자산이 사라져서 거대한 구멍이 생겼는데, 중앙정부는 보고도 못 본 체하고, 결국 피해를 보는 건 노동자들이에요."

좀비 기업의 낙원

얼종은 부채를 상환하는 데 필요한 수익을 창출하지도 못하고 은행들이 계속 신규 대출을 해주어서 생명을 유지하게 하려고 하지도 않는 좀비 기업이다. 좀비 기업이라는 용어는 원래 1990년대 초 일본의 부동산 시장이 붕괴한 뒤에도 계속 생명을 유지한 기업들을 지칭하기 위해 만들어진 표현이지만, 최근에는 중국 관리들 사이에서도 통용되고 있다.

중국 대중문화에는 조지 A. 로메로 감독의 〈살아 있는 시체들의 밤 Night of the Living Dead〉 이후 미국에서 표준이 된 죽지 못하고 뇌를 파먹는 괴물과는 약간 다른 좀비 전통이 있다. 중국의 좀비—강시僵尸—는 최소한 청조 시대로 그 계보가 거슬러 올라간다. 강시는 좀비라기보다 뱀파이어여서 뇌보다는 피를 더 좋아한다. 그리고 사후 경직이 걸음걸이에 어떤 영향을 미치는지에 관해 전혀 다른 견해를 보여주기라도 하듯, 미국 좀비처럼 뒤틀린 채로 비틀거리며 걷는 대신 두 발로 쿵쿵 뛰면서 돌아다닌다. 미국 좀비와 중국 좀비의 차이는 기업이라는 종에 까지 확대되어서 중국은 죽지 못하는 기업들을 그대로 받아들여 건전성을 해치는 모습을 보여준다. "쉬운 일은 아니지만 그 기업들의 활력을 높일 방도를 찾아야 합니다." 리커창 총리가 2015년에 중국의 좀비들에 관해 한 말이다. "좀비 기업이 생기는 사태를 피해야 하며, 그런 기업을 도와서 생명을 유지하고 잘살게 해주어야 합니다."[13]

이런 관용의 핵심에는 불안정에 대한 공포가 도사리고 있다. 사회 안정은 지난 10년간 중국공산당이 그 무엇보다 관심을 쏟은 문제였다. 감시 능력을 향상시키고, 소셜미디어를 모니터하고, 국내 안보를 강화하는 데 막대한 돈이 투입되었다. 지방 관리들은 다른 어떤 책임보다도 사회 안정을 유지하도록 요구받는다. 어떤 관리가 성장을 이끌어내는 데 아무리 성공했다 할지라도 일정한 규모 이상의 항의 시위가 한 번이라도 벌어지면 승진 가능성이 자동적으로 봉쇄된다. 무척 폭넓게 정의되는 사회 안정 앞에서 다른 모든 성과는 의미가 퇴색되기 때문에 관리들은 기업을 살리고, 노동자 고용을 유지하고, 연금을 보호하려는 동기를 갖게 된다.

그렇긴 해도 모든 기업의 파산이 다른 경우만큼 똑같이 안정을 해치는 것은 아니다. 사기업이 운영하는 공장은 걸핏하면 폐업을 해서 노동자들은 종종 출근길에 공장 문이 잠겨 있고 경영진이 사라진 사실을 알고 나서야 자신들이 실직했다는 사실을 깨닫곤 한다. 사기업이 운영하는 공장은 상대적으로 쉽게 문을 닫을 수 있다. 직원들은 대개 이주 노동자로, 다른 일자리를 찾지 못하면 법에 따라 도시를 떠나 시골 고향으로 돌아가야 한다. 하지만 국영기업은 다르다. 국영기업 직원들은 보통 일자리를 잃어도 달리 갈 곳이 없는 현지 주민이며, 항의 행동을 할 가능성도 높다. 그리고 국영기업은 많은 경우에 지역 경제의 핵심 축 역할을 한다. 얼종이 자리한 더양처럼 도시 전체가 국영기업을 중심으로 건설되어 있다.

게다가 사기업은 상대적으로 규모가 작기 때문에 지방 당국의 다른 우선순위에 미치는 영향이 한결 작다. 지방정부는 대기업이 설령 좀비 상태가 된다 해도 여전히 세입에 상당한 기여를 할 수 있기 때문에 이런 기업의 생명을 유지시킨다. 물론 좀비 기업은 정의상 어떤 수익도 내지 못하기 때문에 법인세를 전혀 거둬들일 수 없다. 하지만 지방정부는 공산품 판매에 근거해서 거둬들이는 부가가치세의 25퍼센트를 챙길 수 있다(나머지 75퍼센트는 중앙정부로 직접 귀속된다). 그러니까 어떤 회사가 손해를 보는 와중에도 판매를 계속하기만 하면 지방 당국에 여전히 세금을 내게 되는 것이다. 다시 말해 어떤 공장이 생산 능력의 60퍼센트만을 활용하기 때문에 손익 균형을 맞추거나 대출금 상환을 하는 데 턱없이 못 미친다 해도, 제품 판매에 따른 세입을 거둬들이는 지방 관리들의 입장에서 보면 이 회사를 계속 유지시키는 비용은 금융 시스템이 부담하는 데 반해 이 공장을 폐쇄하면 재정 수입의 큰 부분을 잃게 되는 것이다.

지방 관리들은 합병할 만한 다른 기업을 찾거나, 직원들에게 임금 삭감이나 조기 퇴직을 강요하거나, 그냥 은행들에 지속적인 대출을 압박하는 등 좀비 기업을 계속 유지시키기 위해 무슨 짓이든지 한다. 2016년, 주요 석탄 생산지인 산시성山西省 정부는—가격 하락에 시달리는 가운데 과잉 광산 문제를 안고 있는 산업인—석탄 부문에 최소한 전년도와 같은 금액을 대출해줄 것을 은행들에 요청했다. 그리고 특히 산시성의 7대 석탄 회사들로부터 대출금을 회수하지 말도록 요구했다.[14]

한편 산둥성 정부는 바야흐로 "유동성 문제"에 시달리는 기업들에게 계속 대출을 확대해줄 것을 요청하는 통고문을 게시했다. 여기서 유동성 문제에 시달리는 기업이란 이자 상환을 감당할 만큼 충분한 수입을 벌어들이지 못하는 기업을 가리킨다. 현재 중국에 현재 얼마나 많은 좀비 기업이 있는지는 정확히 알 수 없다. 2016년, 국제통화기금 IMF은 지방정부들이 발표한 데이터를 대조해 11개 성에 걸쳐 약 3,500개의 국영 좀비 기업이 있음을 확인했다.[15] 이는 약간 낮게 잡은 수치로 보인다. 은행들은 보유 자산의 거의 2퍼센트가 악성화되었다고 보고하지만, 일부 경제학자들은 실제 수치가 15퍼센트에 이를 거라고 의심한다. 은행들이 자금 회수를 요구하는 대신 기업들을 살려놓는 쪽을 택했기 때문이다.

하지만 국영기업들이 경제에 지우는 부담은 좀비 기업에 국한되지 않는다. 좀비 기업들의 생명을 유지시키는 정치적 동기는 국가 부문에 건강한 외형을 부여하면서 특유의 낭비를 감추는 수많은 다른 왜곡 속에서 모습을 드러낸다. 중국에서 손꼽힐 정도로 유명한 자유주의 경제학자가 베이징에 설립한 경제학 싱크탱크인 유니룰Unirule, 天则经济研究所에 따르면, 2001~2009년에 중국의 국영기업은 모두 합쳐 5조 8,000억 위안의 이윤을 창출했다. 하지만 만약 이 기업들이 토지, 신용 대출, 물, 전기 같은 품목에서 시장 시세를 지불하고, 현금 보조금이나 세금 감면과 면세 기간 같은 혜택을 전혀 받지 못했다면, 그들은 이윤을 한 푼도 내지 못했을 것이다.[16] 이처럼 대대적인 보조금을 받는다면 이윤은 사실 별 의미가 없다. 이 이윤은 성공이나 효율성, 자본 수익의 반영이 아니기 때문이다. 베이징 당국은 철강과 자동차 제조업같이 전략적으로 중요시하는 산업의 발전을 지원하기 위해 일정하게 보조금을 내주었다. 하지만 보조금은 대부분 서로 경쟁하는 지방정부들이 휘두르는 도구이다. 이런 상황은 최종적으로 좀비 기업들의 작은 무리를 훌쩍 넘어서는 낭비와 부채라는 결과를 낳았다.

우리는 볼보를 건진 겁니다

중국 중앙부에 있는 후베이성의 도시인 스옌十堰의 관리들은 도시의 공기 질에 대해 자부심을 드러냈다. 관리들이 내게 설명해준 바에 따르면, 내가 방문한 그해에 스옌시가 국가 차원의 대기오염 상한선을 넘어선 날은 며칠밖에 되지 않았다. 나는 어떻게 답해야 정중한 대답이 될지 확신할 수 없었다. 자욱하게 내려앉은 안개 때문에 도시를 둘러싼 산자락이 거의 보이지 않았기 때문이다. 사실 전에도 나는 관리들로부터 깨끗한 공기에 관한 그런 열정적인 발언을 들은 적이 있었다. 예전에 내가 중국 중부에 있는 탄광 도시를 방문한 적이 있는데, 현지인들은 공기 질이 무척 좋아졌다고 자랑했지만 나는 스모그 때문에 목 안쪽이 타는 듯한 느낌이었다. 하지만 스옌의 안개는 달랐다. 중국의 많은 공업 도시를 자욱하게 뒤덮은 매캐한 회색 연무가 아니었다. 누렇고 더러웠다. 하루 일과를 마치고 샤워를 하면 먼지가 씻기는 게 눈에 보였다. 그건 공장에서 나오는 오염 물질이 아니었다. 폭파 때문에 생기는 이 먼지는 대대적으로 이루어지는 경관 변화가 낳은 결과였다.

얼종이 더양으로 옮겨가게 만든 것과 똑같은 역사의 변덕이 없었다면, 스옌은 십중팔구 조용한 산동네에 지나지 않았을 것이다. 1968년, 소련의 침공에 대비해 스옌에 제2자동차제조소Second Automobile Works, 第二汽车制造厂─후에 중국의 4대 국영 자동차 제조업체 중 하나인 둥평자동차Dongfeng Motor Corporation, 东风汽车公司가 된다─가 설립되었다. 이 지역은 산세가 무척 험하고, 자동차 산업체들이 빼곡하게 자리 잡은 곳은 산비탈 사이로 가늘게 뻗은 평지라 러시아 폭격기가 중국 중부의 트럭 산업을 쓸어버리기는 무척 어렵다. 내가 2013년에 방문했을 때에도 도시를 둘러싼 산들 때문에 도시계획 전문가들이 애를 먹고 있었다. 그들은 죽어가는 도시를 떠맡은 게 아닌가 걱정했다.

문제가 시작된 것은 둥평─중국의 자동차 도시를 자처하는─이 본사를 스옌에서 자신들도 자동차 도시라고 자부하는 성도 우한으로 이전한 2003년이었다. 제너럴모터스, 혼다, 푸조-시트로엥 등이 자동차를 생산하는 거점인 우한은 중국에서 규모로 손꼽히는 도시이자 물류의 중심지이다. 이 도시는 주요 철도가 만나는 교차점에 자리하며, 중국 중심부를 관통하는 양쯔강에 포구를 보유하고 있다. 인구 약 80만 명의 스옌은 이런 이점을 하나도 갖고 있지 않다.

2006년, 둥평이 닛산자동차와 설립한 합작투자 회사도 스옌을 떠나 우한으로 옮겼지만, 스옌 당국은 도시의 문제는 열악한 입지가 아니라고 판단했다. 스옌시 토지자원국에 따르면, 둥펑은 본사를 이전하기 전에 약 80에이커*의 부지를 요구했는데, 시 당국은 이 부지를 제공할 수 없었다. 토지자원국은 내게 보낸 팩스에서 이렇게 말했다. "둥펑이 두 부문의 본사를 이전하기로 결정한 뒤, 자동차 도시가 버려진 도시로 전락할 것 같았다." 물론 스옌에 땅—부지로 쓸 만한 땅—이 더 많다면 이런 상황이 재발하는 것을 피할 수 있었을 것이다. 2007년, 시 정부는 산을 깎아서 새로운 평지 400제곱킬로미터를 마련하는 계획을 세웠다—이는 원래 도시 규모보다 2배가 넘는 넓이이다. 새롭게 만들어지는 이 땅은 거의 전부 기업들이 들어와서 공장을 짓기 위한 부지로 쓰일 것이었다. 토지자원국은 "산을 깎는 일은 막다른 길에 처한 스옌의 발전 문제를 해결하기 위한 황금 열쇠가 되었다"고 말했다.

"스옌은 투자를 유치하기가 아주 어렵습니다." 국가발전개혁위원회 National Development and Reform Commission, 国家发展和改革委员会 스옌시 과장 공 바이린이 말했다. "우리는 큰 대가를 치렀지만, 더욱 발전할 여지가 아직 충분합니다."

중국의 경제계획 기구인 국가발전개혁위원회 소속 관리 세 명과 테이블을 마주하고 앉은 자리에서 나온 이야기였다. 국가발전개혁위원회와 직접 이야기를 나누는 것은 좀처럼 얻기 힘든 기회였는데, 그 대표자들이 자신들이 직면한 문제의 심각성을 솔직히 밝히는 경우는 더더욱 드문 일이었다. 그들은 최근에 스옌의 산을 마구 깎아낸다고 중국 언론으로부터 뭇매를 맞아, 위기 수습의 일환으로 외국 언론인과

---

* 약 32헥타르.

대화하는 보기 드문 조치를 취한 것이었다. 그들이 개방적인 태도를 보인 데에는 자신들의 전략이 확실한 성공을 거두었다고 판단한 사정도 작용했다.

AB볼보는 최근에 둥펑과 협력하기로 결정하면서 상용차를 만드는 새로운 사업에 56억 위안을 투자했다. 두 기업은 스옌에 시설을 두기로 결정했다. 새로운 벤처 사업 부지는 시내에서 차로 20분 정도 떨어져 있으며, 옆에는 깎아지른 듯한 하얀색 인공 암벽이 있었다. 부지를 만들기 위해 깎고 남은 산의 절반이었다.

"산을 깎아 우리가 건진 게 뭐였을까요? 우리는 볼보를 건진 겁니다." 국가발전개혁위원회의 스옌시 농업 지구계획 책임자로 공바이린의 옆에 앉아 있던 푸궈린이 말했다. "만약 스옌이 산을 밀어버리지 않았다면, 볼보는 절대 여기까지 오지 않았을 겁니다."

"스옌은 산세가 험하고 외딴곳이어서 투자자들이 오려고 하지 않습니다." 다시 공바이린이 말을 받았다. "다른 도시들하고 비교할 때, 스옌은 특별한 이점이 없는 데다 요즘에는 중국 어디든 간에 비슷한 특혜 정책을 제시하거든요."

이런 특혜 정책 중 하나는 부지이다—무상으로 혹은 최소한의 아주 저렴한 비용만 받고 산업용 부지를 제공하는 것이다. 베이징 당국은 시세보다 저렴한 가격에 토지를 양도하는 것을 금지하는 엄격한 법규를 시행하고 있지만, 지방정부들은 걸핏하면 이 법규를 교묘하게 빠져나간다. 스옌이 용지를 필요로 한 것은 기업들이 확장을 간절하게 원했기 때문이 아니다. 사실 땅은 시 당국이 전국 각지의 여러 도시들을 상대로 투자 유치를 경쟁하려면 보조금 패키지의 일부로 용지도 제공해야 한다고 판단했기 때문에 필요했던 것이다.

지방정부들이 투자 유치를 둘러싸고 벌이는 경쟁—그리고 그에 수반하는 세입—은 중국에 경제 기적을 안겨준 기본 요소들 중 하나다. 중앙정부는 지방정부에 상당한 자율권을 부여하면서 지역별 환경에 적합하게 성장을 창출하는 혁신적 기법이 나오리라 기대했다. 하지만 투자 유치 경쟁은 제로섬 게임으로 바뀌었다. 한 도시가 유치하는 투자는 곧 다른 도시가 얻지 못하는 세금이다. 그리고 지역의 상황에 근거한 해법을 고안하는 대신 모든 도시가 똑같은 유인책을 제시하는 식으로 경쟁한다. 그 결과, 중국의 도시 공간에는 산업 용지가 터무니없이 높은 면적을 차지하게 되었다. 일반적으로 세계 대부분 지역에서는 산업 용지가 도시의 10~15퍼센트를 차지한다.[17] 중국에서는 그 비중이 약 25퍼센트이며,[18] 일부 도시에서는 그보다도 높다.

쉽게 산업 단지로 전환할 수 있는 평탄한 농지로 둘러싸여 있지 않은 스옌시의 경험은 이례적인 게 아니다. 한쪽에는 산이 있고 다른 쪽은 강으로 막힌 간쑤성 서부의 도시 란저우蘭州에서는 새로운 위성도시를 만들기 위해 큰 언덕 700개 정도를 밀어버렸다. 한때 중국공산당이 국민당 군대를 피해 산속 동굴에 은신했던 산시성陝西省의 옌안延安 역시 도시 공간을 확대하기 위해 산지를 일부 깎아내고 있다. 다만 공산당 전설에서 역할을 한 산들은 아직 건드리지 않고 있다. 중국 해안을 따라 자리한 도시들은 내륙으로 더 이상 확장할 공간이 없는 경우에 바다를 메워 땅을 확보하기 시작했다. 각 시 당국은 2015~2020년에 해저를 준설하고 방조제를 건설해서 델라웨어주 전체*에 맞먹는 새로운 땅을 만들 계획이다.[19] 그렇지만 안타깝게도 현실은 이 산업 부지의 대부분을 놀리고 있다는 것이다. 중국 곳곳에는 제대로 활용되지 않거나 거의 텅 빈 산업 단지가 부지기수이다.

토지는 중국 기업들에 제공되는 보조금 가운데 하나에 불과하다. 중국 지방정부의 문제는 거의 모든 도시가 똑같은 각본에 따라 움직인다는 것이다. 그러므로 보조금은 충분하지 않다. 따라서 지방 당국들은 외국과의 경쟁만이 아니라 중국 다른 곳에 소재한 기업들로부터도 지역 사업체를 보호해야 한다는 강박을 느낀다. 중국에서 명성이 자자한 또 다른 경제학자 장웨이잉張維迎은 중국이 글로벌 자유무역에 그렇게 열성적인 이유 중 하나는 성 사이에서도—심지어 각 성 내부 현 사이에서도—무역 장벽이 만연해 있을 뿐 아니라 국가 간 장벽보다도 훨씬 더 허물기 어렵기 때문이라고 주장한다. "중국은 국제 무대에서 자유무역의 깃발을 흔들 때 자국 국내 시장이 자유무역을 한결 더 필요로 한다는 점을 잊어서는 안 된다."[20]

중국이 세계무역기구와의 약속을 준수하는지 감시하는 책임을 맡은 미국무역대표부USTR는 해외 기업들에 대한 공정한 대우를 보장받기 위해 겪어야 하는 어려움 중 하나가 베이징 당국이 "중앙의 산업정책 조치를 지방 차원에서 실행하는 데 어려움을 겪는다"는 점이라고 불평한다.[21] 장벽이 노골적으로 드러나는 경우는 드물지만, 지방 당국이 법규를 시행하는 재량권을 가지고 있기 때문에 장벽이 나타난다. 각 성의 식품의약국은 걸핏하면 광고와 관련된 모호한 법률을 활용해 다른 성에 속한 제약회사가 "불법" 마케팅을 했다며 벌금을 부과

---

* 6,452제곱킬로미터. 참고로 충청북도 면적은 7,407제곱킬로미터이다.

한다.[22] 마찬가지로, 외부 기업들은 검역 불합격, 또는 제품 안전성이나 품질 기준 미달을 이유로 호된 처벌을 받을 수 있다. 또 지방 법원은 계약 분쟁 시 자기 지역 기업들에 유리하게 판결하라고 부추김을받게 마련이다. 또는 다른 지역의 법원 결정이 제대로 집행되지 않을수도 있다. 또 지방정부 프로젝트를 맡은 계약업체들은 해당 지역에서만 원자재를 구매하도록 요구받는다.

보조금과 자국 보호주의, 그리고 좀비 기업들의 생명을 유지시키려는 의지가 결합되어 결국 중국 산업은 실제로 필요한 것보다 훨씬 더많이 생산할 수 있는 능력을 갖게 되었다. 특히 보조금 덕분에 공장 건설비와 운영비가 덜 들기 때문에 기업들은 더 많은 공장을 짓기 위해돈을 빌린다. 보호주의는, 설령 공장을 추가로 지어야 할 분명한 사업적 근거가 없더라도 적어도 지역 차원의 판매는 보장된다는 것을 의미한다. 그리고 지방정부들은 좀비 기업의 생명을 유지시키는 것을 무척 선호하기 때문에 이 모든 공장을 전부 끌어안아야 하고, 결국 가격이 떨어지고 산업 전체의 건전성이 훼손된다.

2014년 이래 중국은 전 세계 철강의 절반 이상을 생산하고 있다.[23]하지만 2015년에 중국 공장들이 만들 수 있는 철강 11억 톤 가운데실제로 생산된 것은 70퍼센트에 불과하다.[24] 그해에 중국 철강 회사들의 절반 이상이 손실을 발표했고,[25] 가격이 워낙 떨어져서 당시 대중이 체감하는 물가로는 철강이 양배추보다도 값이 쌌다. 중국 산업 전체에 걸쳐 그런 식의 과잉이 계속 되풀이되고 있다. 중국이 미국보다알루미늄을 13배나 많이 생산해서 전 세계 공급량의 절반 정도를 차지한다는 사실을 생각해보라.[26] 조선 산업이 최전성기에 달했을 때,

중국은 전 세계 선박의 40퍼센트 이상을 생산했다.[27] 국영 매체에 따르면, 21개 산업이 "심각한" 설비 과잉을 겪고 있는데,[28] 그 목록에는 시멘트, 알루미늄, 조선, 철강, 발전, 태양광 패널, 풍력 발전용 터빈, 건설 기계, 화학, 섬유, 제지, 유리, 해운, 정유, 그리고 얼종이 속한 중공업 부문 등이 올라 있다.

이런 식의 과도한 낭비가 가능한 것은 기업들 스스로도 공모하기 때문이다. 국영기업은 정부의 세세한 관리를 받지 않는다. 국영기업은 정부로부터 충분한 자율권을 보장받아 자신들의 판단에 따라 경영상의 결정을 일상적으로 내릴 수 있으며, 지방정부 관리들과 마찬가지로 해마다 달성해야 하는 일련의 목표에 따라 평가를 받는다. 물론 이윤은 이런 평가 기준의 하나로 여겨지지만, 보조금 덕분에 중국 기업들은 실제로 효율적일 필요 없이 외형적으로 수익을 올릴 수 있다. 게다가 기업들의 보고를 받는 정부 당국은 이윤에 별다른 신경을 쓰지 않는다. 대체로 이익 배당은 수익을 창출한 기업에 재투자된다. 정부는 효율적이고 건전한 경영에 관심을 갖는다고 말할지 모르지만, 실제로 신경 쓰는 것은 성장과 세금이다. 그리고 이런 점은 다시 국영기업 중역들을 움직이는 유인에 영향을 미친다. "설비, 생산, 시장 점유율 목표치가 국가가 지배하는 이 기업들의 성과를 평가하는 주요한 척도로 활용된다." 주중 유럽연합상공회의소는 산업 설비 과잉에 관한 2016년 보고서에서 이렇게 결론지었다. "중국에서는 크기가 중요하다."[29]

자신들의 재량권이 상당하고 은행에서 언제든 신용 대출을 받을 수 있는 상황에서 국영기업 경영자들은 회사를 키우는 가장 쉬운 방법이 그냥 더 많은 돈을 빌려서 더 많은 설비를 짓는 것임을 알고 있다. 그 결과, 아무도 필요로 하지 않는 공장을 짓느라 막대한 규모의 부채가 축적되고 낭비되고 있다.

공정하게 말해, 얼종의 위신이 추락한 데는 불운도 어느 정도 작용했다. 2011년 쓰나미와 지진으로 일본 후쿠시마의 핵발전소 사고가 일어난 뒤, 세계 각국 정부가 신규 핵발전소 건설을 일시 중단하면서 얼종의 주요 사업 분야 하나가 하룻밤 새에 몰락해버린 것이다. 하지만 얼종을 곤경에 빠뜨린 진짜 원인은 회사의 무분별한 확장, 특히 얼종이 쓰촨성에서 이미 진행 중인 조업과 별반 다르지 않은 작업을 하기 위해 52억 위안(8억 2,500만 달러)을 투입해서 장쑤성에 완전히 새로운 공장을 짓기로 한 결정이었다.

신규 시설은 얼종이 유일하게 가진 최대의 경쟁 우위를 확립하기 위한 것이었다. 쓰촨 공장의 위치는 러시아 폭격기를 피하기에 안성맞춤이지만, 고객에게 제품을 인도하기에는 그리 유리하지 않다. 그 이유 가운데 하나는 얼종이 동부 해안지대와 동북 지방에 몰려 있는 중국의 산업 중심지와 멀리 떨어져 있기 때문이다. 하지만 거리는 제쳐두더라도 얼종의 가장 큰 과제는 생산물을 쓰촨성에서 **내보내는** 것이었다. 얼종이 만드는 기계와 부품은 워낙 덩치가 크고 무겁기 때문에 일반 도로는 하중을 견디지 못한다. 얼종이 생산한 모든 무거운 부품은 최대 1,000톤의 하중을 견딜 수 있게 특수 강화한 250킬로미터 도로를 따라 트럭으로 운송되는데, 이때 바퀴가 12개 이상인 트레일러가 사용된다. 도로는 양쯔강 지류에 있는 포구에서 끝이 나는데, 이 지류는 상하이 근처에서 동중국해로 흘러들어가며 운송 기간은 배편으로 15일이 걸린다.

포구라고 해야 콘크리트 바닥에 주황색 대형 크레인이 한 대 있어서 부두에서 강 위의 바지선까지 물건을 실어 나를 뿐이다. 여기에서는 1,300년 전에 항행이 특히 어려운 구간의 강물을 진정시키려고 러산^{樂山} 절벽에 새긴 70미터 높이의 대불^{大佛}이 곧바로 보인다. 얼종으로서는 유감스럽게도 부처님은 강물을 진정시켜주기만 할 뿐, 강물이 충분히 흐르게 하지는 못한다. 가을과 겨울에는 강의 수위가 너무 낮아 500톤 이상을 실은 바지선은 통행할 수 없다. 가끔은 수위가 너무 낮아 화물 선적량이 100톤으로 제한되는 경우도 있기 때문에 연중 상당 기간 동안 얼종은 제품을 운송하지 못한다. 신규 공장은 얼종의 전통적인 고객들과 거리가 보다 가깝고 연중 어느 때나 수심이 충분히 깊은 강변에 지어졌다. 하지만 완공될 즈음 사실상 공장이 필요 없어졌다. "그래서 새로운 시설을 지었는데, 산업 전체가 상황이 나빠졌습니다. (……) 수주된 계약이 전혀 없어요." 얼종의 홍보 담당자 류시웨이가 말했다. "충분한 시장 수요가 없으니, 할 수 있는 일이 없습니다."

내가 얼종에서 새로 지은 장쑤 공장을 찾아갔을 때, 시설 내부의 도로에 숭숭 뚫린 구멍마다 얼마 전 내린 빗물이 고여 있었다. 주위를 서성거리는 몇 안 되는 노동자들보다 훨씬 웃자라 있는 잡풀 더미 주변을 주인 없는 개들이 어슬렁거리고 있었다. 거대한 사암 덩어리로 된 정문에서 다른 시설들로 이어지는 도로는 하나도 없었다. 지역 트럭 운전사들이 구직 홍보차 정문 외벽에 낙서처럼 크게 써놓은 휴대전화 번호가 내 눈에 들어왔다. 강변에 접한 공장 부두에는 잡초가 우거져 있었다. 이 부두는 지역 소금 거래업자들이 인근에 있는 화학 공장에서 새로 주문이 들어오길 기다리는 동안 바지선을 묶어놓는 용도로 쓰이고 있었다.

한편 더양은 얼종이 좋았던 시절의 유물을 여전히 놓지 못하고 있다. 그곳에는 극장, 그리고 수영장이 두 개 있는 스포츠센터가 있다. 공장 구내와 옛 사택에서 볼 수 있는 방송을 송출하는 방송국도 한 곳 있다. 프로그램은 하루에 4개밖에 안 나오는데, 1991년부터 방영된 영어교육 프로그램 〈패밀리 앨범 USA^{Family Album USA}〉가 인기를 얻고 있다. 이 프로그램에 출연한 미국 배우들은 나중에 〈웨스트윙^{The West Wing}〉과 〈위기의 주부들^{Desperate Housewives}〉에도 나와 꽤 이름을 날렸다. 회사는 사보도 계속 내는데, 선전부에서 정기적으로 발간하는 4면짜리 신문에는 생산 성과에 관한 소식뿐 아니라 "회사 서기 왕씨, 닝샤^{宁夏}에서 온 손님 맞아" 같은 재미있는 기사도 있다. 무엇보다도 회사는 운이 다하는 가운데서도 공동체 의식을 계속 보존하려고 노력하는 것 같다. 적어도 1년에 한 번은 풀뿌리 당원들—현 직원과 퇴직자 모두—이 도시 주민들을 대상으로 무료 이발, 세차, 혈압 측정, 시계 수리, 부엌칼 갈기 등의 자원봉사를 한다. 내가 방문하기 전달에도 당원 500명 정도가 지역사회를 위해 자원봉사를 했다고 한다.

얼종에는 두 차례 황금기가 있었다. 첫 번째는 1980년대의 개혁 초창기로 당시 회사는 경제 근대화에 필요한 산업 기반 시설을 건설하는 데 중추적인 역할을 했다. 회사는 자원이 물밀 듯이 밀려들어오는, 특권을 누리는 직장이었다. "딸들아 딸들아 어서 자라, 얼종으로 시집 가거라女儿女儿快快长，长大嫁进二重厂"라는 운율을 맞춘 대구가 그 시절부터 전해진다.[30] 하지만 당시의 국영기업들이 전부 그러하듯, 얼종은 그저 하나의 회사가 아니라 정부의 축소판이었다. 얼종에는 유치원과 초등학교, 병원이 있었고, 자체 경찰과 법원도 있었다. 1990년대에 베이징이 계획경제를 해체하기 시작하면서 이런 상황도 끝이 났다. 얼종 같은 기업들에 주어지던 국가 지원금이 어느 순간부터 끊겼고, 대신 그들은 은행에서 돈을 빌리라는 말을 들었다. 은행들은 기업에 시장의 규율을 일정하게 강제할 것이라는 기대를 받고 있었다. 하지만 국영기업들은 은행을 돼지저금통처럼 활용해 돈을 빌려 사회복지사업 예산을 마련하고 사업을 유지했다. 세기가 바뀔 무렵, 은행들은 긴급 구제를 받았고, 국가는 사회복지를 제공하는 책임을 떠맡았으며, 얼종 같은 기업들은 백지 상태에서 새롭게 출발할 수 있었다.

그 결과, 얼종은 부채의 굴레에서 벗어나고 관리받는 학생 같은 처지에서 해방된 가운데 2000년대 초에 전체 경제와 나란히 호황을 누렸다. 단지 경제가 10퍼센트씩 성장한 것이 아니었다. 경제는 그 전 20년 동안 그렇게 빠른 속도로 성장해왔다. 다른 점은 얼종으로부터 부품을 공급받는 기업군들 — 중국 중공업 — 이 전과 다른 방식으로 호황을 누렸다는 것이다. 중국은 철강업계에서 작은 피라미에 불과했는데, 이제 가장 덩치가 큰 물고기가 되었다. 알루미늄 부문도 마찬가지였다. 밑바닥에서부터 출발한 조선업 역시 크게 성장해서 이제 중국은 그 전까지 조선업을 이끌었던 일본과 한국보다 매년 더 많은 적재 중량톤을 생산했다. 그리고 이 모든 산업 수요를 따라잡기 위해서라도 점점 더 많은 발전소가 필요했다.

이런 호황 국면에서 부채는 문제가 되지 않았다. 아무리 많은 돈을 빌리더라도 언제나 문제를 통해 성장할 수 있었다. 누구랄 것 없이 모두들 확장을 거듭했고, 얼종도 이에 맞추어야 했다. 2007년은 얼종의 절정기였다. 그해에만 회사 이윤이 4배로 늘었다. 하지만 몇 년 뒤, 중공업이 지나치게 확장된 것이 분명해지면서 그만큼 빨리 신규 공장에 대한 수요가 줄어들기 시작했다.

지금까지 21세기의 대부분 시기 동안 중국에서 이윤과 확장은 나란히 진행되었다. 가파르기 짝이 없는 확장이 가능했던—실제로 그런 확장을 합리적으로 만든—것은 무척 빠르게 성장하는 경제였다. 하지만 공장들은 성장의 주요 원천이 아니었다. 그들은 성장을 가능케 한 프로젝트들에 재료를 공급했을 뿐이다. 철강, 시멘트, 유리, 건설 기계 등이 필요했던 것은 모두 중국이 도시화를 진행했기 때문이다. 하지만 중국이 지나치게 많은 공장을 건설한 것처럼, 도시화 역시 과도한 수준에 다다랐다. 만약 계속해서 점점 더 많은 도시와 공장을 지을 수 있는 중국의 능력이 중단된다면, 이미 재정적 건전성이 취약해진 산업 부문이 고통받을 위험이 있다.

3장

유령 도시

3장

2005년에 장징창^{张竞强}이 시장이 됐을 때, 톄링^{铁岭}은 랴오닝성에서 가장 가난한 도시였다. 혹한의 동북 지방에 있는 인구 약 44만 명의 도시로 명나라 시대에는 요새 도시였지만 지금은 빛을 잃어가는 톄링은 중국의 러스트벨트^{rust belt}에 속했지만, 대규모 산업화는 오래전에 도시를 비껴갔다. 말 그대로 "쇠 고개"를 뜻하는 톄링에는 탄광과 제철 용광로가 몇 개 있었지만, 도시 경제는 주로 경계 지대에서 옥수수, 콩, 땅콩을 기르는 농업을 기반으로 삼았다.

  장징창은 야심가는 아니었다. 왼쪽에서 오른쪽으로 빗어 넘긴 머리에 말랐지만 턱살이 늘어진 그는 랴오닝성에서 내내 공무원 생활을 했는데, 시장이 정년퇴직 연령인 60세 전에 마지막 직위가 될 터였다. 하지만 시장이 되고 나서 몇 년 후 그는 궁벽한 도시의 운명을 바꿔놓아 전국적으로 각광을 받는 드문 순간을 누렸다.

성공이 정점에 다다른 2010년 장징창은 자부심에 한껏 취해 자랑을 늘어놓았다. "이제 톄링은 (……) 여러분이 찾아오면 떠나고 싶어하지 않는 도시가 됐습니다."[1] 시장이 된 직후에 그는 톄링을 활성화하기 위한 15년 계획에 착수했는데, 계획의 핵심은 도시 서남쪽 15킬로미터 지점에 새로운 기반 시설을 짓기 위해 대규모 투자가 요구된다는 것이었다. 그곳에 그는 톄링의 쌍둥이 도시인 톄링신시Tieling New City를 지었다. 그곳은 중국에서 가장 살기 좋은 도시가 될 게 분명했다. 신톄링은 환경과 조화를 추구하는 고대 중국 철학인 풍수風水의 요소들을 구체화한, 도시 규모의 중국 정원으로 구상되었다. 도시 남쪽에는 풍치를 더하는 호수를 팠고, 파낸 흙은 도시 북쪽 경계에 언덕을 만드는 데 사용했다. 언덕 위에는 바위 정원을 정성 들여 꾸며놓았다. 호수에서부터 습지까지 미래의 도시를 관통해 나무가 늘어선 구불구불한 수로를 팠는데, 습지를 경계로 신톄링과 구톄링이 분리된다.

예전부터 있던 습지—얕은 물가에 갈대가 무성하게 삐져나온 제방이 있는 일종의 늪—는 시간이 흐르면서 줄어들어 농토로 바뀌었고, 남은 습지는 구도시에서 흘려보내는 하수가 유입되는 용도로 사용되었다. 장징창의 지휘 아래 습지를 원래 크기로 확장하고, 하수 처리장을 세웠으며, 근처에 있는 강의 흐름을 바꿔 생태계에 깨끗한 물을 공급하고, 자연적으로 수질이 정화되도록 식물을 심었다. 매년 여름에 시베리아로 날아가다 잠깐 머무르는 장소로 습지를 이용하는 철새의 수는 1970년대 이래 줄곧 감소했는데, 장징창이 습지를 복원한 뒤로 다시 늘어나기 시작했다.

하지만 아무도 떠나고 싶어하지 않는 도시를 건설했다고 믿고 싶은 장징창 시장의 바람과는 달리, 현실에서는 아무도 이곳에 오지 않는다. "사람들은 톄링에서 물건은 사지만 살고 싶어하지는 않습니다." 장징창의 신도시를 설계한 조경 전문가 후제胡洁가 베이징의 스타벅스에 앉아서 이렇게 말했다 "일이십 년 정도 지나면 톄링이 꽤 발전할 수 있겠지만, 그건 기업들을 유치할 수 있어야 가능한 일이죠."

내가 신톄링을 처음 찾아간 것은 2013년 초였다. 정부는 낮 시간에 공무원들이라도 돌아다녀 유령 도시가 되지 않도록 구도시에서 신도시로 청사를 이전한 상태였다. 하지만 통근자들이 업무를 끝내고 집으로 향하는 해질녘 무렵이면 도시는 텅 비었다. 줄줄이 늘어선 무수한 아파트 건물들에는 여전히 불빛이 꺼져 있었다. 고층 아파트에는 환한 조명이 비추고 정부 청사 건물들에는 컬러 LED 조명이 번쩍거려서 도시는 마치 놀이공원처럼 환하게 빛났지만, 지루한 표정의 교통경찰 말고는 그 장관을 감상할 사람이 하나도 없었다. 텅 빈 상점가를 따라 터벅터벅 걷는데, 이른 봄 내린 눈에 찍힌 발자국이라고는 동료와 나의 것밖에 없었다.

세계 대부분 지역에서 유령 도시라고 하면 보통 지역사회 사람들이 포기하고 떠난 장소를 말한다. 미국 서부에는 그런 도시가 점점이 박혀 있는데, 캘리포니아에 골드러시가 일면서 하룻밤 새에 우후죽순처럼 생겨났다가 금광이 고갈되고 광부들이 떠나자마자 순식간에 인구가 감소한 곳들이다. 러시아에는 이른바 "죽은 도시"들이 수천 개나 있다. 소련이 종언을 고하면서 제국의 구석진 모퉁이에서 군대가 떠나거나 국가의 산업 지원이 중단되는 등의 이유로 텅 빈 곳들이다.[2]

하지만 중국에서는 유령 도시라는 개념이 근본적으로 다르다. 중국의 풍경에 점점이 박혀 있는 것은 버려진 곳이 아니라 애초부터 사람들이 거의 살지 않는 곳이다. 그리고 이곳들의 규모를 생각하면 소도시를 뜻하는 "타운town"이라는 명칭도 걸맞지 않다. 어느 순간 내몽골의 평원 위에 100만 명을 수용하기 위해 지어진 대저택과 아파트 건물들로 이루어진 도시가 솟아나지만, 지역 금융 위기 때문에 건설 호황이 끝나고 몇 년이 지나도록 도시는 대부분 텅 비어 있다. 톈진 교외에는 업무용 고층 빌딩 몇십 채로 이루어진 중국의 맨해튼이라고 홍보되는 도시가 있는데, 안을 들여다보면 대부분 빈 건물이다. 바다를 준설해 개간한 땅에 지은 한 생태 도시는 뼈대만 남아, 심하게 오염된 보하이渤海만을 내려다본다. 교외에 지은 대저택의 지붕들은 바람에 날려가고 없다.

과연 무엇을 유령 도시라고 할지에 관한 엄밀한 규정은 없지만, 공통된 특징은 완전히 빈 게 아니라—지역 도시계획 기관은 거의 언제나 적어도 어느 정도의 사람들을 들어오게 할 방법이 있다—원래 도시 건설에서 계획한 규모에 인구가 턱없이 못 미친다는 것이다. 정부가 주거 공실률에 관한 수치를 발표하지 않기 때문에 얼마나 많은 공실이 있는지는 알기 어렵다. 가장 과학적인 추정치는 중국판 구글인 바이두Baidu의 연구자들에게서 얻을 수 있다. 이들은 바이두 검색 엔진 사용을 추적해서 주거 지역에 거주하는 사람들의 밀도를 계산할 수 있었다. 예전에 언론인들이 유령 도시로 의심되는 곳을 저녁때 찾아가서 불이 켜진 아파트 창문 숫자를 셌던 것과 비교하면 아주 향상된 방법이다. 어쨌든 바이두 연구자들은 중국 각지에 유령 도시가 최소한

50개에 달한다고 판단했다.[3]

유령 도시가 아무리 많아도 경제학자들은 그것이 대개 중국 경제의 전체적인 그림과는 상관없다고 치부해버린다. 어쨌든 유령 도시는 지역 차원의 도시계획이 상호 연계되지 않은 결과물이라고 주장되며, 유령 도시가 급격히 늘어난다고 해도 국가 경제가 타격을 입는 것처럼 보이지는 않았다. 하지만 유령 도시를 단순히 컴퓨터 매트릭스 내부의 작은 결함으로 생각한다면 잘못이다. 유령 도시는 코드의 일부이며, 이 문제를 보면 지방정부들이 끊임없이 맹목적으로 성장을 추구하면서 도시화 과정을 어떻게 강제했는지가 여실히 드러난다.

중국만큼 급속한 도시화 문제를 잘 다룬 나라는 거의 없다. 중국은 인류 역사에서 가장 규모가 큰 이주민을 수용해야 했는데도 다른 개도국과 달리 빈민가와 판자촌 문제에 시달리지 않았다. 2000~2015년에 2억 7,000만 명 — 독일, 프랑스, 영국, 스페인 인구를 모두 합한 수치 — 이 중국 농촌에서 도시로 이주했다.[4] 컨설팅 기업 매킨지는 2030년에 이르면 중국의 도시 인구가 2013년의 약 7억 3,000만 명에서 10억 명으로 늘어날 것이라고 예측한다. 수천 년 동안 농촌 사회와 경제였던 중국은 이제 미국에서는 한 세기 전체가 걸렸던 도시화 수준을 불과 50년 만에 달성하는 궤도에 올라 있다.

중국이 거둔 성공의 열쇠는 순식간에 엄청난 크기의 기반 시설을 건설하는 규모와 속도에 있다. 지난 30년 동안 중국이 누린 수준의 성장은, 인도와 브라질이 그랬듯 새로운 도로와 항만, 발전소 건설이 경제가 필요로 하는 수준을 따라잡지 못했다면 언제든 쉽게 덜컹거리며 멈춰 설 수 있었다. 20년 전만 해도 지하철 노선이 하나도 없던 상하이가 뉴욕 지하철보다 거의 60퍼센트 정도 긴 세계 최장의 지하철을 건설하지 않았다면, 지금까지 1,000만 명의 인구를 흡수할 수 있었을 거라고는 상상조차 하기 힘들다. 한때는 중국의 전력망이 경제 수요를 따라잡지 못해 일부 지역은 교대로 부분 정전을 겪기도 했다. 하지만 2012년에 이르면 1주일에 3개씩 발전소가 새로 문을 열었다.[5] 한때는 철도가 놓일 공간을 놓고 사람, 화물, 석탄이 경쟁을 해야 했지만—대개 사람이 손해를 보았다—그 후 중국은 맨땅 위에 고속철도망을 건설하는 데 수천억 위안을 투입했다. 한때는 이런 투자가 쓸데없는 낭비라고 비난받았지만, 오늘날에는 전 세계에서 중국 운송 시스템의 화룡점정이라고 치켜세운다.

매킨지의 예측대로 계속 도시로 몰려올 이주민을 모두 수용하려면 분명 훨씬 더 많은 기반 시설이 필요할 것이다. 하지만 중국에 아직 지어지지 않은 어떤 기반 시설이 필요하다고 해서, 지어지는 모든 게 정말로 필요한 것은 아니다. 그냥 중국으로 여행을 가서 돌아다니는 사람이 보기에도 뭔가 잘못된 게 드러난다. 공장 몇 개를 제외하고는 텅 빈 산업 단지나 너무 규모가 커서 공무원들로 정말 채울 수 있는지 의문이 드는 정부 청사, 어쩌다 한 번 비행기가 도착하는 공항, 모든 도시마다 어쩔 수 없이 지은 지나치게 많은 전시장과 박물관을 보면 알 수 있다.

도시화—새로운 주택과 기반 시설 건설—는 20년 가까이 중국 경제를 이면에서 움직인 추동력이었다. 도시화 덕분에 엄청난 양의 철강·시멘트·유리, 해외에서 철광을 들여오는 선박, 제철소 가동에 필요한 발전소와 탄광, 건설 현장에서 필요로 하는 기계 등에 대한 수요가 생겨났다. 그러면서 지방정부들은 이처럼 끊이지 않고 이어지는 건설에 중독되고 말았다. 지역 경제를 활성화하고 성장을 유지하는 이런 방법은 모두 이주민의 요구라는 이름으로 막연하게 정당화된다. 세계은행은 도시화를 "급속한 성장에 힘을 주는 병행 [과정]"이라고 지칭한다.[6] 다시 말해, 도시화는 성장을 뒷받침할 수는 있지만 성장을 추동하지는 못한다. 중국은 앞뒤 순서를 바꿔놓았고, 그 결과 거대한 규모의 낭비가 생겨났다. 톄링의 이야기는 미래를 위한 계획이라는 가면을 쓴 지방정부의 야심과 무분별이 어떻게 중국 전역에 만연한 재정 문제를 야기하는 바탕이 되었으며, 추가적인 이주민에 대한 기대가 어떻게 이 문제를 해결하지 못하는지를 생생하게 보여주는 사례이다.

2010년, 장징창 시장의 톄링 계획은 성공작처럼 보였을 게 분명하다. 한동안 톄링의 경제는 랴오닝성에서 가장 빠르게 성장했는데, 신도시 전체를 짓는 데 필요한 대규모 건설이 주요 추동력이었다. 개발업체와 건설사, 그리고 이 기업들의 공급업체가 창출한 모든 사업을 등에 업고 세입이 급증했다. 도시는 저렴한 주택을 건설한 공로로 유엔으로부터 상을 받았다. 그리고 신톄링은 2010 상하이 세계 엑스포에서 중국관 내부에 전시되는 유일한 도시로 선정되었다. 이 엑스포는 1950년대와 1960년대에 열린 세계 박람회의 명성 재현을 목표로 한 행사였다.

"더 좋은 도시, 더 좋은 생활Better City, Better Life"을 주제로 한 엑스포는 영혼이 없고 공해에 찌들었으며 천편일률적인 중국 도시들의 모습을, "도시가 1,000개 있어도 하나같이 똑같은 외관"이라고 널리 지탄

받는 현상을 개선하기 위한 방법을 모색하는 행사였다. 신톄링이 전국적으로 관심을 끌게 된 것은 실용적이고 판에 박힌 도시화보다 살기 좋은 도시를 우선시하기로 한 장징창의 파격적인 결정 덕분이었다.

도시 환경에 관한 장징창의 관심은 의도적인 전략의 일부였다. 만약 사람들이 거기서 사는 걸 선호한다면 이주민들 역시 그곳에 정착할 것이라는 생각이었다. 특히 주말 휴양용으로 따로 아파트를 찾는 부유층을 끌어들일 수 있었다. 공해에 찌든 성도 선양에서 겨우 한 시간 거리인 톄링은 장징창의 말마따나 "선양의 뒷마당"이 될 것이었다.

장징창은 꿈을 실현하기 위해 조경 전문가인 후제를 발탁했다. 후제는 중국 도시들이 고유의 특징을 잃었다고 생각하는 사람이었다. 그는 특히 산과 흐르는 물 같은 고전 미술의 요소들을 도입해 도시에 보다 독특한 중국적 색채를 입히고 싶어했다. 그는 미국에서 15년 동안 공부하고 일했지만, 2008년 올림픽을 준비하면서 베이징이 시도하는 성형수술을 돕기 위해 귀국한 상태였다. 그리고 올림픽 주경기장에서 북쪽으로 조금 올라간 곳에 뉴욕 센트럴파크보다 2배나 큰 공원을 짓고 있었다. 장징창은 2007년에 베이징을 방문한 뒤 후제에게 용 모양 호수에서부터 생태계에 공급되는 중수도 용수에 이르기까지 올림픽공원에 관해 온갖 질문을 퍼부었다. 그러고는 미국에 사는 그 조경 전문가에게 톄링에서 그의 상상력을 펼쳐달라고 요청했다.

이 상상력의 비용은 값비쌌다. 첫 번째 개발의 물결—정수장, 변전소, 중앙난방 설비 건설과 20만 그루의 나무 식재 등[7]—이 휩쓸고 간 이래 예산 지출은 전혀 줄어들지 않았다. 현재 호수 한편에는 콘크리트와 유리로 엄청나게 크게 지은 유사 브루탈리즘Brutalism 양식의 정부 청사 건물들이 늘어서서 거대한 크기의 붉은색 전통 등燈이 점점이 박힌 도시 광장을 내려다보고 있다. 그리고 고등학교 2개와 직업훈련원 하나, 선양시가 주최하지만 경기는 인근 여러 도시에서 분산 개최되는 2013년 전국체전—개최 비용이 적게 드는 일종의 국내 올림픽—을 위해 지은 테니스장, 호숫가에 따로 본점이 있는 지역 은행들을 위해 지은 유리 고층 빌딩 2개, 시내에서 인근 물류 단지까지 이어지는 전차 노선, 톄링시와 다른 동북 지방을 연결하는 고속철도 역사 등도 있다.

처음에는 광적인 투자가 성공을 거두었다. 톄링은 오랫동안 국가경제를 앞질렀다. 전성기였던 2007년에는 20.8퍼센트의 경제성장률을 기록했는데, 이 수치는 지역 경제가 중국 전체의 13퍼센트 성장을 훨씬 뛰어넘어 3년 반 만에 2배나 성장할 정도로 빠르게 발전했음을 보여준다. 하지만 이런 성장은 오로지 어떤 수입도 창출하지 못하는 공공사업에 의존한 덕분이었다.

시 정부는 2013년에 조세 수입이 10퍼센트 줄어들자 처음으로 무언가가 잘못되었음을 인정했다. 이듬해에는 다시 세입이 15퍼센트 줄어들었다. 2015년이 되었을 때 톄링 경제는 거의 성장을 멈추었다. 도시—또는 특히 시가 소유한 기업들—는 막대한 빚을 진 상태였지만, 빌린 돈을 상환할 자원이 없었다. 지방 관리들은 이제 자신들이 무슨 일을 저질렀는지 깨닫기 시작했다. 시 당국은 2015년 도시 현황 보고서에서 "정부 부채 부담이 막중하다"고 밝혔다. "시 정부에는 이자와 원금을 상환하는 데 필요한 자원이 심각하게 부족하며, 막대한 상환 부담이 지워져 있다."

거대 도시의 꿈

대부분의 나라들은 특별한 상황이 아니면 아무것도 없는 맨땅에 도시를 건설하지 않는다. 오스트레일리아가 캔버라를 건설한 것은 시드니와 멜버른이 어느 곳이 수도가 되어야 하는지를 그들끼리 결정하지 못했기 때문이다. 브라질리아가 건설된 것은 브라질의 정치 대표자들이 국토 중심부에서 만나기 위해서였다. 미얀마 군사정권이 네피도 Naypyidaw 건설이 좋은 구상이라고 판단한 것은 정치적 분열을 야기하는 학생과 승려들로부터 멀리 떨어져서 방어하기 용이한 수도를 원했기 때문이다. 중국은 현재 자기 나름의 새로운 도시를 건설하고 있지만, 일의 선후가 뒤바뀌었다. 새로운 수도를 건설하는 대신 범람도시 overflow city ─ 슝안신구雄安新区 ─ 를 만들어서 베이징의 과밀을 해소하려는 것이다. 그리고 굳이 베이징에 있을 필요가 없는 국영기업과 국가기관들에게 이주를 지시할 예정이다. 맨땅에 수도─또는 심지어 슝안 같은 장소─를 건설하는 방식의 이점은 완공이 되면 바로 관료 집단을 이주시킬 수 있다는 것이다. 하지만 포로 상태로 대기 중인 인구가 존재하지 않는데도 도시─수많은 개별 가구와 사업체들의 선택에 의존하는 도시─를 건설한다면 그것은 맹신의 소산일 뿐이다. 특히 재정 자원이 대규모로 투입되는 상황이라면 거의 모든 나라가 그런 무모한 시도를 하지 않을 것이다.

지난 10년 동안 신도시를 건설하는 것─그리고 기존 도시의 외곽에 완전히 새로운 "구"를 추가하는 것 ─ 은 중국에서 다반사가 되었다. 중앙정부 기관인 국가발전개혁위원회의 내부 연구소인 중국도시개발센터^{China Center for Urban Development}가 2013년에 12개 성을 조사한 결과, 12개 성 모두 인접한 범위 안에 평균 4.6개의 신구(대개 규모나 야심 면에서 신도시와 구별하기 어렵다)나 신도시를 건설하고 있었다. 표본으로 삼은 144개 지구급 도시(중국에는 300개가 넘는 지구가 있는데, 지구는 성 바로 아래 단계의 행정구역이다)는 평균 1.5개씩 신구나 신도시를 건설 중이었다.[8] 그리고 센터가 파악한 것처럼, 많은 신도시와 신구—중심 업무 지구, 유흥가, 생태 도시, 행정 지구 등이 뒤섞인 도시—가 모체인 구도시의 규모와 "기본적으로 맞먹는" 인구를 수용하기 위해 건설되고 있었다.[9]

간혹 보면 중국 안에서는 경제학의 기본 법칙이 보류되는 것처럼 느껴진다. 세계 어디에서든 맨땅에 도시를 건설하는 것은 당연히 상식에 도전하는 일이 된다. 그렇지만 중국은 신도시를 건설해서 금세 채운, 놀라울 정도로 탄탄한 실적을 갖고 있다. 시간만 충분하다면 그 기록을 훑어볼 수 있을 것이다.

상하이는 처음으로 신구를 건설한 도시 가운데 하나이다. 동쪽 강 건너편에 펼쳐져 있던 논을 빽빽하고 초현대적인 중심 업무 지구로 뒤바꿔놓았는데, 그 모습이 워낙 인상적이어서 〈블레이드 러너^{Blade Runner}〉에 묘사된 도시에 비유된다. 하지만 푸둥^{浦东}—말 그대로 "동쪽 강변"—의 출발은 불확실했다. 중국의 최고 지도자 덩샤오핑이 1991년에 이 사업의 성공을 기원하기 위해 이곳을 방문해서 푸둥의 미래는 금융 서비스에 달려 있다고 선언했을 때,[10] 중국 금융 부문은 수십 년 동안 이어진 마오주의를 거쳐 막 자립하던 무렵이었다. 그로부터 7년 뒤 푸둥을 찾은 미국 경제학자 밀턴 프리드먼^{Milton Friedman}은 대부분 텅 빈 업무용 건물과 고층 빌딩을 보고 "피라미드 높이에 죽은 파라오를 모신 국가주의의 기념물"이라고 묘사했다. 상하이 정부가 푸둥에 사무실을 열라고 압력을 넣으며 구워삶자 몇몇 업체는 그곳에 공간을 임대해서 전화선과 안내원을 놓고는 예전처럼 강 건너편에서 계속 업무를 보았다. 상하이에서는 푸둥의 방 하나가 구도시의 침대 하나만 못하다는 경구가 회자되었다.[11]

현재 런던, 도쿄, 뉴욕과 나란히 세계 최대 도시의 반열에 오르려는 상하이의 야심은 푸둥의 스카이라인이 없다면 크게 위축될 것이다. 이 신구의 밤은 활기가 넘치고 사무실 공실률이 낮아서 부러움을 사며, 주민들은 심지어 그곳에 사는 것을 선호한다고 말한다(하지만 상하이의 다른 곳에 사는 사람들은 여전히 의문을 품는다). 회의적인 시선에도 불구하고, 푸둥은 현재 활기가 넘친다. 또한 규칙의 예외이기도 하다.

푸둥은 중국에 처음 생긴 신구 가운데 하나이지만 최근 몇 년 사이에 중국의 도시 건설은 거의 전염병 수준으로 확산되고 있다. 전국 각지의 관리들은 점진적으로, 즉 필요한 경우에 기반 시설을 추가하는 식으로 건설하는 대신, 일단 짓고 나면 사람들이 들어온다는 도시계획 모델을 향해 소떼처럼 우르르 몰려갔다. 어디랄 것도 없이 도시 경계선을 가보면 갖가지 형태와 모양의 신도시와 신구가 들어서 있다. 허난성의 산업도시인 뤄양에서는 호숫가에 신도시—대형 정부 청사와 업무용 건물들이 꼭대기에 국영기업 로고를 붙인 채 몰려 있다—가 지어져, 여름밤에 〈카르미나 부라나Carmina Burana〉 음악에 맞추어 레이저쇼가 펼쳐지면 그 지방 사람들이 구름처럼 모여든다. 2013년에 지진 피해를 입은 쓰촨성 서부의 도시 루산芦山 외곽에는 현지에서 자라는 흑단 나무를 홍보하기 위한 거대한 전시관 주변에 완전히 새로운 관광 지구―지역의 전통적인 건축 양식으로 엉성하게 지어졌다―가 만들어졌다. 공자의 탄생지인 취푸曲阜에 만들어진 신구는 전시장과 회의장, 수십 채의 신축 고층 아파트를 갖추고 이 현인에 대해 새롭게 일고 있는 관심을 충족시켜준다.

이 모든 건설은 도시와 소도시들이 사람들로 넘쳐나기 전에 자기 몫의 미래 이주민들을 수용하기 위해 가하는 일종의 선제공격이다. 하지만 이런 건설의 규모와 소요되는 비용은 예상된 이주 규모에 비해 터무니없이 크다. 중국도시개발센터 부소장 차오룬링乔潤令에 따르면, 2013년 현재 신도시와 신구 건설 계획을 모두 합하면 34억 명을 수용할 수 있다고 한다. 중국 전체 인구의 **2배가 넘는** 수치이다.[12] 게다가 중국의 도시 이주민 수는 이미 정점을 지나 내리막길을 걷고 있다. 앞으로도 더 많은 사람들이 이주할 것으로 예상되지만, 국내 이주의 **속도**는 2010년 중반 이래 감소하고 있다.[13] 그렇지만 지방정부들의 건설 열풍은 여전히 사그라들지 않았다. 『인민일보』는 사설에서 이런 무분별한 확장이 대가를 치를 것이라고 경고했다.

[처음에] 선전深圳이나 상하이의 푸둥 같은 (……) 중국의 신도시와 신구들은 (……) 경제성장의 중심축이었다. (……) 하지만 지금 곳곳에 우후죽순처럼 생겨나는 신도시와 신구들은 (……) 반대 방향으로 움직이고 있다.

이 신도시와 신구들은 거대한 재정 낭비를 야기하고, 지방정부에 막대한 부채 부담을 안기며, 투자에 의존해서 경제를 추동하는 "개발병

development disease"을 점점 더 심화시키고 있다.[14]

도시화가 더 낫다

역사적으로 볼 때, 중국은 도시화를 피해야 할 일로 간주했다. 공산당은 1949년에 국가를 장악한 직후, 제국 시대부터 존재한 가구 등록제를 받아들여 사람들이 평생 한 장소에서 살도록 했다. 후커우戶口라고 이름 붙은 이 제도 아래서 모든 사람은 촌村이나 향鄕, 도시 등 일정한 장소에 일단 등록을 하면 다른 곳으로 이주하는 게 거의 불가능했다. 이렇게 한 것은 자유로운 선택권이 주어질 경우 사람들이 대대적으로 농촌을 떠나 도시로 이주해서 도시 자원에 압력을 가하고 안정을 위협할지 모른다는 염려 때문이었다. 경제개혁 직전인 1978년에는 중국인의 18퍼센트 정도만이 도시 지역에 살았다.

　1990년대에 중국의 수출 기구가 효과적으로 작동하기 시작하면서 훨씬 더 많은 수의 이주민이 도시로 옮겨갔다. 산업화와 도시화가 나란히 진행된다는 사실을 인식한 관리들은 공장 일자리를 찾아 도시로 온 이주민들을 눈감아주었다. 그렇지만 후커우제는 중국 지도자들이 이따금 "도시병urban disease"이라고 언급하는 현상에 대비하는 예방 조치로 계속 유지되었다.

　"리우데자네이루와 상파울루에 갔을 때 높은 곳에서 내려다보니 거대한, 정말로 거대한 빈민가가 보이더군요. 남아공에서는 몇몇 도시가 길게 늘어선 양철 판잣집으로 둘러싸여 있었고요." 중국인의 38퍼센트 정도가 도시에 거주하던 2001년에 장쩌민江澤民 주석이 한 말이다. "이런 빈민가는 커다란 사회문제를 야기합니다."[15] 이와 대조적으로, 중국은 이주 노동자들이 도시에 뿌리를 내리기 어렵게 만들었다. 이주 노동자들은 일자리를 찾지 못하면 도시를 떠나야 했고, 보건이나 교육 같은 공공서비스를 이용하려면 고향으로 돌아가야 했다. 그렇지만 장쩌민은 도시화가 사람들을 농업에서 빼내서 농촌 빈곤을 줄이는 데 기여한다고 보았다. 산업 부문의 일자리는 농업보다 벌이가 좋지만, 이런 일자리는 도시에 몰려 있다. 만약 중국이 더 번영하려면 도시가 이주민들을 수용해야 했다. 장쩌민은 이렇게 말했다. "농촌 인구를 줄이는 것은 피할 수 없는 일입니다."

2013년 초 리커창이 중국 총리가 되었을 때, 전체 국민의 절반 이상이 도시 지역에 살고 있었다. 장쩌민 이래로 지도자들은 걸핏하면 중국이 얼마나 도시화를 필요로 하는지에 관해 이야기했다. 리커창은 한 걸음 더 나아가 이런 견해를 유지하며 경력을 쌓았고, 1991년에 쓴 경제학 박사학위 논문에서 도시화 속도를 높이면 당시 초기 단계에 있던 중국의 산업화를 지원할 수 있다고 주장했다. 그는 도시화가 산업화 및 농업 근대화와 병행되어야 한다고 생각했을 뿐만 아니라―산업화는 이주민들을 도시로 끌어당기는 일자리를 창출하고, 농업 근대화는 더 이상 사람을 필요로 하지 않는 농장들에서 사람을 떠밀어냄으로써 이주민을 창출한다―도시화가 개발 이후에 그냥 따라오는 것이 아니라 개발의 필수적인 일부분이 될 수 있다고 믿었다. 그는 1990년대 말에 허난성 당 서기로 승진한 데 이어 2004년에 랴오닝성 당 서기로 옮기면서 이런 생각을 현실에 적용하기 시작했다. 2005년 그는 톄링을 방문했다. "톄링 인구는 (……) 너무 적습니다. 톄링은 대도시로 발전하고, 지역 중심지로 우뚝 서며, 도시를 이용해 주변 농촌 지역을 개발해야 합니다." 도시 방문 중에 그는 이렇게 말했다.[16] "도시 규모의 확대는 톄링의 발전에 중요한 걸음이며, 성 당국은 이런 확대를 지원해야 합니다."[17]

50만 명에 육박하는 인구를 보유한 톄링은 절대적인 수치로 보면 결코 작은 도시가 아니었다. 하지만 농업에 의존하고 있었기 때문에 랴오닝성의 나머지 지역과 비교할 때 대단히 많은 사람들이 주변 농촌에 살고 있었다. 톄링의 관리들은 리커창의 발언을 마음에 새겼다. 그가 떠난 뒤 관리들은 15년 계획을 설계하는 일에 착수했다. 그리고 이듬해에 리커창에게 계획안을 제출했다.

미래의 총리는 계획안을 결재하면서 말했다. "구상은 견실하고, 혁신적이고, 독특하며, 도시개발의 미래 방향과도 일치합니다."[18] 계획에 따르면, 2010년경 신도시 인구는 6만 명이 될 것이었다. 2020년에 이르면 그 수가 20만 명으로 늘어날 예정이었다. 장징창 시장은 언젠가 주민이 100만 명이 될 것이라고 이야기했다. 얼마 지나지 않아 이 계획은 랴오닝성 안에서 톄링 모델Tieling Model이라는 이름으로 홍보되었다. 랴오닝성의 다른 도시들도 이런 접근법을 따라 배우도록 권유받았다.

적어도 처음에는 밭에 씨를 뿌리듯이 도시에 사람을 끌어들이는 게 비교적 쉬웠다. 하지만 내가 처음 톄링을 방문했을 때, 그곳에 사는 많은 사람들은 스스로 선택해서 주민이 된 게 아니었다. 내가 처음 만난 주민들 중에는 야외에서 일하느라 주름이 깊게 팬 남녀 20여 명이 있

있는데, 그들은 정부 청사 앞 광장에서 삽으로 눈을 치우는 중이었다. 몇몇은 형광 주황색 작업 조끼를 입고 줄을 맞추어 앞뒤로 움직이며 아무도 없는 광장을 쓸고 있었다. 그들은 원래 그 땅에 살던 주민들, 그러니까 지금은 도시가 우뚝 선 곳에서 벼농사를 짓던 농민들이었다. 그곳에서는 혹한의 날씨 탓에 벼가 자라는 속도가 느려, 2모작이 기본인 남부와 달리 1년에 한 번만 수확을 했다. 하지만 농사꾼인 그들은 적어도 남에게 의존하지는 않았다. 신도시의 첫 번째 주민으로 그들이 이주해왔을 때에는 먹을거리를 살 수 있는 편의점 하나 없었다. 먹고살 길이 막막했던 그들은 시에서 일자리를 받았다. 거리를 청소하고 눈을 쓰는 일이었다.

정부는 또한 구도시와 주변 현의 학교를 폐쇄하고 신톄링으로 옮겨와 "즉시 입주민"을 만들어냈다. 현재 신톄링에는 일반인에 비해 파란색과 흰색으로 된 폴리에스테르 교복을 입고 돌아다니는 학생의 수가 압도적으로 많다. 어느 나이 든 주민은 신톄링을 "아이들의 도시"라고 설명했다. 이제 농촌에서는 신설 학교에서 기숙사 생활을 하는 중학생들이 방치되어 있다고 불만을 토로한다. 또 마을 사람들 사이에서는 임신한 10대들과 자퇴하거나 퇴학을 당한 고등학생들에 관한 뒷소문이 돌았다. 한편 정부 관리들은 "즉시 입주민" 명부를 정리하는 과정에서 목표 수치를 채우기 위해 신도시로 이주하라는 권고를 받았다. 구도시에서 옮겨온 신청사 근처에 아파트를 사면 보조금이 나왔다.

이런 조치들은 톄링의 기존 인구를 재편하는 것에 지나지 않았다. 신도시가 성공을 거두려면, 구톄링으로부터 사람들을 흡수하는 것 이상이 필요했다. 외부에서 유입되는 이주민이 필요했고, 그러려면 일자리가 있어야 했다. 교외의 물류 단지는 톄링이 고용 창출에 대한 커다란 희망을 품고 있는 곳 중 하나로, 톄링을 중국 동북 지방의 상거래 중심축으로 변신시킬 것으로 기대를 받는다. 이 단지는 드라이브 인drive-in 도매 시장이라고 이해하면 된다. 내가 처음 단지를 방문했을 때, 좁은 도로와 넓은 대로로 구획된 똑같은 모양의 주황색 3층 건물로 이루어진 블록들은 거의 비어 있었다. "사람들이 어디 있죠? 여기는 아무도 없습니다." 톄링 토박이로 단지가 처음 문을 열었을 때 바닥재 상점을 연 보위추안이 말했다. 그는 이곳 대신 구도시에 가게를 열고 싶다고 말했다. "조만간 가게 문을 닫을 겁니다. 직원하고 나는 베이징으로 가서 취직하는 걸 의논하고 있어요."

그로부터 2년 뒤 내가 다시 찾아갔을 때, 단지는 여전히 비어 있었지만 규모가 2배로 늘어나 있었다. 농축산물 구역이 새로 추가된 것이었다. 나는 2010년에 안후이성에서 부인과 함께 이사를 왔다는 리펑이라는 젊은 남자와 이야기를 나눌 수 있었다. 부부는 자신들이 운영하는 저가 철물점 위층에 세 살짜리 아들과 살고 있었다. 리펑은 원래 다른 점포를 임대했었는데, 넓게 흩어져 있던 업체들이 고객의 편의를 위해 한군데로 모이면서 가게를 옮겼다. 단지의 의류 구역 같은 일부 공간은 상점이 전부 나가서 텅 빈 상태였다. 리펑의 말로는 "어느 편인가 하면, 지난 몇 년 동안 사업이 계속 나빠졌다".

신도시를 만든 사람들은 대도시에 본부를 두고 있는 은행과 보험사들에 데이터 저장 같은 후방 지원 서비스를 제공하는 금융 부문도 이곳에 자리 잡기를 기대했었다. 특별한 목적을 위한 개발 단지가 만들어지면 2013년 말까지 1만 5,000명 이상의 고용이 발생할 것으로 예상되었다. 그런데 2015년 현재 두 회사만 입주했고, 그중 큰 회사는 겨우 20명을 고용했을 뿐이다.

한편 톄링의 가장 창의적인 고용안은 기독교를 테마로 한 놀이공원을 만든다는 것이었다. 그렇지만 독실한 기독교인인 홍콩의 어느 개발업자가 고안한 이 구상은 기독교의 전통 유산이 전혀 없는 도시가 선택하기에는 이상해 보인다. 공원은 노아의 방주나 모세의 이집트 탈출 같은 성서 이야기를 각색해서 조성될 예정이었다.[19] 톄링의 공무원들은 심지어 이스라엘로 사실 확인 조사를 다녀오기도 했다. 그들은 가까운 한국과 일본, 러시아에서 해외 관광객이 몰려들 것으로 기대했다. 하지만 정부 고위층에서 필요한 승인을 내리지 않았고—교회가 포함된 계획안은 민감한 사안이었다—장징창 시장이 퇴임하자 프로젝트는 정신적 지주를 잃고 말았다. 내가 마지막으로 방문했을 때, 도시는 아차상 수상작, 그러니까 기독교 테마 놀이공원 때문에 탈락한 후보안의 완공을 기다리고 있었다. 스노클링 풀과 홍보업자들이 중국 최초의 자동 서핑 풀이 될 거라고 주장하는 풀을 갖춘 워터파크를 만드는 것이다. 이곳이 1년에 최소한 4개월은 호수가 얼어붙는 지역이라는 사실을 감안하면 이상한 선택이다.

어떤 이는 신도시가 예상한 규모만큼 고용을 창출하고 이주민을 끌어들이는 데 실패했기 때문에 건설 계획이 재평가되었을 것이라고 생각할지 모른다. 하지만 공공사업 공사는 계속되었다. 조경 전문가 후제에 따르면 2011년에 장징창 시장이 퇴임한 뒤 후임 시장이 어떻게 하면 신도시에 사람을 채울 수 있는지 자신에게 의견을 물었다고 한다. 후제는 모른다고 대답했다. 하지만 신임 시장은 손실을 줄이는 대신 더 끈질기게 매달리면서 추가로 건설할 건물을 찾았다. 그러면서 미술관, 체육관, 실내 수영장 등을 포함한 새로운 프로젝트에 추가로 13억 달러를 지출할 계획을 세웠다.

현재 후제는 칭화대학에서 설계연구소를 운영한다. 그는 짧은 스포츠머리에 관자놀이 주변이 은색으로 바뀌어 있고, 그 세대의 중국인 남자답지 않게 사진 속에서 웃고 있다. 아마 캘리포니아주 레고랜드를 설계하고 인디애나폴리스의 수변 공간을 재개발하면서 미국에서 보낸 시간의 유산일 것이다. 후제는 중국에서는 시장이 세우는 도시 확장 계획이 정치적 입김을 크게 받는다고 말했다. "시장은 임기가 5년뿐이지만, 이런 신도시가 제 기능을 하려면 20년이 걸립니다. 그리고 새로운 시장이 취임하면 자기 의제를 가지고 와서 나름의 계획을 세우죠. (……) 지방정부는 이런 새로운 개발을 아주 빠르게 밀어붙이지만, 돈과 사람은 굉장히 느리게 움직입니다."

리커창은 2012년에 총리가 된* 직후, 경제의 다른 부문이 속도가 느려진 가운데 도시화야말로 성장의 고삐를 죄는 데 도움이 될 수 있다고 선언했지만, 얼마 안 있어 도시화를 구실 삼아 건설 계획을 정당화하는 지방 관리들을 신랄하게 질책했다. "인민이 도시화의 핵심에 있어야 합니다." 리커창이 격앙된 목소리로 말했다. "도시화는 토지 문제가 아닙니다. 건물 문제도 아니고요. 그건 인민의 문제입니다."[20]

중국의 몇몇 거대 도시의 시장들은 막무가내식 대규모 공공사업 프로그램 때문에 공공연히 지역사회의 비웃음을 사고 있다. 전 우한 시

---

* 리커창이 총리로 임명된 것은 2013년 3월이다.

장은 금융 지구 한 곳, 신공항 2곳, 길이 140킬로미터 규모의 지하철 등을 포함한 건설안을 내놓아 "두더지 시장^(Mr. Dig Dig)"이란 별명을 얻었다.[21] 전 청두 시장 리춘청李春城은 리차이청李拆城이라는 별칭으로 유명했다. 리차이청은 말 그대로 풀어 쓰자면 "리가 도시를 파괴한다"는 뜻이다. 오래된 동네를 철거해서 도로와 고급 아파트를 만드는 것을 선호한 탓에 얻은 별칭이다. 그리고 난징의 전 시장 지젠예李建业는 "불도저 지^(Bulldozer Ji)"라는 별명으로 유명했는데, 지하철을 건설하는 과정에서 난징시 대로에 늘어선 아름드리 플라타너스 수백 그루를 무자비하게 뽑아내어 대중의 비난을 샀다.

제어 불가능할 정도의 건설 열풍을 부추긴 주범은 무엇보다 돈이었다. "불도저 지"와 "도시 파괴범 리춘청"은 현재 부패범으로 교도소에 있는데, 그들의 죄목 중에는 부동산 개발업자와 건설 회사들과의 수상쩍은 거래도 포함되어 있다.[22] 부패는 중국 관료 집단에서 전반적으로 찾아볼 수 있는 고질적인 현상이지만, 건설에 막대한 예산이 투입되기 때문에 건설업은 특히 뇌물에 취약하다. 이따금 지방정부 관리들이 아파트 수십 채를 가족과 친구 명의로 숨겨두었다가 적발된다. 개발업자들에게 리베이트로 받은 것이다.

시장을 투옥하면 모두들 뇌물을 받기 전에 한 번 더 생각해볼 수 있겠지만, 지방정부의 건설 열망을 약화시키는 데 큰 효과는 없다. 우한의 "두더지 시장"은 "도시 파괴범 리춘청"의 뒤를 이어 청두를 맡으면서 전임자만큼이나 공격적으로 건설을 계속해나갔다. 성장과 세입을 창출할 필요가 있는 지방 관리들이 보기에 가장 쉽고 믿을 만한 방법은 공공 건설 사업이다. 따라서 관리들은 거대한 규모로, 실제로 필요한 것보다 훨씬 많이, 신속하게 건설한다.

게다가 정치인이 주기적으로 교체되기 때문에 이런 낭비를 설계한 사람이 책임을 져야 하는 경우는 드물다. 시 지도자들은 임기가 5년이고 종종 그 전에 다른 곳으로 옮기거나 승진을 하기 때문에 잘못된 투자가 낳은 부수적 결과를 다룰 시간이 거의 없다. 채무를 상환해야 하는 책임을 걱정하지 않고 빌릴 수 있는 것이다. 공무원들은 신도시를 자기 경력을 빛내는 용도로 활용한다. "나중에 신도시가 끔찍한 난장판이 되어도 (……) 공무원들은 [다른 곳으로 옮겨서] 자기가 저지른 실수에 책임을 지지 않습니다." 중국도시개발센터 소장 리톄李铁의 말이다.[23] "정부 공무원들이 신도시 건설에 그렇게 열정을 보이는 것도 놀랄 일이 아니에요."

신도시가 제대로 기능하게 만드는 일은 후임자들의 몫이다―그리고 때로는 후임자들이 성공을 거두기도 한다. 허난성에서 가장 큰 도시인 정저우郑州는 2000년대 초반 도시 인구를 2배로 늘린다는 계획하에 신구를 건설하기 시작했다―리커창이 승인한 또 다른 프로젝트였다. 철도망의 중심축으로 제일 잘 알려져 있는 정저우는 신구에 100억 달러를 투입해서 춤추는 분수와 이탈리아 대리석으로 꾸민 회의장, 탑 모양의 마천루 등을 지었다.[24] 2013년, 〈60분Sixty Minutes〉의 진행자 레슬리 스탈Lesley Stahl이 중국의 부동산 거품을 취재하러 정저우를 방문했다. 그녀는 패딩 재킷에 검은색 솜털 귀마개 차림으로 텅 빈 거리를 걸었다. 도시가 추가로 확장될 수 있도록 자리를 내준 마을 사람들 틈에 섞여 신도시를 돌아다녔고, 완공한 지 3년이 지났는데도 입주 상인이 한 명도 없는 쇼핑센터를 둘러보았다. 화면에서 그녀의 내레이션이 흘러나왔다. "우리는 주민이 한 명도 없는 신축 건물과 황량한 콘도, 텅 빈 구획지, 그리고 끝도 없이 펼쳐진 빈 아파트를 보면서 사람들이 말하는 '유령 도시'를 발견했습니다."[25]

하지만 미국 텔레비전에 특집으로 다뤄질 즈음, 정저우의 신구는 이미 가득 차고 있었다. 애플 제품을 생산하는 대만 회사 폭스콘이 그곳에 공장을 짓기로 결정한 것이 전환점이 되었다. 이 공장은 전 세계에서 판매되는 아이폰의 거의 전부를 생산하며,[26] 고용 인원이 35만 명에 달한다.[27]

하지만 정저우는 손쉽게 성공을 거둔 게 아니며, 이 도시의 사례를 그대로 따라하기도 어렵다. 정저우는 폭스콘에 2억 5,000만 달러의 대출을 제공했고, 폭스콘이 사회보장 기금으로 내놓아야 하는 금액도 연간 최대 1억 달러 정도를 인하해주었다. 그들은 새로운 발전소를 지었고, 공장과 기숙사 건설에 15억 달러를 제공했다. 또 보조금을 제공해 운송비를 줄여주고 전기 요금을 5퍼센트 인하해주었다. 게다가 처음 5년 동안 법인세와 부가가치세를 면제하고, 다음 5년 동안은 세율을 통상의 절반으로 깎아주기로 했다.[28] 이익이 발생한 것은 폭스콘의 뒤를 이어 들어온 다른 사업체들, 그중에서도 특히 휴대전화 제조업체들 때문이다. 한 추정치에 따르면, 현재 전 세계에서 생산되는 스마트폰 8개중 1개가 정저우에서 만들어진다.[29] 한때 고향을 떠나 멀리 일자리를 찾아갔던 허난성의 노동자들이 이제는 정저우로 돌아오고 있다.

정저우의 사례는 중국의 유령 도시들이 단순히 일시적인 현상이라는, 즉 지나치게 열광적인 미래 계획이 낳은 결과라는 표지가 아니다. 오히려 유령 도시를 제대로 작동시키는 게 얼마나 어렵고 비용이 많이 드는 일인지를 보여주는 증거이다. 나아가 오늘날 정저우의 성공을 그대로 따라하려고 애쓰는 도시가 있다면 그들은 훨씬 더 큰 어려움에 봉착할 것이다. 한때 중국 동부에서는 수출이 도시화를 추동하면서 우산, 지퍼, 속옷, 기타 수십 가지의 소비재를 각각 전문적으로 생산하는 도시들이 우후죽순처럼 생겨났지만, 글로벌 금융 위기 이후 중국의 수출은 과거와 같은 성장세를 보이지 못한다. 중국의 노동비용이 상승함에 따라 바야흐로 많은 제조업체가 해외의 더 저렴한 생산지로 이전하기 시작했다. 중국에서 100만 명을 고용하고 있는 폭스콘은 생산 시설을 대규모로 확장할 계획이다. 그런데 그 후보지는 인도이다. 중국에서 중공업이 설비 과잉에 시달리는 상황에서 제철소나 제지 공장을 새로 짓도록 국영기업을 끌어들이는 것은 해답이 되지 못한다.

더욱이 중국의 작은 도시들은 사람들을 끌어들이기 위해 새로운 일자리를 창출해야 하는 과제에 직면해 있으며, 이 도시들 가운데 상당수가 이미 기존 인구를 유지하기 위해서 분투하는 중이다. 크레딧스위스Credit Suisse는 중국의 2010년 인구조사에서 나온 데이터를 바탕 삼아 조사한 결과, 수치를 확인할 수 있는 도시 287곳 중에서 3분의 2 정도가 거주 등록된 사람보다 실제 주민이 적다는 사실을 발견했다. 대부분 규모가 작은 도심지였다. 사람들이 보통 태어난 곳에서 출생 등록을 한다는 점을 감안할 때, 결국 사람들이 작은 도시를 떠나 대도시로 향하고 있음을 알 수 있다. 경제적 기회가 더 많고 생활방식도 더 흥미롭기 때문이다.

나는 신톄링을 처음 방문한 지 거의 3년 만에 다시 그곳을 찾았다. 처음 방문했을 때 나와 내 동료를 태워주었던 택시 운전사가 기차역에 마중 나와 있었다. 그는 부인이 새 직장에 다니고는 있지만 크게 변한 것은 없다고 말했다. 부인은 한때 신도시에서 입주율이 가장 높은 주택단지에서 건물 관리자로 일했었는데, 주민이 워낙 많이 줄어들어서 바쁜 일이라고 해봤자 아파트가 너무 부실하게 지어졌다며 입주민들이 끊임없이 쏟아내는 불평을 듣는 게 고작이라고 했다. 그의 부인은 최근에 다른 관리 회사에서 일하기 시작했지만 그녀가 배정된 단지는 지난번 단지보다 훨씬 더 많이 비어 있다.

그렇지만 신테링은 내가 기억하는 것보다 사람이 많아 보였다. 도시 대부분은 여전히 비어 있었지만, 무슨 이유에선지 배 모양으로 지은 신축 쇼핑센터 3층에는 5세 이하 어린이를 위한 미니 놀이공원이 있어서 즐겁게 노는 아이들로 가득했다. 그리고 농가가 있던 곳 주변에 갑자기 생겨난 쇼핑가는 전보다 더 길어지고 오가는 사람도 많았다.

하지만 실제 수치를 보면 이야기가 달라진다. 테링은 인구가 줄고 있었다. 2012년 말, 테링의 도시 인구는 합해서 44만 1,000명이었다. 그로부터 2년 뒤, 그 수는 43만 8,000명으로 줄었다. 원래 도시는 2010년까지 6만 명, 2020년까지 20만 명을 늘릴 계획이었다.

중국의 서브프라임 위기

테링의 도시 건설 실험이 남긴 유산은 텅 빈 건물들뿐만이 아니다. 이주해 오거나 떠난 사람들의 수와 상관없이, 신테링을 만드는 데 투입된 투자의 규모만으로도 지방 당국은 앞으로 오랫동안 이 재정 부담 때문에 무력해질 가능성이 높다. 중국 언론에 따르면, 건설을 시작한 지 7년이 지난 2013년 현재 톄링은 신도시 건설에 260억 위안(38억 달러)을 지출했다.[30]

톄링이 직면한 어려움의 배경을 살펴보려면 노스캐롤라이나주 롤리Raleigh와 비교해보는 게 유용하다. 두 도시는 인구수가 비슷하다. 2015년 중반에 이르렀을 때 톄링은 거의 70억 위안(11억 달러)의 빚을 진 상태였는데, 8년 전에는 부채가 전혀 없었다. 같은 해에 롤리는 15억 달러 정도의 부채가 있었다. 하지만 롤리는 미국에서 가장 빠르게 성장하는 도시로 손꼽힌다. "사람들이 여기 오면 떠나려고 하지 않습니다." 2014년에 롤리 도시계획국장이 한 말이다.[31] 하이테크, 제약, 금융 등의 새로운 일자리를 찾아 사람들이 모여들고 있어 롤리는 2015~2030년에 15만 명이 더 늘어날 것으로 기대한다. 톄링이 예상하고 준비했던 인구 증가 속도와 비슷하다. 롤리는 상하수도 시스템을 개선하고 도로를 확장하고 공원 시설을 개량하기 위해 빚을 졌으며, 경전철을 구축할 계획이다. 두 도시의 주요한 차이는 롤리의 경제 규모가 톄링의 10배라는 것이다.

톄링의 재정 문제는 중국 전역에서 고스란히 되풀이된다. "지난 2, 3년 동안 우리는 전국 각지를 조사했는데, 거의 모든 신구가 부채 문제를 가지고 있습니다." 2015년 초 도시개발센터의 도시화 싱크탱크 책임자인 리톄가 말했다.[32] "그런데 그 부채 규모가 작지 않습니다. 우리가 상상한 수준을 훌쩍 넘어섭니다."

외국인들은 대개 중국의 도시화 업적을 부러운 눈으로 바라본다. 미국공학회American Society of Engineers에 따르면, 미국의 교량 9개 중 1개에 구조적 결함이 있으며, 수도관은 1년에 24만 회 파손된다.[33] 많은 주와 지자체가 2008년 글로벌 금융 위기가 발발하기 전의 호시절에 쌓인 부채를 상환하기 위해 분투 중으로, 기존 기반 시설의 파손을 막기 위한 예산 부족에 시달리고 있다.[34] 한편 중국은 세계 최대의 고속철도망을 건설했고, 새로 뚫은 고속도로가 전국을 가로지른다. 세계 최고의 건축가들이 중국으로 모여들어 정부 후원하에 오페라하우스와 도서관, 업무용 건물을 건설하면서 가장 창의적인 충동을 실현하고 있다. 그렇지만 중국이 재정적인 부담 없이 이 모든 일을 할 수 있다고 생각한다면 큰 오산이다. "일부 지방정부의 경우 엄청난 부채 상환 압력을 받고 있는데, 이 압력이 잠재된 위험 요인이다." 전국인민대표대회 상무위원회의 재정부장 랴오샤오쥔廖晓军은 2015년 말 『인민일보』에 이렇게 기고했다. "부채 리스크가 계속 쌓이게 내버려둔다면, 금융계까지 전이되어 시스템 전체에 금융 리스크가 촉발될 게 분명하다."[35]

설상가상으로 중국의 도시와 소도시들은 기록적인 시간 안에 산더미 같은 부채를 쌓아놓았다. 2008년 말 당시, 중국 지방정부들의 부채액은 약 5조 6,000억 위안이었다.[36] 그로부터 8년 뒤 그 액수는 16조 2,000억 위안(2조 5,000억 달러)으로 3배가 늘었다.[37] 물론 미국의 주정부와 지방정부들이 갚아야 하는 3조 1,000억 달러보다는 적은 액수지만, 미국의 경제 규모는 중국보다 50퍼센트 가까이 크고, 미국의 각급 정부가 그 부채를 쌓는 데는 200년이 걸렸다. 중국의 많은 지방정부는 빌린 돈을 상환할 만한 자원을 가지고 있지 않으며, 앞으로도 대다수가 추가적인 공공사업으로 성장을 뒷받침하기 위해 훨씬 더 많은 돈을 빌려야 한다. "지방정부의 부채는 중국의 서브프라임이다." 전국

인민대표대회 상무위원회 전 부위원장이자 경제학자인 청쓰웨이成思危의 말이다. "은행은 대출 기준에 부합하지 않는 지방정부에 돈을 빌려주고, 결국 지방정부는 부채 상환에 곤란을 겪으며, 그러면 은행은 상환을 연장해주거나 악성 부채를 떠안는다."[38]

베이징 당국도 이런 위험성을 모르는 건 아니다. 사실 중앙정부는 지방정부들이 돈을 빌리는 것을 금지한 1990년대 이래로 이런 위험성을 절감하고 있다. 하지만 지방정부들은 회사를 설립해서 정부 대신 돈을 빌리게 하는 방식으로 20년 가까이 이 규정을 회피해왔다. 이런 지방정부 자금 조달 기구local-government financing vehicles(LGFVs) 덕분에 지방정부는 규정을 위반하면서까지 자금을 빌려 성장을 이룰 수 있었고, 고속철도에서부터 장식 분수에 이르기까지 온갖 프로젝트를 진행할 수 있었다.

지방정부 자금 조달 기구가 처음 활용된 것은 1990년대이지만 실제로 급격하게 늘어난 것은 베이징 당국이 경제를 부양하기 위해 눈감아준 2008년의 일이다. 한 집계에 따르면, 전국 각지에 지방정부 자금 조달 기구가 1만 개 이상 존재하는데, 그 소유 주체는 성, 도시, 지구, 현 등 다양하다.[39] 대다수는 믿을 수 없을 정도로 불투명하고 엄청난 빚을 지고 있다.

2015년, 베이징 당국은 마침내 이 문제를 제어하게 된 것처럼 보였다. 중앙정부는 지방정부의 직접 차입 중단 조치를 번복하고, 전체 과정을 어느 정도 투명하게 만들기 위한 시도로 일부 지방정부의 채권 판매를 허용했다. 그리고 지방 당국이 직간접적으로 차입할 수 있는 액수에 엄격한 상한선을 부과했다.

하지만 2017년 중반에 이르자, 지방정부가 부채 상한선을 교묘히 피하고 베이징의 감독을 회피하는 새로운 방법을 고안해내 풍선처럼 계속 부채를 부풀려왔다는 게 분명해졌다. 그해 8월, 시진핑은 지방정부의 차입이 금융 시스템의 두 가지 커다란 취약점 중 하나라고 말했다(다른 하나는 국영기업의 부채였다).[40]

장징창은 파국이 시작되기 전에 톄링을 떠났기 때문에 시장 퇴임 이후에도 성공적인 경력을 이어갔다. 2011년 사임을 요구받고 자리에서 물러난 그는 중국중소기업협회China Association of Small and Medium Enterprises 부회장으로 변신해서 중소기업의 옹호자가 되어 사기업이 대출을 받기 어려운 현실을 비난하고 있다. 그가 주창한 톄링 모델 역시 성공을 거두지 못했다. 랴오닝성에는 톄링 말고도 유령 도시가 최소한 3곳이 있다. 북한과 국경을 접한 단둥丹东에는 텅 빈 아파트 단지와 나란히 대관람차와 농구 경기장이 있다.[41] 톄링 동쪽 강변에 있는 잉커우營口는 가혹할 정도로 긴 겨울로 유명한데도 개발업자들은 행락객들이 강변으로 찾아올 것이라고 기대했다. 선양 외곽에 있는 선푸沈抚에는 건설을 시작하기 전부터 도시계획가들이 도심 자리에 시 기념물을 지었다. 500피트* 규모의 철제 원형 구조물은 〈스타게이트〉에 나오는 차원 이동 문을 조잡하게 베꼈다며 큰 비난을 받았다.

장징창의 후임자들은 어려운 상황에서도 나름대로 최선을 다했다. 설날 등 축제를 열어서 관광객을 끌어들이려고 했다. 2016년에는 중

---

* 약 150미터.

국 문학이 주제였는데, 『서유기』와 『홍루몽』에서 영감을 받은 트럭 크기의 장식등이 톄링의 인공 언덕을 따라 전시되었다. 2015년, 도시는 40~50억 위안을 들여 습지 주변 550헥타르 땅을 추가로 개발한다는 계획을 발표했다. 하지만 이번에는 민간 투자자들이 비용을 대기를 기대했다.

톄링이 채무 불이행 사태를 피한 것은 민간 은행들로부터 빌린 대출금이 중국개발은행China Development Bank, 国家开发银行으로 이전되었기 때문인 것 같다. 중국개발은행은 명시적으로 정부 지시에 따라 행동할 책임이 있는 정책 은행 중 하나로, 톄링의 재정 문제를 대중의 시야에서 감출 수 있는 일종의 블랙박스이다. 베이징 당국이 지방정부의 부채를 이리저리 뒤섞어서 악성 채무를 계속 감출 수 있다는 점을 감안하면, 가장 큰 위험은 금융 붕괴 사태가 아니라 일정한 시점에 이르면 지방정부들이 건설을 계속할 수 있는 재원이 고갈될 것이라는 점이다. 물론 이미 지은 신도시와 신구는 대부분 엄청난 낭비이지만, 또한 성장의 핵심 요소이기도 하다. 지방정부들이 신규 프로젝트를 감당하지 못하면 경제에 위협이 될 것이다.

톄링은 개발업자들이 아파트를 계속 팔 수 있었을 때에는 겨우겨우 성장을 이어갔다. 지금 톄링은 대부분 비어 있는데도 정부 청사와 학교, 테니스장 사이의 도시 블록을 채우는 주택의 상당수가 팔려서 대금까지 치러졌다. 2007~2013년에 구톄링과 신톄링 모두에서 새로 지어진 주거 공간은 톄링의 기존 인구에 맞먹는 인구를 수용할 만큼 넉넉하지만 거의 전부 팔렸다. 실제로 농촌에서 오는 이주민이 부족한 것은 문제가 되지 않았다. 사람들은 어쨌든 톄링에 집을 샀다. 아마 투자용이나 은퇴 대비용으로 구입했거나, 또는 일단 도시가 채워지면 이사를 갈 생각이었을 것이다. 하지만 어느 시점이 되자 현실이 모습을 드러냈고, 사람들은 텅 빈 도시에 집을 사려는 의욕을 잃었다. 그렇지만 사람들이 구매를 멈추기 전까지 지방정부는 지불 능력을 유지했다. 부동산 개발업자들이 점점 더 많은 땅을 계속 사들였기 때문이다.

세계 대부분 지역에서는 대체로 한두 가지 방식으로 기반 시설의 비용을 마련한다. 첫째, 기반 시설에서 직접 비용을 뽑아낼 수 있다. 도로를 만들면 통행료를 부과할 수 있고, 공항은 착륙료를 받으며, 경기장은 표를 판매한다. 중국 역시 이렇게 비용을 충당한다. 중국에는 유료 도로가 숱하게 깔려 있지만—대중이 특히 불만을 품는 부분이다—모든 공공사업이 수입을 창출하는 것은 아니다. 따라서 신축 사무실, 도시 가로, 하수도 같은 것들을 짓기 위해 세계 대부분 지역의 지방정부는 세금을 인상한다. 하지만 중국의 지방정부는 세금을 인상할 수 있는 재량권이 없다. 게다가 지방정부의 기존 조세 기반이 이미 허약한 형편이다. 하지만 지방정부들이 세금과 무관하게 완전히 재량권을 가지고 재원을 마련할 수 있는 원천이 있다. 바로 토지이다. 토지는 중국의 투자 주도 호황의 핵심에 자리 잡고 있다. 중국의 경제 호황이 그토록 취약한 것도 바로 이 때문이다.

4장

토지 약탈과
부동산 붐

4장

량수린은 60살이 넘게 살아오는 동안 자기 농장에서 보낸 시간이 비교적 적었다. 그는 건설 현장 일을 찾아 허베이의 고향을 떠나 멀리 중국 서남부에 있는 광시성广西省*까지 가는 등 인생의 반을 이주 노동자로 일했다. 그는 춘제를 맞아 1년에 한 번 얼굴을 보는 세 아이를 주려고 단 빵 한 덩어리를 들고 귀향하곤 했다. 농사는 부인이 지었는데, 아이들은 일을 도울 수 있는 나이가 되면 엄마 일손을 거들었다. 기르는 작물로는 벌이가 시원찮았지만 농장은 비상용 수입원이었고, 량수린이 은퇴하면 주요 수입원이 될 터였다. 실제로 그는 60세쯤 되었을 때 고된 건설 노동을 해내기 힘들어지자, 마침내 가족이 반세기 넘게 살아온 마을로 돌아왔다.

---

* 1958년 개칭된 정식 명칭은 광시좡족자치구이다.

그랬는데 그로부터 몇 년 지나지 않아 정부가 그의 땅을 수용해버 렸다.

700여 명이 사는 량수린의 마을은 어지럽게 교차하는 예닐곱 개의 샛길 옆으로 붉은 벽돌집이 늘어서 있는 곳으로 베이징에서 서남쪽으 로 약 110킬로미터 거리에 있다. 마을 전체가 북쪽에 있는 석회암 채 석장에서 날아온 먼지로 얇게 덮여 있다. 그 지역에 가보면 시간을 잊 어버린 듯한 느낌이 든다. 채석장 옆에는 현대식 시멘트 공장이 언덕 깊숙한 곳에 지어져 수백 년 전부터 그 자리를 지킨 것처럼 보이지만 이제는 버려진 가마들과 공존하고 있다. 마을에서는 지붕과 현관에 매 달아놓은 구멍이 숭숭 뚫린 상자에 옥수수를 말리고 있다.

이곳은 부유한 지역은 아니다. 토지수용이 있기 전에 마을 사람들은 1인당 1.3무畝*(0.2에이커)의 농지를 갖고 있었다. 미국 교외의 평균적 인 한 구획 토지보다 그리 넓지 않은 규모이다. 량수린의 말로는 이 농 지에서 1년에 얻는 수입이 1,000위안(약 160달러)을 조금 넘는다고 한 다. 그는 세 아이를 모두 대학까지 보내느라 오랜 세월 고향을 떠나 일 을 했다. 땅콩 밭에서 나오는 수입으로는 한 아이 1년 등록금의 3분의 1도 댈 수 없었다(땅콩 말고도 옥수수, 고구마, 그리고 나중에는 호두 농사 도 지었다).

지방 당국은 2007년에 처음 량수린의 토지를 수용하러 와서 초등 학교를 짓는다며 그의 가족이 가진 7무 중 일부를 가져갔다. 량수린은 이의를 제기하지 않았다. 그는 공익을 위한 게 분명한 일에 무언가 기

---

* 약 800제곱미터.

여하는 것이 자신의 의무라고 생각했다. 하지만 그로부터 2년 뒤, 지방 정부는 다시 나머지 땅까지 빼앗으려고 했다. 이번에는 관리들이 어떤 목적으로 토지를 필요로 하는지 량수린과 그의 이웃들에게 말하지 못했다. 그 땅은 차로 2분 거리에 불과한 구도시 경계선부터 새로 만들어질 "신도시"를 위해 쓰일 예정이었다. 자세한 내용은 나중에야 알려졌다.

"그냥 우리 손에 서류 한 장 들이밀더라니까요. (……) '신도시 계획이 이미 국가 승인을 받았음. 계획은 적법한 것임.'" 자기 땅이 수용된다고 통지하는 문서 내용을 량수린이 쉬운 말로 설명해주었다. 그 대가로 량수린과 나머지 마을 사람들은 1무당 5만 위안을 일시불로 받았다. 이후에는 실수입을 보전해주기 위한 지원이나 보조금이 전혀 없었다. 량수린이 보유한 7무에 대한 보상금은 결국 그의 땅에 지어진 80제곱미터 아파트 한 채도 살 수 없는 액수였다. 그렇지만 량수린의 이웃들 대부분은 곧바로 이 조치를 받아들였으며, 심지어 보상금을 횡재라고 환영하기도 했다. 그리고 그들은 지급받은 돈으로 현대나 창청長城 승용차를 샀는데, 지금은 이 차들 때문에 가뜩이나 비좁은 마을 도로가 툭하면 막힌다.

하지만 량수린은 토지수용에 항의하면서 돈을 받지 않았다. 그는 정부가 적절한 절차를 거치지 않고 토지를 불법적으로 빼앗았다고 주장한다. "땅은 중국 일반 대중의 삶의 근원입니다." 그는 상급 정부에 도움을 호소하는 편지를 썼다. "지금 우리는 우리 땅과 생존 보장 자체를 잃었습니다."

토지수용은 금세기에 중국에서 일어나는 민중 소요의 가장 커다란 원인이 되어왔다. 정부의 토지수용에 맞서 마을 전체가 폭동을 일으킨 경우도 여러 번 있었다. 어떤 마을들은 토지가 개발되는 것을 막기 위해 바리케이드를 쳤다. 마을 사람들은 심지어 토지 몰수에 항의하기 위해 분신을 하기도 했으며, 일부는 강제 이주를 시도하는 이들이 자행한 방화로 목숨을 잃었다. 개발업자들은 폭력배들과 손을 잡고 농민들을 협박해 굴복시키고 있다. 농민들이 아침에 일어나보니 누군가가 자기 밭에 소금을 잔뜩 뿌려놓아 작물을 전혀 기를 수 없게 된 것을 알게 되는 경우도 있었다. 그리고 어떤 가족들은 집을 비우기를 거부했다가 다짜고짜 건설 공사가 시작되어 굴착기들이 신축 단지의 기초를 파는 바람에 비좁은 암반 귀퉁이에 그들의 집만 위태롭게 올라앉는 상황에 처하기도 했다.

중국 농민들은 자기가 농사짓는 땅에 별다른 권리를 갖고 있지 못하다. 농촌의 모든 토지는 마을 공동체의 소유이다. 농민들은 30년 임대로 토지를 사용한다. 탐욕스러운 촌장이 토지를 자기 가족과 친구에게 유리하게 자의적으로 재분배하는 것을 막기 위해 고안된 방식이다. 하지만 그런 방식이 마을 토지를 취득해서 지구 설정을 다시 할 권한을 가진 한 단계 위의 정부 관리들로부터 농민들을 보호해주지는 못한다. 원래 지방정부는 공익에 부합할 때에만 이렇게 할 수 있는데, 법률에 그 조건이 규정되어 있지 않기 때문에 공익을 폭넓게 해석해서 그 범위에 풍치 호수, 골프장, 놀이공원 등까지 포함시키기도 한다.

토지를 재분배하는 권한은 지방정부가 추진하는 개발 모델의 요체다. 이 권한 덕분에 지방정부는 성장을 진작시키는 공공사업 프로젝트에 필요한 토지를 몰수하고, 투자를 끌어들이는 데 사용할 보조금 용도의 산업 단지를 만들며, 기꺼이 토지를 담보로 받아들이는 은행들로부터 돈을 빌린다. 하지만 무엇보다도 지방정부가 토지를 필요로 하는 것은 팔아치우기 위해서다. 그래야 자금을 조성해서 다른 모든 일을 할 수 있기 때문이다.

인민공화국은 인민의 땅을 빼앗는 것을 겁내지 않는다. 싼샤 댐—세계 최대 수력발전소—과 남수북조 공정—물이 부족한 북부 성들로 양쯔강의 물길을 돌리기 위해 건설한 세 운하—같은 거대한 기반 시설 프로젝트가 진행될 수 있게 수많은 시민들이 이주했다. 하지만 토지 판매는 중요한 이데올로기적 우회를 나타낸다.

당은 증권시장을 설립하고 기업가에게 당원 가입을 허용하는 등의 자본주의적 장식물에 만족하면서 타협하기는 했지만, 토지의 사적 소유에 대해서는 여전히 매우 불쾌해한다. 중국의 모든 토지는 일부 국가기관이 소유하며, 엄밀하게 말해 판매가 불가능하다. 하지만 1988년, 당은 헌법을 개정해서 장기 임대 조건으로 토지 사용권(소유권이 아니다)을 사고팔 수 있게 했다.[1] 오늘날 개발업자들은 주거용으로 지정된 토지는 70년, 상업용 토지는 50년 동안 국가로부터 임대할 수 있다. (일반적으로 임대가 만료되더라도 아무도 정부에 토지가 반환될 것으로 기대하지 않는다. 이 책에서는 편의상 "임대"를 "판매"로 표기한다.) 본질적으로 이 시스템 덕분에 중국공산당은 모든 토지를 인민이 집단적으로 소유한다는 전통적인 원리를 고수할 수 있다. 하지만 헌법 개정은 현명한 타협이었고, 그 덕분에 정부는 토지를 현금으로 바꿀 수 있었다. 당시는 덩샤오핑이 최고 지도자로 부상한 뒤 시작된 개혁기가 10년도

되지 않아서 당이 경제를 근대화하는 데 필요한 자금이 부족한 상태였다.

"개혁 초창기에 외국인들을 끌어들여 공장과 사업체를 열게 하는 과정에서 부딪힌 문제는 우리의 기반 시설이 양호하지 않다는 것이었다." 중국의 전 총리이자 덩샤오핑의 오른팔이었던 자오쯔양趙紫陽은 회고록에서 이렇게 밝혔다. "우리는 도시에 필요한 도로를 건설하거나 물과 전기를 끌어올 자금이 전혀 없었다." 1989년 톈안먼 학살 이후 직위에서 해임된 자유주의 개혁가 자오쯔양은 자신이 도시 개발을 위한 자금을 확보하기가 힘들다고 토로하자 홍콩의 한 부동산 개발업자가 토지 금융 아이디어를 소개해주었다고 말했다. "그가 내게 물었다. '토지가 있는데 어떻게 돈이 없을 수 있습니까?' 나는 이상한 말이라고 생각했다. 토지가 있는 것과 자금이 부족한 것은 별개의 문제였다. 어떻게 이 두 가지가 연관이 있겠는가?"[2]

이런 생각은 중국공산당에게 생소한 것이었을지 모르지만, 토지는 여러 세기 동안 금융의 원천으로 활용되었다. 중국에서 채택된 토지 금융 모델은 19세기 중반에 파리를 "빛의 도시City of Light"로 변신시킨 오스만 남작Baron Haussmann이 활용한 방식과 매우 비슷했다. 오스만은 파리 중심부에 있는 빈민가에 수용권을 행사하는 것으로 시작했다. 빈민가를 철거한 뒤 미로처럼 얽힌 좁은 골목길을 후에 도시의 트레이드마크가 되는 대로로 바꾸었다. 하지만 오스만은 도로를 건설하는 데 필요한 토지 외에도 추가로 도로 부지 양쪽의 토지까지 수용했다. 일단 도로가 건설되고 주요 수도관과 가스관, 하수도가 설치되자 대로변의 땅값이 뛰었고, 토지는 도시가 원래 주민들에게 지불한 것보다 훨썬 비싼 값에 개발업자들에게 팔렸다. 토지 판매에서 나온 돈은 시청, 공원, 기차역, 그리고 멀리 시 외곽에서 깨끗한 물을 끌어오는 송수로 등을 신축하는 자금원이 되었다.[3]

중국에서도 지방 당국이 비슷하게 도시의 토지를 팔아서 오래된 아파트와 정부 청사를 철거해 개발에 길을 터주었다. 하지만 그들은 팽창하는 도시에 필요한 공간을 제공하기 위해 막대한 양의 농지도 빼앗았다. 농지는 일단 주거 지구나 상업 지구로 변경되고 공익 설비와 연결되면 농민들에게 보상금으로 지불한 액수의 10배 가격에 팔리는 일이 다반사였다.[4]

지난 10년간 자기 토지가 수용되거나 집이 철거된 중국인의 수는 무려 6,500만 명으로 추정된다.[5] 영국 전체 인구와 맞먹는 규모다. 하지만 이처럼 온갖 문제가 발생하는데도 토지수용은 지방정부에 절대적인 호재다. 글로벌 금융 위기에 뒤이은 2009~2015년까지 7년간 중국의 각급 정부는 토지 판매로만 22조 100억 위안을 벌어들였다. 이는 맨해튼 땅 전체를 두 번 하고도 반을 더 팔아야 나오는 액수다.[6] 중국 국가 차원에서 보면, 토지 판매가 전체 재정 수입의 약 3분의 1을 차지한다. 미국 의회가 국방비 전액과 사회보장 지출의 대부분을 메울 수 있는 액수의 땅을 매년 파는 것이나 다름없다.[7]

이렇게 토지를 팔아 생긴 돈 덕분에 중국은 자오쯔양 시대에 성장을 가로막던 장애물이었던 기반 시설을 전 세계가 부러워하는 수준으로 끌어올릴 수 있었다. 외국인들은 종종 이런 변신을 중국 경제 체제의 우월함을 보여주는 징후로 여긴다. 그렇지만 사실 이런 변신이 가능했던 것은 국가 자산을 단번에 사유화했기 때문이다. 중국 납세자들에게 재정적 부담이 가해졌다면 불가능했을 법한 여러 프로젝트의 건설이 토지 덕분에 실현되었다. 하지만 지방정부들은 토지 금융을 마치 공돈처럼 간주하면서 이런 특권을 남용하고 있다. 지방정부들은 근원적인 필요성이나 재정에 미치는 영향은 감안하지 않고 원하는 것은 무엇이든—지하철, 공항, 신도시와 신구—짓고 있다. 설상가상으로 지방정부들은 이런 사업에 중독되어 있다. 2014년 한 해에만 지방정부들은 토지 판매를 통해 2001년보다 31배나 많은 돈을 끌어모았다.[8] 산이나 바다로 둘러싸인 도시들이 느끼는 가장 큰 공포는 팔아치울 땅이 동날 것이라는 사실이었다. 더 이상 마을 사람들로부터 빼앗을 땅이 없자 정부는 이제 산을 깎고 바다를 메워서 더 많은 땅을 만들어내고 있다.

"토지 시장이 식어서 지가가 떨어지고 토지 판매량이 감소하면, 일부 개발 프로젝트가 자금 조달에 어려움을 겪을 뿐만 아니라 금융 위기가 발생할 가능성도 있다." 중국에서 가장 영향력 있는 경제학자로 손꼽히는 바수쑹巴曙松이 2013년 말에 『인민일보』에 기고한 내용이다. 지방 당국이 무한정 땅을 팔 수 있다고 믿는다면 그건 더없이 어리석은 생각이다. 특히 판매 가능한 땅이 점점 도심에서 멀어지고 있다. 신도시와 신구는 이 문제를 피하기 위한 하나의 시도이다. 학교와 정부 청사를 신도시로 옮기면 구도시 중심부에 값비싼 땅이 확보되는데, 이 땅을 다시 팔면 도시 주변부에서 새로 수용되는 땅보다 훨씬 높은 값을 받을 수 있다.

최근 몇 년 동안 토지 판매는 마치 롤러코스터에 올라탄 것처럼 등락을 되풀이했다. 2015년에는 판매 수입이 22퍼센트 떨어졌다가[9]

2016년에 20퍼센트 가까이 올랐다.[10] 아직까지는 바수쑹이 예측한 것과 같은 대규모 금융 위기는 일어나지 않았다. 아무도 채무 불이행 상태에 빠지지 않았고 그럴 가능성도 없다. 악성 채무는 언제나 국가 금융 시스템 안에 감출 수 있다. 하지만 경제에 미치는 부수적인 결과를 피하기는 어려울 것이다.

토지 판매는 글로벌 금융 위기 직후에 공공사업 증대를 위한 자금줄 역할을 해서 경제를 부양하는 데 도움이 되었다. 하지만 자극제는 일시적인 조치여야 한다. 일단 경제가 정상 상태로 돌아오면 부양을 멈춰야 한다. 그런데 중국의 부양책은 멈추는 법이 없다. 대규모 토지 판매와 그에 따른 대규모 공공사업은 지극히 통상적인 일이 되었다. 그리하여 경제성장 속도가 저하되면 토지 판매가 하락해서 경기 둔화가 더욱 심해질 것이다. 한때 자극제였던 것이 이제는 이뇨제가 될 위험이 있다.

물론 토지 판매가 계속 순조롭게 진행된다면 아무 문제도 없을 것이다. 하지만 그럴 가능성은 점점 희박해 보인다. 문제의 핵심에는 애당초 토지 금융이 그렇게 성공을 거둘 수 있게 만든 것, 즉 주택이 도사리고 있다.

농민들의 밥그릇

량수린이 땅을 빼앗기고 1년 정도가 지난 뒤 그 땅의 한 부분에서 건설 공사가 시작되었다. 시멘트 회사가 공장에서 일하는 노동자들의 숙소를 짓는 데 필요하다며 취득했던 땅이었다. 시멘트 공장은 채석장에서 약간 떨어진 곳에 있었다. 30~40명의 경찰과 함께 굴착기들이 도착했다. 경찰은 소규모 폭동이나 쇠스랑을 든 저항이 일어나는 것을 막기 위한 보험이었다(나중에 벌어진 분쟁 때 이웃 마을 사람들은 자동차를 이용해 농지 주변에 교통 차단선을 만들었다. 건설 장비들이 작업을 시작하지 못하게 막은 것이다). 량수린은 굴착기를 막기 위해 자기 땅으로 들어가려고 했지만 경찰이 막아섰다고 말한다. 그의 아들—마을 의사이자 공산당원이다—역시 작업을 저지하려고 하다 경찰차에 실려가서 열흘 동안 구금되었다. 량수린은 다시 한 번 그런 행동을 하면 노동수용소에 보내질 것이라는 경고를 받았다. 건설 공사는 계속되었다. 한편 량수린의 땅은 대부분 텅 빈 상태로 있었고—시멘트 회사는 극히 일부분만 취득한 상태였다—이후 3년 동안 그렇게 방치되었다. "땅을 팔기 전에 값이 훌쩍 뛰기를 기다리고 있었던 게 분명해요." 량수린은 지방 당국에 관해 불만을 토로했다. "국가 자원을 심각하게 낭비하는 건데도, 범죄 행위가 되지 않으니 답답한 노릇이죠."

이 땅이 워낙 오랫동안 방치되자 량수린은 다시 그곳에서 농사를 짓기 시작했다. 그러다 마침내 땅이 부동산 개발업자에게 팔렸고, 새로운 땅주인은 농사를 짓지 못하게 땅에 잡석을 쏟아붓는 식으로 권리를 행사하려고 했다. 량수린은 잡석을 걷어내고 호두나무를 심었다. 2012년 말, 개발업자는 지게차를 가져와서 나무를 뽑아냈다. 량수린은 다시 새 묘목을 심었다. 도시에서 고등학교 교사로 일하던 큰딸은 아버지가 비타협적으로 나오는 데 대한 처벌로 직무를 정지당했고, 아버지가 협조하게 만들지 못하면 시골구석 학교로 배정될 것이라는 말을 들었다. 량수린은 굴복하지 않았지만, 결국 큰딸에게 내려졌던 직무 정지는 풀렸다. 그리고 량수린이 땅을 빼앗긴 지 거의 4년 후 마침내 개발업자는 건설 공사를 시작했다.

2013년 3월 23일, 인부들이 18층짜리 고층아파트를 짓기 위해 기초 공사를 시작했다. 인부들이 오는 걸 본 량수린의 아들은 전기 자전거에 올라타고 밭으로 질주했다. 호두나무 묘목을 최대한 뽑아 옮기기 위해서였다. 하지만 지난번에는 건설 노동자들이 경찰과 지역 공무원들을 대동했던 반면, 이번에는 개발업자가 사설 경비원을 고용한 상태였다. 량수린에 따르면, 깡패 100명 정도가 부지를 에워싸고 있었다고 한다.

량수린의 아들이 밭으로 다가가자 누군가가 외쳤다. "저기, 잡아!" 아들은 마을 쪽으로 자전거를 돌려 달렸지만, 금세 따라잡혔다. 용역 깡패들이 자전거를 쓰러뜨리고는 량수린의 아들을 쇠파이프로 구타했다. 그 상황을 목격한 량수린과 부인이 도우려고 달려왔지만 그들 역시 구타당했고, 결국 세 명 모두 병원에 실려갔다. 량수린은 머리가 7인치* 찢어졌고 한쪽 팔이 부러졌다. 아들도 비슷한 상처를 입었지만 머리 상처는 그나마 아버지보다 작았다. 역시 60대인 량수린의 부인은 척추가 한 군데 골절되었다.

경찰은 이런 폭행 사건이 벌어졌는데도 아무도 체포하지 않았다. 그리고 누군가가 량수린 가족의 병원비를 냈는데, 그게 누군지 아무도 량수린네에게 얘기해주지 않았다. 량수린의 이웃사람들도 자신들이

---

* 약 18센티미터.

받은 돈으로는 고작 몇 년 먹고살 정도밖에 되지 않는다는 것을 알고 뒤숭숭한 상태였는데, 세 사람이 병원에 있는 동안 누구든지 비슷하게 문제를 일으키면 똑같은 일을 당할 거라는 경고를 받았다. 량수린은 마을 지도자들이 당국에 협조하는 대가로 1만 위안씩 받았다고 말했다. 반대 움직임은 차차 잦아들었다.

량수린의 땅 위에 건설되던 주거 단지는 현재 완성된 상태이다. 그 단지는 중국 전역에 점점이 박혀 있는 수많은 비슷한 단지와 전혀 다를 게 없다. 같은 방향을 향해 깔끔하게 두 줄로 늘어선 아파트가 정문까지 이어져 있다. 내가 찾아갔을 때 인상적이었던 것 한 가지는 아파트 건물 사이에 굉장히 넓은 공간이 펼쳐져 있다는 점이었다. 아마 내가 량수린이 입은 손해에 지나치게 민감한 것일지도 모르지만, 시원하게 냉방이 된 전시실에서 나온 젊은 여자 판매원은 아파트를 안내하면서 특별히 넓은 이 공간을 장점으로 내세웠다. 그는 근처에 있는 다른 단지는 동 사이가 너무 비좁아 살펴볼 필요도 없다면서 이곳을 선택하는 게 훨씬 낫다고 칭찬을 늘어놓았다. 나는 이 공간이 호두나무로 가득한 모습을 상상하지 않을 수 없었다.

이제 더는 지킬 땅이 없어지자 량수린은 지방 당국을 건너뛰어 베이징 중앙정부에 민원을 제기했다. 제국 시대부터 내려오는 전통적인 탄원 방식이었다. 지방 사법부가 지방 당국과 밀접하게 얽혀 있는 상황에서 보통 사람들이 자신의 불만 사항이 공정하게 다뤄질 것이라는 작은 기대나마 걸 수 있는 유일한 곳은 대개 법원이 아니라 민원실이다. 수많은 사람들이 매년 민원을 제기하지만, 사실 이런 행위는 십중팔구 헛된 시도에 그칠 뿐이다. "베이징에 있는 민원실은 신경도 쓰지 않아요." 량수린이 세 번째로 민원실을 찾아갔다 온 뒤 말했다. "그들에게는 이 문제가 이미 끝난 거나 다름없어요."

내가 량수린을 만난 것은 개발업자들이 건설 공사를 시작하고 나서 몇 년이 흘렀을 때였다. 희끗한 머리를 운동선수처럼 짧게 깎은 그는 자신의 인권과 법에 따라 자기 가족이 가진 권리에 관해 열정적으로 이야기했다. 얼굴은 검게 그을리고 주름이 자글자글했지만, 꼿꼿한 걸음걸이에서는 거의 귀족적인 풍모가 느껴졌다. 나는 그에게 땅을 돌려받을 가능성을 얼마로 보는지 물었다. "아마 아주 높지는 않을 거예요." 그가 체념한 듯 한숨을 내쉬며 대꾸했다. 량수린은 이제 더는 자기 농장을 돌려받을 생각을 하지 않고 있다. 콘크리트를 잔뜩 쏟아부은 마당에 그건 불가능한 일이었다. 그는 그 땅에 대한 경제적 권리를 바라지 않았다. 그가 원하는 건 개발업자에게서 임차료를 받거나 적어도 자기에게서 뺏어간 땅의 시장 가치에 상응하는 대가를 받는 것이었다. 지난 몇 년간 그의 분노에 기름을 부은 것은 자기 땅을 부당하게 뺏어간 다른 사람들만 부자가 되었다는 사실이었다.

"지방정부는 우리 땅을 가로채서 부동산 개발업자에게 넘겨 막대한 이익을 안겨주었습니다." 그는 당국에 이렇게 써서 보냈다. "이 사업은 농민들의 밥그릇을 내동댕이쳐서 얻은 이득으로 진행된 겁니다."

중국 경제는 주택 건설을 중심으로 구축된다. 2011~2013년에 중국은 20세기 내내 미국이 쏟아부었던 것보다 더 많은 시멘트를 깔았다.[11] 중국 각지를 기차로 여행해보지 않으면 이런 사실을 개념화하기가 어렵다. 어디를 가든 높이 치솟은 아파트 건물이 풍경의 지배적인 특징으로 눈에 들어온다. 어느 도시가 되었든 기차가 도시 쪽으로 가까워질수록 아직 밀도가 높은 도심이 아닌데도 경계선 한참 밖에서부터 끝없이 늘어선 아파트들이 스쳐 지나간다. 어떨 때는 들판과 트랙터 사이로 느닷없이 아파트가 등장하기도 한다. 가끔 건축적인 화려한 장식과 색깔이 달라지긴 해도 모든 아파트에는 일정한 동일성이 존재한다. 아파트는 빗장 단지gated community* 안에 몰려 있는데, 각 단지는 16~20층 높이의 아파트 10여 동 정도로 구성된다. 이런 겉모습은 특히 북부 성들에서 인상적이다. 해가 짧은 겨울 동안 일광을 극대화하기 위해 아파트가 모두 남향으로 지어져 있기 때문이다.

특히 경제 규모와 비교했을 때 중국이 이처럼 많은 아파트를 지을 수 있었던 것은 따라잡기 경쟁을 벌인 결과다. 어쨌든 중국의 상업용 주택 시장은 비교적 역사가 짧다. 중국이 계획경제이던 시절에 도시에 사는 사람들은 고용주인 국가로부터 주거를 할당받았다. 주거 시설은 대체로 비좁고 실용적이었다. 대개 여러 가족이 주방과 욕실을 공유해야 했다. 국영기업은 충분한 규모로 주택을 추가로 지을 자원도, 동기도 없었다.

이런 문제를 시정하기 위해 중앙정부는 1990년대 내내 상업용으로 지은 아파트를 구매할 수 있게 허용함으로써 주택 시장을 자유화하는 실험을 했다. 하지만 전환점이 찾아온 것은 1998년이었다. 당국이 법령으로 국영기업은 이제 더 이상 직원들에게 무상으로 주택을 제공해

---

* 출입 통제와 담장 등의 구조적인 장치로 외부인의 출입을 막는 주거 단지. 치안과 사회적 구별 짓기 등의 이유로 폐쇄적인 생활공간을 제공한다.

선 안 된다고 금지한 것이다. 고용주인 국가는 자신의 고용인들에게 집을 사라고 장려하며 대폭 할인된 가격에 주택을 팔았다.[12] 시장 가격에 한참 못 미치는 값으로 집을 사면서 새롭게 형성된 주택 소유자들은 자기가 산 값보다 훨씬 비싸게 아파트를 팔 수 있었다. 그들이 그렇게 마련한 재원으로 더 큰 집을 사면서 오랫동안 억눌려온 좋은 주택에 대한 수요가 폭발적으로 늘어났다. 중국의 주택 시장이 탄생한 것이다.

대략 20년 동안 주택 시장은 호황을 누렸다. 소득이 증대한 덕분에 사람들은 계속해서 더 나은 집을 샀다. 젊은 남자는 결혼 전에 집을 사야 하기 때문에 임차인 신세에서 벗어나 꾸준히 늘어나는 구매자 대열에 동참하고 있다. 주류 금융 시스템에는 달리 끼어들 만한 여지가 없기 때문에 사람들은 평생 모은 저축을 실물 주택에 투자하고 있다. 또한 수많은 이주민들이 도시로 유입되기 때문에 수십 년에 걸친 건설 열풍에도 불구하고 더 많은 주택에 대한 수요는 언제나 존재한다.

베이징에서 아내와 나는 1980년대에 외무부에서 직원용으로 지은, 엘리베이터가 없는 6층 건물에서 살았다. 외무부 직원들은 대부분 근처에 있는 각국 대사관에서 일했다. 우리가 들어가 살 무렵, 그곳은 베이징 유흥가의 중심에 있었고 고급 쇼핑가가 주변을 둘러싸고 있었다. 한쪽 방향으로 2분 정도 걸으면 벤틀리 대리점이 나오고, 다른 쪽에는 알렉산더 매퀸 부티크 매장이 있었다. 하지만 도로 건너편은 빈민가였다. 고등학교와 신축 업무용 건물 사이에 들어앉은 빈민가는 가로 세로 너비가 50미터를 겨우 넘었다. 베이징의 도시 블록 기준에 따르면 아주 좁은 공간이었다. 비포장 골목 양쪽으로 1층짜리 붉은 벽돌집들이 늘어서 있었는데, 골목이 워낙 좁아서 팔을 뻗으면 양쪽 벽에 손이 닿을 정도였다. 전기는 공중에 임시방편으로 얽혀 있는 전깃줄을 통해 공급되었다. 집은 대개 방 두 개짜리였다. 다목적 침실 겸 식당 겸 거실 하나와 흰 타일이 깔린 부엌이 있었다. 어떤 집은 프라이버시 보호를 위해 창문을 종이로 가려놓았고, 어떤 집에는 보안용 철조망이 덮여 있었다.

도심에서 조금이나마 마을 생활 비슷한 것이 이루어지는 것 같았다. 사람들은 집 현관에서 냄비에 채소를 씻었지만, 다른 면에서는 베이징의 여느 사람들과 다르지 않았다. 젊은 남녀들은 똑같은 옷차림에 똑같은 스마트폰을 들고 다녔다. 하지만 이 땅은 이주민들이 살기에는 너무 비쌌고, 결국 정부가 모든 주민을 내보낸 뒤 사람들이 돌아오지 못하게 공용 화장실을 사슬로 걸어 잠갔다. 그러나 이런 조치로는 충분하지 않았다. 1년 뒤에도 오두막집들은 철거되지 않았고, 사람들이 다시 돌아와서 살고 있음을 보여주는 표지들이 눈에 띄었다. 종이로 가린 창문 틈새로 전깃불이 비치고, 잠긴 문 앞에 새 자전거가 있었다.

중국의 주요 도시들은 농촌 출신 이주민을 끌어들이는 자석이며, 일부 이주민들은 이런 빈민가에 살거나 도시 변두리의 마을에 셋방을 얻어 산다. 베이징에는 지하실, 방공호, 저장고 등 지하에서 사는 사람이 무려 100만 명에 달한다.[13] 그리고 많은 사람들이 합숙소에서 생활하는데, 내게 집을 임대한 주인도 우리 아파트 바로 옆에서 이런 합숙소를 운영했다. 합숙소와 우리 아파트는 원래 한 집이었는데, 집주인이 반으로 나눠서 60제곱미터 규모의 나머지 반쪽을 일본 회사에 임대했다. 이 회사는 최대 10명의 여직원을 이곳에서 살게 했다. 대부분이 1980년대 이래로 그 아파트에서 살아온 다른 주민들이 계속 세입자들이 바뀌는 것을 불편해하자 그들을 달래기 위해 집주인은 결국 세입자의 수를 8명으로 제한했다.

저지된 개발

양질의 주택에 대한 잠재 수요가 매우 높은 상황에서 부동산 개발은 중국인들에게 소위 돈을 찍어내는 면허증이 되었다. 펜실베이니아대학과 베이징대학 연구자들에 따르면, 2003~2013년까지 10년 동안 중국에서 가장 크고 부유한 도시들—베이징이나 상하이 같은 1선 도시—은 연간 13.1퍼센트의 실질 가격 상승을 경험했다. 대부분의 성도가 포함되는 2선 도시는 10.5퍼센트, 3선 도시는 7.9퍼센트 상승했다.[14] 이와 비교해서 서브프라임 모기지 위기가 무르익는 과정을 살펴보면, 미국의 주택 가격은 2006년 시장이 정점에 달하기 전 4년 동안 연평균 7.1퍼센트 상승했다.[15]

그 결과, 부동산은 투자할 돈이 있는 모든 사람을 끌어당기는 자석이 되었다. 2010년에 이르면 너무도 많은 국영기업이 부동산 개발에 관여해 중앙정부가 부동산 부문의 투자를 줄이고 핵심 사업에 집중하라는 명령을 내려야 할 정도였다. 그렇지만 국영기업들은 이런 지시를 노골적으로 무시했다. 부동산으로 돈을 버는 게 워낙 쉬웠기 때문이다. 주택 가격은 계속 올랐다. 판매가 감소하는 경우도 있었지만 일시적인 현상일 뿐이었고, 개발업자들이 전반적으로 얻은 교훈은 건물을 지으면 언제나 돈을 번다는 것이었다.

하지만 최근 몇 년 사이에 상황이 좀 복잡해졌다. 중국의 단일한 부동산 시장에 관해 말한다면 사실을 왜곡하는 셈이 될 것이다. 중국에는 주택 시장이 하나가 아니라 두 개가 있다. 베이징 같은 곳에서는 수십만 명의 이주민이 달리 선택의 여지가 없어서 지하 생활을 하는 반면, 비교적 작은 도시들은 지금까지 경험한 신축 건물의 규모와 성장에 걸맞은 수의 이주민을 전혀 끌어모으지 못한다. 개발업자들이 소도시에 신규 주택을 너무 많이 지은 탓에 이 주택을 모두 팔려면 오랜 시일이 걸릴 것이고, 설령 판다고 해도 사람이 들어와 사는 데는 또 시간이 걸릴 것이다. 2013년 무렵 내륙 지역 전역에서 광고판과 버스 정류장 광고물, 차량 와이퍼에 끼운 전단지가 등장하기 시작했다. 표시 가격은 그대로 두고(그래야 공무원들이 가격이 떨어지지 않았다고 말할 수 있다) 신축 아파트를 사실상 최대 50퍼센트까지 할인해준다는 광고였다. 내가 방문했던 한 유령 도시에서는 신축 단지 아파트를 구입하면 승용차를 무상 제공하고 웨딩 촬영권도 준다고 홍보했다. 다른 곳에서는 신축 아파트를 사면 똑같은 아파트를 한 채 더 주고, 교외 주택을 사면 1층 상가를 무상으로 분양한다고 홍보했다. 어느 신축 콘도는 유럽산 가구와 유명 브랜드 가전제품을 무상으로 제공했다. 나는 리모델링 비용으로 아파트 구입가의 20퍼센트를 현금으로 바로 돌려준다는 광고, 방 세 개를 두 개 값에 판다는 광고, 신축 아파트를 구입하는 사람에게 텃밭용 땅을 무상으로 준다는 광고도 본 적이 있다. (마지막 광고는 내 자전거 바구니에 놓인 전단지에서 보았는데, 400킬로미터 떨어진 산둥성에 있는 아파트 단지 홍보물이었다. 마케팅 부서가 홍보 대상을 오판한 것 같다.)

일부 지역에서는 다시 수요가 반등했다. 주요 도시의 가격이 워낙 올라 사람들이 모아둔 돈을 값이 적당한 작은 도시에 묻어두려고 했기 때문이다. 하지만 일단 수요가 회복되자 변함없이 신규 주택 건설이 다시 폭증하기 시작한다.

이 모든 현상은 경제에 커다란 영향을 미쳤다. 경제가 2012년 이래 서서히 성장 속도가 둔화되는 것은 우연의 일치가 아니다. 부동산 — 아파트뿐만 아니라 쇼핑몰과 업무용 건물까지 포함해서, 어느 쪽이든 공급 과잉에 시달리는 중이다 — 은 중국 경제를 떠받치는 기반으로, 2013년 현재 국내총생산의 약 20퍼센트를 차지한다. 스페인과 아일랜드가 유로존 위기에 타격을 입을 때와 비슷한 수준이고, 서브프라임 모기지 위기 직전의 미국의 3배에 달하는 수치이다.[16]

하지만 부동산이 실제로 경제에 기여하는 비중은 이런 수치에서 드러나는 것보다 훨씬 크다. 주택 건설은 철강, 시멘트, 유리같이 이미 설비 과잉 상태에 빠진 수십 개 산업을 지탱하는 데 필수적이다. 게다가 건설업은 도시 인구의 16퍼센트에 일자리를 제공한다.[17] 그리고 은행들이 대출금의 30퍼센트 정도를 부동산 부문에 제공하는 상황에서 금융 시스템의 건전성을 위해서는 부동산 가격이 일정 수준을 유지할 필요가 있다. 전체 주택 판매의 3분의 2가 중국 중소 도시(대략적으로 3선과 그 이하 도시)에서 이루어지는 현실을 감안할 때,[18] 공급 과잉이 생기면 개발업자들이 주택 건설과 토지 매입을 줄일 수밖에 없다. 지방정부들은 공공사업으로 지역 경제를 부양하거나 채무를 상환할 자원이 없어지기 때문에 더욱 궁핍해진다. 그 결과, 건설 공사가 줄어드는 가운데 지방정부들은 공공서비스를 제공하는 자원이 되는 세입의 감소를 겪는다. 요컨대 부동산은 호시절에는 성장을 떠받치지만 어려운 시절에는 경기 후퇴를 악화시킨다.

주택 건설은 20년 동안 중국의 성장을 이끄는 동력 역할을 했지만, 한편으로는 경제의 심장부에 도사린 약점이기도 했다. 이제 신규 주택에 대한 수요가 예전과 달리 신속하게 경제를 성장시키는 데 제 역할을 하지 못하자, 베이징 당국은 고속철도나 신설 공항 같은 기반 시설 프로젝트에 대한 지출을 늘리는 방식으로 고삐를 죄려고 하고 있다. 이런 프로젝트들이 무조건 현명한 투자는 아니지만—2017년 현재, 중국은 2020년까지 공항 74개를 신설한다는 계획을 갖고 있다. 그런데 기존 공항 수십 곳이 몇 년째 손실을 기록 중이다[19]—적어도 철강과 콘크리트 수요는 창출한다.

그렇지만 주택 시장 부활을 대체할 방법은 전무하다. 당국은 빈 주택에 사람을 채울 수 있는 방법을 찾아야 한다. 그래야 개발업자들이 한층 더 많은 신규 주택 건설 프로젝트를 시작할 수 있기 때문이다.

지금까지 논의된 한 가지 해법은 이주민들에게 자격을 부여해서 중소 도시로 이동하게 만드는 것이다. 후커우제 아래서 이주민들은 고향 마을에서만 국가가 지원하는 의료보험을 이용할 수 있다. 자녀 무상 교육도 마찬가지다. 다른 개발도상국들에서는 가족 전체—자녀, 부모, 조부모—가 도시로 이주할 수 있는 반면, 중국에서는 6,000만여 명의 아동이 교육을 받기 위해 부모와 떨어져 고향에 남아야 한다.[20] 나이가 많이 들어서 일을 하지 못하는 이주민들은 도시에서 배회하지 않고 고향 마을로 돌아간다. 자신이 등록되어 있는 고향 마을에서만 연금과 의료보험 혜택을 받을 자격이 되기 때문이다. 그렇지만 이런 사회보장 자격 자체만으로는 이주의 흐름을 바꾸기에 충분할 것 같지 않다. "농촌 사람들 스스로 결정을 내린다." 국가발전개혁위원회 산하 싱크탱크에서 토지 문제를 담당하는 샤오진청肖金成 연구원의 말이다. "그들은 일자리가 있고, 높은 임금을 받을 수 있으면, 고향에서 아무리 멀리 떨어진 곳이라도 간다. (……) 아주 합리적인 사람들이다."[21]

건설을 일관되게 부양할 수 있는 유일한 방법은 신용 대출이다. 베이징 당국은 주택 판매를 끌어올리고 싶으면 담보 대출을 쉽게 만든다. 그렇지만 중앙정부가 주택 담보 대출 요건을 완화하는 것은 결국 불장난을 하는 셈이다. 2016년, 중앙정부는 담보 대출 이자를 인하해서 주택 시장을 겨우 소생시켰고, 전국적으로 주택 판매가 급증했다. 그 결과 건설업이 회복되었다. 그리고 지방정부들은 토지 판매에서 더 많은 수입을 얻었다. 하지만 주택 가격은 베이징에서 33퍼센트 치솟았고[22] 다른 1선, 2선 도시에서도 비슷한 수준으로 급등했다.[23] 중국 중소도시에는 주택이 남아도는데, 대도시는 주택 구입 능력 위기affordability crisis에 직면해 있다. 신용 대출을 확대해서 주택 시장으로 밀어넣으면 주택 건설과 토지 판매가 진작되지만, 그 대가는 보통 사람들이 치러야 한다.

주택 구입 때문에 스트레스를 받는다는 이야기는 중국 사회 어디에서나 접할 수 있다. "대출 노예(팡누房奴)"(소득의 40퍼센트 이상을 대출 상환에 쓰는 사람)[24], "개미족(이쭈蟻族)"(도시 변두리의 값싸고 비좁은 동네에 사는 대학 졸업자), 땨오쓰屌丝(말 자체를 번역하면 "남자의 음모陰毛"인데, 평균적인 외모를 갖지도 못했고 연줄 등도 전혀 없으며 미래에 대한 전망은 물론 아파트도 없는 젊은 남자를 가리키는 표현이다) 같은 용어들이 인터넷을 벗어나 주류의 대화 속으로 들어왔다. 이 단어들은 집을 살 수 있는 능력을 자존감과 직결시킨다.

적당한 가격의 주택이 부족한 현상은, 특히 주택 수요가 가장 높은 도시에서 이미 누군가가 샀지만 계속 비어 있는 아파트가 이상할 정도로 많다는 사실 때문에 더욱 악화된다. 2014년의 한 조사에서는 전년도 도시 주택 수의 20퍼센트 정도가 빈집이라고 추산했다.[25] 분명이 보유량 중 일부는 아무도 살고 싶어하지 않는 유령 도시에 있을 것이고, 일부는 리모델링 때문에 빈 상태일 것이다. 하지만 사람들이 일부러 투자한 부동산을 비워두는 경우도 다반사이다. 주택 가격이 금방 올라서 그때 팔면 그사이에 임대 소득으로 벌 수 있는 것보다 더 많은 돈이 들어온다고 생각하기 때문이다. 내가 베이징에서 살던 곳 바로 옆에는, 빈민가에서 골목 하나를 내려가면 중상층 주민들을 위해 지은 신규 주택 단지가 있었다. 그런데 3년 동안 나는 밤에 불 켜진 창문을 하나도 보지 못했다. 한 외국인이 그 단지에 이사를 왔는데, 다른 집들이 텅 빈 걸 알고는 정말로 겁이 났다고 한다. 이것은 주요 도시들에서 보기 드문 현상이 아니다. 농부 량수린의 막내딸은 베이징에 (세를 얻어서) 살고 있지만, 허베이의 산업도시인 스자좡石家庄에 아파트를 한 채 사서 비워두고 있다. 그녀는 현지인 화이트칼라 노동자가 있으면 기꺼이 빌려주고 싶지만, 이주민들이 아파트를 제대로 관리할 거라고 믿지는 않는다고 말한다. 복잡한 문제가 생기는 걸 원치 않는다면, 아파트를 그냥 비워놓고 시세 차익을 노리는 게 더 쉽다.

베이징 같은 대도시의 주택 가격이 높은 것은 적당한 주택에 대한 커다란 수요가 충족되지 못했기 때문이지만, 그렇다고 해서 이런 가격이 수요의 합리적인 표현이라고 보기는 힘들다. 수많은 중국인들이 자기가 사는 도시에서 터무니없는 가격 때문에 주택 시장에서 밀려나고 있고, 상황은 점점 나빠질 뿐이다.

거품 터뜨리기

요즘 량수린은 자기 문제에 도움이 될 수 있게 토지권과 법률 체계에 관해 좀 배우고 싶어 대부분 집에서 열심히 TV를 보며 지낸다. 그는 이따금 두어 시간씩 경비원 일을 하고—구타당한 상처가 아직 완전히 아물지 않은—부인은 땅뙈기를 조금 빌려서 겨우 먹을거리나 마련하고 땅주인들에게 채소로 사용료를 낸다. 마을 사람들이 대개 그렇듯이, 량수린과 부인도 남는 방 하나를 외지에서 온 노동자 가족에게 빌려줘서 가욋돈을 번다. 그들은 건설 일을 찾아 안후이성에서 갓난아이를 데리고 신도시로 온 부부다.

량수린의 땅에 지어진 신축 단지는 전부 분양되었지만, 놀랍게도 시멘트 회사가 지은 아파트 건물은 입주자가 하나도 없어 점점 황폐해지고 있다. 내가 찾아갔을 때는 공사가 시작된 지 7년이 지났을 때였는데, 1층에 깨진 창문이 많았다. 나중에 밝혀졌듯, 이 아파트는 어쨌든 직원용으로 지은 것이 아니었다. 완공되자마자 회사는 일반 분양을 시도했다. 시멘트를 파는 것보다 훨씬 쏠쏠한 돈벌이였기 때문이다. 현지에서는 회사가 아파트를 일반 분양하는 데 필요한 정식 허가를 받지 못했다는 소문이 돌았고, 그래서 아파트는 그냥 방치되었다.

그곳에서 몇 분만 걸으면 나오는 량수린의 마을은 갑자기 돈이 빠져나간 신흥 도시처럼 폭격 맞은 분위기를 풍긴다. 집들은 대부분 새로 지은 2층집이지만, 창틀에는 유리가 없고 인테리어도 제대로 마무리되어 있지 않다. 예전에는 집집마다 있는 채마밭이었던 바깥 공간에 별채와 일광욕실이 있다. 토지 보상금을 받고 나서 몇 년이 지나자, 마을 사람들은 그 돈으로는 여생을 버티기가 힘들다는 사실을 깨달았다. 그리하여 이런 곤경을 해결하기 위해 나름의 건축 열풍이 불었다. 마지막 남은 보상금으로 집을 확장하기 시작한 것이다. 정부가 땅이 더 필요해지면 마을이 자리한 땅을 사들이려고 할 텐데, 그러면 주택의 규모에 따라서 보상금이 책정될 것이라는 기대가 있었다. 대부분의 사람들은 추가적인 공간을 필요로 하지 않았다. 가족 규모는 커지지 않았다. 중국 마을들이 대개 그렇듯이, 젊은이들은 오래전에 더 좋은 일자리를 찾아 도시로 떠났다.

량수린의 이웃들이 소원을 이룰 수 있는 좋은 기회가 온 것처럼 보였다. 내가 방문했을 때 인근의 한 마을은 철거 준비를 마친 상태였고, 주민들을 이주시키기 위해 근처 논에 지붕에는 파란색 역청을 칠하고 담장은 주황색으로 바른 6층짜리 아파트가 여섯 동 세워져 있었다. 2015년, 해당 지방정부는 전년도에 비해 34퍼센트나 많은 땅을 판매했다. 게다가 토지 판매 금액은 세금으로 걷어 들인 돈의 약 60퍼센트에 해당해서 전국 평균을 훌쩍 넘었다.

새로운 토지를 찾는 개발업자들의 수요는 줄어들지 않는다. 사실 끈질기게 지속된다. 수요를 추동하는 것은—차로 2시간 떨어진—베이징에서 수립된, 량수린이 사는 마을 같은 주변 중소도시를 전부 집어

삼키는 거대도시로 수도를 변신시킨다는 계획이다. 이 계획이 실제로는 무엇을 의미하게 될지 아무도 알지 못하지만, 기대만으로도 주택 가격이 급등했다. 베이징에 사는 량수린의 막내딸은 사지 않겠다고 맹세를 하고서도 1년 뒤에 결국 부모님 마을 근처에 아파트를 한 채 샀다. 그녀는 가격이 터무니없이 비싸다고 말했었다. 하지만 가격이 더 치솟자 막내딸은 마음을 바꿔서 돈을 한껏 끌어모아 집을 샀다. 그때 사지 않으면 아파트 값이 천정부지로 치솟아서 다시는 이사를 갈 수 없을까봐 걱정했기 때문이다. 베이징 사람들은 연소득의 20배를 들여서 집을 사는데, 미국 사람들이 2.5배를 지불하는 것과 비교된다. 량수린이 사는 도시에서는 집값이 지역 평균 연소득의 15배까지 올라갔다. 도시 인구는 폭증하고 있지 않았다. 신도시를 짓기 위해 온 이주 노동자들은 자기들이 만드는 집을 구매할 여력이 없었다. 도시는 거대한 투기 거품을 겪고 있었다.

끊임없이 되풀이되는 질문은 중국의 모든 주요 도시에 대해서 똑같은 이야기를 할 수 있는가이다. 주택 거품이 무서운 것은 일단 거품이 터지면 토지 판매 부진과 주택 건설 감소에 동반되는 모든 경제 문제가 2007년 미국을 유린한 것과 같은 금융 위기에 의해 결합되기 때문이다. 그렇지만 중국은 이런 사태에 대비한 예방접종을 맞은 것으로 보인다. 2007년 이전에 미국에서는 거의 누구든지 주택 대출을 받을 수 있었고, 보통 선금으로 내는 액수도 담보 가치의 2퍼센트 정도밖에 되지 않았다.[26] 금리가 오르고 주택 가격이 떨어지기 시작하자, 많은 사람들이 이제 부동산 가치보다 더 커진 대출금을 상환하는 대신 담보액을 제외하면 자신들의 몫이 될 순자산 가치가 워낙 적어진 집을 포기했다. 이와 대조적으로, 중국에서는 최초로 주택을 구입하는 사람들이 내는 선금이 대개 최소한 주택 가격의 20퍼센트를 넘으며, 투자용 부동산을 구입하는 사람들은 최대 70퍼센트까지 선금을 내려고 한다. 이렇게 상당히 많은 선금을 지불하는 중국 주택 구입자들은 처음부터 아파트에 저축한 돈을 많이 집어넣는 셈이므로 집단적으로 채무 불이행을 할 가능성이 극히 낮다.

그렇다고 해서 부동산 가격 급락이 위험하지 않은 것은 아니다. 은행 대출의 60퍼센트 가까이가 부동산 담보 대출이기 때문에[27] 부동산 가격이 하락하면 금융 부문의 대출 능력이 대대적으로 위축되는 효과가 나타날 것이다. 걱정해야 할 거품이 있다 하더라도 그것은 주택 거품이 아니다. 문제는 토지 거품이다.

중국에서 누군가가 집을 살 때, 그가 실제로 구입하는 것은 땅이다. 중국 주택의 품질은 워낙 열악해서 매킨지는 신축 건물의 평균 수명을 20년 정도로 추산한다. 유럽의 절반 수준이다.[28] 따라서 아파트는 —그것이 깔고 앉은 토지와 별도로— 시간이 흘러도 가치가 유지되는 투자라기보다는 차고지에서 출발하는 순간 가치가 떨어지기 시작하는 자동차에 가깝다. 중국 하도급업체들은 걸핏하면 시멘트를 묽게 반죽하거나 품질이 떨어지는 건식 벽체를 사용하는 식으로 재료를 아낀다. 품질보다 속도가 우선시되며, 보통 "거의 비슷하다"와 "아주 좋다"를 동급으로 여기는 문화 속에서 장인 정신이 좀처럼 발휘되지 못한다. 아파트 건물은 대체로 완공되고 몇 년만 지나도 낡아 보이기 시작한다. 따라서 집이 투자처로 갖는 가치는 사면 벽과 천장에 있지 않다. 그 집이 깔고 앉은 땅에 가치가 있는 것이다. 그러므로 주택 가격을 끌어울리는 것은 다름 아닌 땅이다.

중국의 토지 가격은 2004∼2015년에 5배로 뛰었다.[29] 2008년 이전에는 토지 가치가 베이징 주택 가격에서 차지하는 비중이 평균 37퍼센트였다. 그런데 2010년 이후 60퍼센트로 늘어났다.[30] 각 가정이 상승하는 주택 가격을 감당할 수 있었던 것은 임금 상승 덕분이다. 중국 경제가 연간 10퍼센트 성장할 때에는 지역 연소득의 20배가 넘는 주택 가격―베이징과 상하이의 경우―도 그다지 나쁜 게 아니었다. 사람들은 10년 안에 소득이 2배로 오를 것이라고 현실적으로 기대할 수 있었기 때문에 담보 대출이 조금 부담스럽더라도 불과 몇 년 만에 쉽게 해결할 수 있었다. 하지만 경제성장이 느려지면서 임금이 오르지 않으면 사람들은 주택 가격의 급등을 따라갈 수 없을 가능성이 크다.

그렇지만 토지 가격은 터무니없는 수준에 도달했다. 2016년 중순, 개발업자들은 중국에서 손꼽히는 몇몇 대도시에서 자신들이 건설할 예정인 아파트의 일반적인 시장 가격으로 벌 수 있는 돈보다 더 많은 돈을 땅값으로 치르고 있었다. 현지 언론은 오랜 중국 속담을 들먹이면서 빵 값보다 밀가루 값이 더 나가는 격이라고 이 현상을 꼬집었다.[31] 개발업자들은 점차 힘에 부치는 중국 가정들이 임금 인상에 의존하는 대신 한결 더 비싼 주택을 구입하기 위해 점점 더 많은 돈을 빌릴 것이라고 ― 그리고 중앙정부가 경제성장을 유지하고 끌어올리기 위해 차입을 부추길 것이라고―추측했다.

토지 시장에 거품이 끼는 것은 이제 가격이 주택 수요 대비 토지 공급에 의해 결정되지 않기 때문이다. 오히려 토지 가격은 다른 곳에 대한 투자 수요 대비 화폐 공급에 의해 정해진다. 최근 몇 년간 개발업자들은 막대한 액수의 돈을 차입하고 있는데, 그들 대부분은 이미 재정적 곤경의 징후를 드러내는 중이다. 하지만 그들이 계속 활동할 수 있는 것은—그리고 더 높은 토지 가격을 지불할 수 있는 것은—그들의 차입 능력, 특히 그림자 금융 세력으로부터 계속 차입할 수 있는 능력 때문이다. 그들은 경제성장이 둔화됨에 따라 갈 곳을 찾아 헤매면서 중국 경제 전체에 출렁이는 거대한 돈의 물결을 톡톡히 이용하고 있다. 문제는 그 돈을 빌려주는 사람들과 기관들이 부동산에 대한 신뢰를 상실하기 시작하면 계속해서 금리 인상을 요구하거나 아예 대출을 중단할지 모른다는 점이다. 이렇게 되면 개발업자들은 채무 불이행 상태에 빠지고, 토지 가격은 폭락하며, 금융 시스템 전체에 걸쳐 재난이 확산될 것이다.

"현재 중국이 직면한 가장 큰 문제는 부동산에 대한 의존을 어떻게 줄일 것인가 하는 것입니다." 2017년 전국인민대표대회 금융경제위원회 부주임 인종칭尹中卿은 이렇게 말했다.[32] "부동산 산업의 지나친 번영은 지방정부들만이 아니라 금융기관까지 인질로 잡아 실물경제의 발전을 제약할 뿐 아니라 심지어 해를 끼치며, 자산 거품을 부풀리고 채무 리스크를 누적시키고 있습니다."

하지만 아직까지 정부는 이런 현실을 타파할 방법을 찾지 못했다. 부동산 개발업자들이 필요로 하는 돈은 언제나 솟아나는데, 그것은 지난 10년간 대대적으로 확대된 금융 시스템 덕분이다. 그리하여 토지 가격은 계속 치솟고, 국영기업들은 지불 능력을 유지하며, 지방정부들은 건설 공사를 계속하는 데 필요한 자금을 손에 넣는다. 하지만 이런 전례 없는 신용 팽창은 어떤 원대한 구상의 소산이 아니다. 베이징 당국은 분명 자신이 제공하는 성장을 기꺼이 누리고 있지만, 금융 시스템은 정부 통제의 속박을 벗어나 국익에도 어긋나고 베이징 당국의 바람과도 일치하지 않는 방식으로 움직인다. 무엇보다도 금융 시스템은 이제 중국 경제 기적의 지속 가능성 자체를 위협하는 쪽으로 진화하고 있다.

5장

그림자 금융

5장

중국의 금융 시스템은 1964년 작 크리스마스 고전 애니메이션 영화인 〈빨간 코 순록 루돌프Rudolph the Red-Nosed Reindeer〉에 나오는 불량품 장난감들의 섬과 흡사하다. 멀리서 보면 모든 게 익숙해 보이지만, 가까이에서 들여다보면 흔히 기대하는 것처럼 만들어지지 않았다는 게 분명해진다.

한 예로 중국의 머니마켓펀드money-market fund(MMF)*는 뱅가드Vanguard 나 피델리티Fidelity 같은 유명 투자사들이 아니라 중국판 아마존이나 구글에 의해 운영된다. 보험사들은 보험을 판매하는 게 아니라 1년 뒤에야 만기가 되고 아무것도 보증해주지 않으며 예금이자보다 약간 더 높은 고정 수익률을 약속하는 투자 상품을 판매함으로써 보험료의 대

---

* 단기 금융시장 투자 펀드.

부분을 창출한다. 미국에서는 신탁회사들이 부유층이 대를 이어 부를 보전하는 것을 도와주지만, 중국에서는 신탁회사들이 은행에 이어 두 번째로 큰 규모의 금융기관이 되어 부동산 개발업자부터 지방정부에 이르기까지 모든 이들에게 대출을 부추긴다. 그리고 미국에서는 대부분의 가정이 401(k) 연금이나 뮤추얼펀드 등을 통해 공개 상장 회사 주식을 보유하지만,[1] 중국의 가정들은 대개 자산 관리 상품wealth-management product(WMP)이라는 이름의 단기 고정 금리 투자 상품을 보유하고 있다. 은행들은 예금에 비해 수익이 높고 위험성도 없다면서 이 상품을 판매한다.

중국 금융기관들의 기묘한 형태는 베이징 당국이 세운 어떤 원대한 구상의 결과물이 아니다. 그보다는 중국 당국이 금융 혁신과 실험에 대해 전례 없이 너그러운 태도를 보인 결과 생겨난 산물이다. 따라서 현재 일반 대중은 저축한 돈을 투자하는 문제와 관련해서 엄청난 선택의 자유를 누린다. 하지만 그와 동시에 베이징 당국의 너그러운 태도 때문에 부채를 만들어내는 영구 기관이 생겨나고 있는데, 당국은 전혀 통제하지 못하는 듯 보인다.

책상 위에 쌓인 흰색 의료용 마스크와 공기청정기—베이징의 공기에 대한 대비책이다—만 아니라면 류옌난刘雁南의 사무실은 세계 어디에서나 볼 수 있는 젊은 20대 스타트업 기업 최고경영자의 사무실과 별반 다를 게 없을 것이다. 그의 회전의자 뒤에 있는 책장 맨 위 칸에는 캡틴아메리카와 아이언맨 피규어들이 진열되어 있다. 구석에 있는 농구공 옆에는 깔끔하게 개어둔 회색 트레이닝 바지가 놓여 있고,

커피 테이블 아래에는 얇고 긴 알루미늄 케이스—포커 칩을 넣어두는 케이스와 비슷하다—가 아무렇게나 놓여 있었다. 칸막이가 없는 전체 공간에서 류옌난의 사무실을 분리해주는 유리벽 너머에는 그와 비슷한 젊은 나이의 직원들이 죽 앉아 있었다. 그들은 작업에 몰두하고 있거나 멍하니 생각 중이거나 잡담을 하거나 복도에 놓인 아케이드 게임기로 좀비 사냥이나 오토바이 경주를 하며 휴식을 취하고 있었다.

류옌난은 3년 전인 2012년 4월 P2P 대출 플랫폼인 율리Yooli를 설립했다. P2P는 대출이 필요한 사람들과 돈을 빌려주려는 사람들을 인터넷상에서 직접 연결해준다. 중소기업들은 은행을 찾아가는 대신 보통 수십 명이나 수백 명의 사람들에게 필요한 돈을 빌릴 수 있다. 사람들은 원하는 만큼 크고 작은 돈을 빌려줄 수 있다. 류옌난이 이 방식을 창안한 것은 아니다. 그가 스타트업을 구상하느라 인터넷을 검색하다 P2P 방식을 발견했을 때에는 이미 영국과 미국에서 P2P 회사들이 주목받고 있을 때였다. 대학을 졸업하고 투자은행을 거쳐 사모펀드에서 일했던 그로서는 금융 스타트업이 안성맞춤인 듯 보였다. 류옌난은 스물여섯 살에 베이징에서 친구 둘과 율리를 창업했다. 첫 번째 사무실은 원룸 아파트 크기밖에 되지 않았다. 하지만 1년 만에 직원이 30명으로 늘어나서 그들은 사무실을 옮겨야 했다. 그리고 2년도 채 지나지 않아 회사는 2,000명이 넘는 직원을 수용하기 위해 다시 이사했다.

류옌난에게는 사람들이 젊은 최고경영자에게 기대할 법한 열정이 있었다. 그는 검은 테 안경 너머로 표준 중국어를 속사포처럼 쏟아내면서 대화 중간중간 "shadow banking(그림자 금융)"이니 "financial stability(금융 안정)"니 하는 영어 단어를 구사했다. 그는 영국에서 고등학교를 마치고 대학까지 다니면서 익힌 중산층 악센트를 구사했다. 그는 워릭에서 즉석 농구 경기를 하던 시절을 분명히 그리워하면서도, 자신이 중국 민간 부문의 발전에 기여할 수 있는 방편으로 율리를 생각했다고 열정적으로 말했다. 하지만 전형적인 스타트업 기업가와 달리 류옌난은 단순히 전통적인 산업을 교란시키고 있는 게 아니었다. 그는 정부가 사기업을 거의 허용하지 않는 영역에서 국가 독점에 도전하는, 초대받지 않은 침입자였다. 그 때문에 실리콘밸리에서는 좀처럼 직면할 필요가 없는 위험에 노출되었다.

내가 율리—"이익이 난다"는 뜻의 중국어(有利) 발음을 알파벳으로 표기한 것이다—를 찾아갔을 때, 그곳은 혁명의 산실 같은 모습이 아니었다. 출입구 벽의 "We ♥ Yooli"라는 글자 주변에는 직원들이 갖가지 밝은 색깔로 찍은 핸드프린트가 담긴 표지판이 걸려 있었다. 홀 전체에 포괄적인 내용의 동기 부여 슬로건이 눈에 잘 띄게 걸려 있었다. "마음을 열어라." "우리는 최고." 때로는 어울리지 않는 글귀도 있었다. "멈추지 마, 포기하지 마, 머리를 치켜들고 꼭대기에 올라." 1990년대 영국 팝그룹 에스 클럽 세븐S Club 7의 노래에 나오는 가사였는데, 이 노래는 대부분의 율리어Yoolier—율리 직원들이 스스로 붙인 이름이다—가 10대 초반이 되기 훨씬 전에 히트한 곡이다.

겉으로 드러나는 율리의 낙관주의에도 불구하고 처음 몇 년 동안 류옌난은 정부가 P2P를 불법으로 규정해 자신의 사업체를 폐쇄시킬까봐 걱정했다. 그는 정부가 P2P에 관한 결정을 내리길 기다리던 초창기에는 당국이 자신을 경제 사범으로 처형할까봐 걱정할 정도로 자신의 지위가 아주 불안했다고 농담했다. 그는 낄낄거리며 웃긴 했지만 그때 느꼈던 불안감을 여전히 잊지 않고 있었다.

류엔난이 사업을 시작한 달에, 중국에서 가장 성공한 여성 사업가로 손꼽히던 우잉吳英에게 내려졌던 사형 판결이 형의 집행 정지를 요구하는 폭넓은 대중의 지지 속에 인민대법원에서 기각되었다. 작은 네일 살롱을 거대 재벌 그룹으로 키우고 한때 중국에서 68번째 부자에 오르기도 했던 우잉은 몇몇 개인들로부터 빌린 3억 8,000만 위안을 갚지 못해 금융 사기로 사형을 선고받은 상태였다.[2] 하지만 그녀는 원래 "공중으로부터 불법적으로 예금을 수신한" 혐의로 구금된 것이었다. 즉 그녀는 불법 모금 혐의를 받은 것이었다. 중국에서는 가족과 친구에게 돈을 빌리는 것은 괜찮지만 모르는 사람들에게 고정 수익률을 약속하고 공개적으로 투자금을 권유하기 시작하면 15년 징역형을 받기 십상이다.[3]

우잉 사건이 있었음에도, 불법 파이낸싱(규제받지 않는 대출이라고 이해하면 된다)은 중국 도처에 만연해 있다. 정부는 사람들이 돈을 날렸다고 공공질서를 해치지만 않으면 대체로 이런 관행을 용인한다. 우잉의 실수는 투자를 권유한 행동 자체보다는 돈을 날렸다는 사실로, 그녀의 유명세는 문제를 해결하는 데 도움이 되지 않았다. (한때 중국에서는 부자 명단에 오른 수많은 사업가들이 연이어 감옥에 갇히기도 했다.) 규제받지 않는 대출은 대부분 여전히 계속되고 있으며 때로는 노골적으로 벌어지기도 한다. 내가 방문했던 한 소도시에서는 매달 지역 경제 잡지에 지하 은행들의 금리와 조건을 소개하는 2쪽짜리 삽입 광고가 실렸다. 또 다른 도시에서는 "투자회사"들이 거리에 진을 치고 고금리 대출을 광고했다. 다른 곳에는 문 닫은 공장 출입구에 급전이 필요할 경우 연락하라고 전화번호와 이름이 쓰여 있는 광고 전단이 붙었다. 이런 대출에는 보통 높은 금리가 매겨지지만—월 2.5퍼센트가 이례적인 게 아니다—그럼에도 고객이 줄을 서 있다. 류옌난이 말했듯, "중국에서는 [사]기업이 돈을 조달할 다른 방법이 전혀 없기" 때문이다.

아이러니한 것은 중국에 상업 은행이 결코 부족하지 않다는 것이다. 지방 은행이 800개 정도 되고, 도시 은행이 약 140개, 외국계 은행이 40개(외국계 은행은 규모가 워낙 작아서 모두 합쳐도 전체 은행 시스템 내 대출금의 2퍼센트 정도만 차지한다), 국가 인허를 받은 은행이 11개, 전체 대출의 절반 가까이를 차지하는 주요 은행이 5개이다. 중국의 은행 시스템은 민간 부문의 이익에 기여하는 게 아니라 국영기업들에 신용 대출을—많은 액수를 저렴하게—제공하기 위해 고안되었다. 이런 목적을 위해 은행들이 전통적으로 국민 저축을 사실상 독점했다. 주식과 채권 시장은 너무 규모가 작아서 중국 전체 저축의 아주 작은 일부만을 흡수할 수 있고, 엄격한 자본 통제 때문에 사람들은 해외의 발전된 자본시장으로 저축을 이동시키지 못한다. 따라서 대다수 사람들은 주택에 투자하거나 국가가 소유한 은행 시스템에 돈을 예금한다.

금세기의 대부분 시기 동안 베이징 당국은 예금 금리를 물가 상승률 아래로 유지하는 식으로 이런 특권을 한껏 활용했다. 그리하여 은행들은 원래 가능한 것보다 낮은 대출금리를 제공할 수 있었고, 따라서 국영기업에 저금리로 대출을 해주어 경제성장을 진작했다. 시장에 기반한 높은 금리로는 가능하지 않은 프로젝트들도 금리가 억제되면서 생명력을 얻었다. 대출을 받을 수 있는 기업에게는 사실상 보조금이나 다름없었고, 은행에 예금을 묵혀놓아 상대적으로 손해를 보는 보통 사람들에게는 세금이나 매한가지였다.

은행은 대중에게 특별히 인기가 있지 않았다. 2000년대 초, 사람들은 보통 은행 지점에서 한 시간 이상 줄을 선 뒤에야 창구 직원을 만날 수 있었는데, 직원은 노골적으로 쌀쌀맞거나 무능력하기 일쑤였다. 그런 열악한 환경은 점차 개선되긴 했지만, 내가 베이징을 떠난 2015년 무렵 내가 이용하던 공상은행ICBC 지점은 여전히 100년 전에 개발된 운영 모델에 따라 일하는 것처럼 느껴졌다. 은행 창구 직원들은 재킷을 보호하기 위해 팔에 양쪽 끝을 고무줄로 고정한 면 토시를 끼고 있었다. 거래를 하려면 전표를 몇 장씩 작성해서 붉은 잉크로 스탬프를 찍어야 했다. 그리고 항상 직원이 꽤 많아 보였는데, 언제 가든 그중 3분의 1은 차 마시는 휴식 시간을 갖는 것처럼 보였다.

류옌난이 율리를 창업하던 무렵에는 대중만 은행에 진력을 낸 게 아니었다. "솔직히 말해 우리 나라 은행들은 너무 쉽게 돈을 법니다." 류옌난이 기업을 설립하고 우잉의 사형 집행이 취소된 달에 원자바오 총리가 한 말이다.[4] "그 이유가 뭘까요? 소수의 대형 은행들이 독점하고 있기 때문입니다." 불과 몇 년 전만 해도 그런 수익성은 국가적 자부심의 원천이었다. 미국과 유럽의 몇몇 거대 은행들의 존재 자체가 의문시되던 시기인 2007년 말~2012년의 5년 동안, 중국 은행들의 연간 수익은 3배 이상 늘어났다. 공상은행은 전 세계 어떤 은행보다도 시장에서 가치를 높게 평가받았고, 중국건설은행CCB이 그 뒤를 뒤쫓았다. 그런 성공은 뛰어난 경영의 산물이라기보다는 규제가 낳은 운명의 장난이었다. 1990년대 말, 중국 은행 시스템은 엄밀하게 볼 때 지급불능 상태였다. 비효율적으로 부풀어오른 국가 경제를 떠받치는 데 활용된 결과였다. 은행 대출금의 40퍼센트 정도가 악성 상태로, 상환되될 가망이 전혀 없었다. 베이징 당국은 은행들의 자본을 확충하기 위해 은행이 수익을 벌기 쉽게 만들었다. 은행이 제공할 수 있는 최고 예금 금리에 상한선을 두었고, 최저 대출 금리에는 하한선을 두었다. 다시 말해, 베이징 당국은 은행이 실행하는 모든 대출에서 고정된 최소한의 수익을 창출하라고 지시했다. 은행은 돈을 많이 빌려줄수록 더 많은 수익을 벌어들였다. 그리고 글로벌 금융 위기 동안 은행들이 대출을 대대적으로 확대하자 수익도 똑같이 확대되었다. "중국의 은행업은 고속도로 통행료 시스템같이 되었습니다." 2013년 말, 중국 국가통계국의 전 수석 경제학자 겸 대변인이었던 야오징위안姚景源은 이렇게 말했다. "이런 식의 운영 모델이라면, 은행 총재들이 전부 집에 가서 잠을 자고 그 자리에 강아지를 한 마리씩 앉혀두어도 은행은 계속 돈을 벌 겁니다."[5]

은행들은 막대한 수익과 성장을 창출하면서도 경제의 요구를 충족시키지 못했다. 은행들이 민간 부문에 대출을 해주지 않아도 별 문제가 없는 시기가 있었다. 중국이 마오쩌둥 아래서 수십 년간 경제 침체를 겪다가 덩샤오핑의 개혁 시대로 부상했을 때에는 이야기할 만한 민간 부문이 전혀 없었다. 사기업은 1980년대와 1990년대 내내 급격히 늘었지만, 여전히 규모가 작아서 은행들이 걱정할 필요가 없었다. 2000년대 초에도 은행들은 민간 부문을 무시할 수 있었고, 그래도 경제는 별다른 부작용을 느끼지 않았다. 게다가 은행들로서는 사기업에 대한 대출을 피할 만한 타당한 이유가 있었다. 은행들이 자본 확충을 받았기 때문에 은행가들은 정치적 지배자들로부터 악성 대출을 피하라는 극심한 압력을 받았다. 사기업에 돈을 빌려주는 것은 이런 목표를 충족시키는 데 도움이 되지 않았다.

중국에는 민간 사업가라면 대개 장부를 3개 작성한다는 격언이 있다. 하나는 은행 제출용이고, 하나는 세무 당국 제출용, 그리고 정확한 하나는 자기가 보는 것이다(간혹 배우자에게 보여주는 네 번째 장부도 있다). 사정이 이러하니 은행은 차용인을 충분히 신뢰하지 못한다. 국영기업이 반드시 더 믿을 만한 것은 아니지만, 적어도 국영기업에 대출을 해주면 설사 악성 채무로 바뀌더라도 정치적 보증을 받을 수 있다. 국영기업에 대한 대출은 은행의 위험을 덜어준다. 차용인이 대출금을 상환하지 않을 위험이 아니라 그렇게 상환하지 않더라도 은행이 비난받을 위험을 덜어주는 것이다. 하지만 국영기업은 민간 부문 기업에 비해 낭비가 아주 심하고 혁신적인 면이 부족하다. 중국이 민간 부문의 잠재력을 해방시키려면, 신용 대출을 좀더 공정하게 분배할 필요가 있었다. 이전 시대였다면, 동시에 우후죽순처럼 등장한 류옌난을 비롯한 P2P 운영자들은 아마 십중팔구 회사 문을 닫았을 것이다. 그렇지만 류옌난이 율리를 창업한 때는 공식적인 국영 금융 시스템 바깥에서 이루어지는 실험에 전례 없이 관대했던 시기였다. "규제 담당자들이 점점 더 P2P를 개방적으로 보고 있습니다." 류옌난이 내게 말했다. "혁신에 반대하는 모습으로 비치길 바라지 않으니까요."

그가 처음 율리를 창업했을 때, 민간 신용 대출 기관을 애타게 찾는 중소기업들을 찾기는 비교적 쉬웠다. 하지만 자신의 인터넷 플랫폼에 기꺼이 돈을 빌려주려는 사람을 찾는 것은 어려웠다. 중국에서는 P2P가 무엇인지 아무도 몰랐다. 류옌난은 P2P라는 개념 자체를 사람들에게 납득시켜야 했다. 1차분 대출금을 조성하기 위해 그는 친구들에게 그들의 직장 동료들을 상대로 점심시간에 이야기할 수 있는 자리를 만들어달라고 부탁했다. 그리고 그는 그 자리에서 P2P가 어떻게 작동하는지에 관해 설명했다. 그런 식으로 처음으로 몇십 명의 대부자를 유치했다. 하지만 금세 정반대의 문제에 맞닥뜨렸다. 2014년 2월이 되자 너무 많은 사람들이 웹사이트로 몰려와서 돈을 빌려주겠다고 나선 것이다. 하지만 당시 율리는 그들을 전부 받아들일 만큼 심사를 거친 차용인을 모으지 못한 상태였다. "두어 달 동안은 대출 공고를 내자마자 바로 판매가 됐습니다. 포털 사이트에 충분히 많은 대출 공고를 내지 못해서 대부자들에게 사과 편지를 보내야 했어요."

2014년 말경 200만 명이 율리 플랫폼을 통해 누적 총액 60억 위안을 빌려주었다. 이렇게 성공을 거둘 수 있었던 것은 P2P가 보통 사람이 어디서도 얻기 힘든 높은 수익률을 제공했기 때문이다. 보통 수익률이 8~15퍼센트였다. 하지만 색다른 상품에 대한 열광도 한몫했다. 몇 년 전만 해도 일반 대중에게는 별다른 선택지가 없었다. P2P는 금융 민주화라는 거대한 물결의 작은 부분으로 대두되었다. 2009년까지만 해도 사람들은 저축의 대부분을 은행에 넣어두었다. 오늘날에는 금융 상품의 생태계 전체가 진화했고 사회 각계각층에서 이런 진화를 받아들이고 있다.

이 생태계의 핵심에는 자산 관리 상품이 자리하고 있다. 자산 관리 상품은 2004년부터 등장했는데, 2010년이 되어서야 은행들은 사람들이 정말로 원하는 유형의 상품, 즉 3개월 정도마다 만기가 되고 연 수익이 4~5퍼센트(1년 예금 금리가 3%인 것과 비교된다)인 안전한 투자 상품을 생각해내게 되었다. 자산 관리 상품이 급격한 인기를 얻기 직전인 2009년 말, 자산 관리 상품 발행 총액은 1조 9,000억 위안이었다. 2016년 말에는 그 수치가 12배로 뛰어 29조 위안을 넘어섰다. 전체 은행 예금의 20퍼센트에 맞먹는 액수였다.[6]

자산 관리 상품은 어디에서나 찾아볼 수 있다. 중국 어느 지역의 어느 은행 어느 지점을 가도 이 상품을 살 수 있다. 내가 중국에 살 때 온갖 은행들로부터 자산 관리 상품을 광고하는 문자 메시지가 끊임없이 오곤 했다. 율리의 류옌난은 회사 웹사이트를 통해 돈을 빌려주는 사람의 절반 정도가 온라인에서 자산 관리 상품을 검색해서 찾아온 것이라고 말했다. 자산 관리 상품으로 조달한 돈은 차茶, 다이아몬드, 와인, 증권거래소에서 거래되는 주식, 일반 상품, 외환 등에 투자되고 있다. 은행들이 수익을 거둘 수 있을 것으로 생각하는 모든 상품에 투자되는 것이다. 하지만 대체로 자산 관리 상품은 세 가지, 즉 회사채, 은행이 빌리는 대출(은행들은 이렇게 빌린 돈으로 대출을 실행한다), 기업 대출의 혼합물이다. 이 결합에는 위험성과 수익이 혼재되어 있다. 은행에 빌려주는 돈은 굉장히 안전하지만 이자율이 낮은 반면, 기업에 빌려주는 대출은 위험성이 높지만 수익이 좋다. 이 세 가지를 결합하면 꽤 안전하면서도 수익이 괜찮은 투자가 가능하다. 자산 관리 산업의 대부분—신탁회사, 보험사, 증권사, 머니마켓펀드, P2P 포털 모두—은 비슷한 방식으로 자원을 활용한다. 이 회사들이 전통적인 은행 대출의 대안으로 부상한 신용의 원천이다. 그들이 합쳐져서 그림자 금융 시스템을 구성한다.

그림자 속에서 우리가 하는 일

일반적으로 말해, 그림자 금융에는 정부가 일반적인 은행 대출에 적용하는 것과 같은 세심하고 신중한 규제의 대상이 되지 않는 모든 비은행 신용 대출이 포함된다. 우리의 논의에서 볼 때, 그림자 금융을 이해하는 최선의 방법은 그것을 전통적인 은행 대출의 형태를 띠지 않는 모든 대출로 보는 것이다. 가장 전통적인 항목을 보면 그림자 금융에는 회사채가 포함되며, 가장 혁신적인 항목에는 P2P가 포함된다. 그리고 직관에 반하게도 은행 역시 종종 모종의 방식으로 포함된다. 사람들은 중국의 그림자 금융이 미국과 비교했을 때 규모가 꽤 작기 때문에 경계 대상이 아니라고 흔히들 주장한다. 미국의 그림자 금융 시스템은 정점에 달했을 때 채무가 20조 달러에 달해서[7] 11조 달러인 은행 시스템의 2배에 육박했다.[8] 2016년 중반, 중국의 상황은 정반대였다. 신용 평가 기관인 무디스에 따르면, 중국은 그림자 금융 자산이 8조 달러 정도로 대형 은행 대출 총액의 절반에 해당됐다.[9] 하지만 중국의 리스크는 전통적인 은행과 비교한 그림자 금융의 규모에 있는 것이 아니라 그림자 금융이 성장해온 속도에 있다. 2008년만 해도 중국 그림자 금융의 미래 기둥이 되는 업체들은 거의 존재하지 않았다. 2014년 말, 그림자 금융 시스템에 의해 창출된 신용 액수가 중국 국내 총생산 규모의 40퍼센트에 육박했다. 2016년 중반에 이르면 그 비중이 2배로 늘어나 80퍼센트를 차지했다.[10]

어느 나라 경제가 됐든 그렇게 짧은 시간 동안 그토록 대규모로 증가한 부채를 생산적으로 활용할 수 있다고는 거의 생각하기 어렵다.

하지만 중국에서는 경제의 대부분이 오랫동안 신용에 굶주려 있었다. 만약 모든 그림자 금융 신용이 민간 부문으로 유입된다면 아마 효과적으로 활용될 수 있을 것이다. 확실히 요즘은 사기업들이 과거에 비해 대출을 받기가 더 쉽다. 실제로 은행들은 사기업에 훨씬 더 많은 돈을 빌려주고 있다. 특히 성장을 갈망하지만 국영기업들이 대형 은행에서 돈을 빌리는 것을 선호한다는 사실을 깨달은 소규모 은행들이 앞장서고 있다. 하지만 사기업들은 자신들이 직면하는 가장 큰 문제는 차입을 할 수 있는지 여부라고 계속 불만을 토로한다. 사기업에 대출을 해주는 것으로 사업을 시작한 율리의 류옌난도 불과 몇 년 지나지 않아 자기가 생각한 접근법이 정말 맞는 것인지 걱정하기 시작했다. "중소기업에 대출을 해주는 건 너무 위험합니다." 2015년 말 그가 내게 말했다. "경제성장 속도는 느려지는데 계속 기업들에 차입 자본을 추가해준다는 건 위험한 일이죠." 그는 그 후 사업의 초점을 소비자 대출로 바꾸었다.

중국에서 그림자 금융이 등장한 것은 신용이 창출되는 방식 면에서 혁명적인 변화였지만, 신용이 할당되는 방식에서는 바뀐 게 거의 없다. 실제로 그림자 금융은 지방정부 부채와 산업 설비 과잉, 주택 공급 과잉 등의 문제를 크게 악화시키고 있다. 그 이유 가운데 하나는 베이징 당국이 혁신에 대해 새롭게 보이는 관용적 태도를 은행들이 악용하기 때문이다. 은행들은 그림자 금융을 활용해, 규제 당국의 감시를 받지 않은 채 똑같은 일을 더 많이―훨씬 더 많이―하고 있다. 2010년 이래 베이징 당국은 은행들에 지방정부와 부동산 개발업자, 중공업에 대한 대출을 완화하도록 여러 차례 지시했다. 은행들이 이런 지시에 순응하는 만큼 그림자 금융에는 더욱 고삐를 죄었다.

은행들은 거의 모두 국가 소유이기 때문에—일부는 중앙정부의 소유이고 나머지는 성, 도시, 현의 소유이며 그밖에는 다른 국영기업의 소유이다—국가의 충실한 종복이라고 생각하기 쉽다. 그러나 현실은 좀더 복잡하다. 2009년, 글로벌 금융 위기에 직면하자 베이징 당국은 경제를 부양하기 위해 은행들에 대출을 대대적으로 늘리라고 지시했고, 은행들은 이에 부응해 곧바로 전년도에 비해 대출량을 2배로 늘렸다. 하지만 은행에는 그들 나름의 의제가 있었다. 한 단어로 압축시켜 보면 아마 규모라고 말할 수 있을 것이다. 언젠가 나는 저장성의 작은 부자 도시의 은행가들과 저녁을 함께한 적이 있다. 그들이 상하이에서 온 동료 고위 은행가를 접대하는 자리였다. 거나하게 취한 현지 은행가들이 같은 구에 있는 다른 세 은행이 자기네 은행보다 대출 총액이 더 많다고 말하자 상하이의 동료는 그럼 대출을 더 많이 일으켜서 은행 등급을 올리라고 권유했다. "물론 더 빌려주고 싶지 않겠지만, 그럼 다른 어떤 선택을 할 수 있겠습니까?"

성공한 은행가들은 더 큰 은행을 구축한다. 규모가 큰 은행들만이 주식을 상장하거나 전국에 지점을 설립할 수 있는 허가를 받거나 해외나 다른 금융 서비스로 사업을 확대할 수 있는 자원을 가질 수 있다. 대형 은행은 직원들에게 나눠줄 수 있는 자산도 많다. 불황기에는 중소 은행이 대형 은행에 인수된다. 규모가 크면 정치적 영향력과 자원도 더 많아진다. 중국의 중소 은행들은 모두 몸집을 키우고 싶어한다. 그런 갈망은 가장 아래쪽에 있는 조직까지 흘러가, 말단 직원들의 행동 역시 그들이 충족시켜야 하는 목표치의 긴 목록, 즉 대출 증대, 예금 증대, 소득 증대 등에 의해 영향을 받는다. 정부의 규제 때문에 대출 확대가 제약을 받으면, 최선의 방법은 규정을 우회하는 길을 찾는 것이다. 금융 혁신에 관한 베이징 당국의 관용적 태도 덕분에 은행들은 이런 방식을 활용할 수 있다.

중국의 그림자 금융 시스템이 생겨난 것은 미국의 동일한 시스템이 서브프라임 모기지 위기 사태로 파탄을 겪은 직후였다. 2009년 말, 대출을 늘리라고 장려받은 지 1년 정도 지났을 때 중국 은행들은 신용 대출의 증가세를 억제하라는 말을 들었다. 중국은 정부가 경제를 규제하는 주요 수단이 금리가 아니라 신용 공급이라는 점에서 대다수의 선진국 경제와 다르다. 중앙은행이 금리를 낮춰서 경기 활성화를 자극하고 금리를 올려서 인플레이션에 대항하는 다른 나라들과 달리, 중국에서는 금리가 그런 효과를 내지 못한다. 중국에서는 국영기업에 대한 보조금의 일환으로 금리가 낮게 유지된다. 만약 이런 낮은 금리로 돈을 빌리려고 하는 이들이 전부 대출을 받을 수 있다면, 인플레이션을 걷잡지 못할 것이다. 게다가 국영기업들은 사기업이 시장경제에서 겪는 것과 같은 대출 상환 압력을 받지 않기 때문에 금리가 높아진다고 신용 대출에 대한 욕구가 줄어들지는 않는다. 따라서 정부는 인플레이션을 방지하기 위해 은행들에 대출 허용치를 제시하는 식으로 신용을 분배한다.

하지만 2009년 말이 되자 수도꼭지를 잠그기가 쉽지 않아졌다. 경제 부양의 해에 시작된 수많은 프로젝트—신설 도로, 공장, 주택단지 등—가 이제 막 발걸음을 내딛은 터라 그것들을 완성하기 위해서는 더 많은 돈이 필요했고, 지방정부와 국영기업들은 계속 대출을 해달라고 은행에 압력을 가했다. 은행들이 찾은 해결책은 신탁회사들과 손을 잡는 것이었다.

당시 중국의 신탁회사들은 거의 10년 동안 규제의 철퇴를 맞다 사업을 막 재개하던 때였다. 1990년대에 신탁회사들은 부동산과 건설에 투자하기 위해 해외에서 차입을 해서 경기 호황을 부추기는 데 일조했다. 1992년에는 약 1,000개의 신탁회사가 있었지만,[11] 부동산 시장이 곤경에 빠지자 신탁회사들도 문제에 봉착했다. 세기 말에 이르러 신탁회사들이 대규모 악성 부채에 시달리자 정부는 대다수의 신탁회사를 폐쇄했다. 2007년경에는 50개 정도만이 영업을 계속했는데, 그 가운데 대부분이 국영회사나 지방정부의 소유였다. 그해에 금융 규제 당국은 신탁회사의 용도를 중국 부유층을 위한 자산 관리처로 바꾸기로 결정했다.

신탁회사들이 그렇게 특별한 존재가 된 것은 간단한 유형의 증권화를 수행할 수 있기 때문이다(그렇지만 일반적인 증권화와 달리, 이 증권은 거래가 불가능하다). 은행들이 직면한 딜레마에 대해 신탁회사들이 내놓은 해법은 은행이 보유한 잉여 대출금을 1년이나 2년 동안 증권화하는 것이었다. 다시 말해 대출금을 조각으로 쪼개서 투자자들, 즉 여유 현금이 있는 부유층 개인과 기업에 판매하는 것이다. 증권이 만기가 되면 대출금은 다시 은행으로 귀속되었다. 따라서 대출금은 은행의 장부에서, 그리고 더욱 중요하게는 중앙은행의 대출 데이터에서 일시적으로 사라졌다. 한편 경제는 부양이 여전히 효과를 발휘한다는 듯 호황이 지속되어, 금융 부문 바깥에 있는 사람들은 크게 혼란스러워했다. 금융 규제 당국은 결국 이런 관행을 중단시켰지만, 그러기까지 1년 정도가 걸렸고 적어도 한 번은 시작부터 실패를 맛본 셈이었다.

2009년 이래 중국은행업감독관리위원회China Banking Regulatory Commission, 中国银行业监督管理委员会는 은행들을 상대로 끝없이 두더지 잡기 게임을 벌이고 있다. 그림자 금융의 한쪽 면을 단속하자마자 은행들은 신용 증가를 억제하기 위해 설정된 다양한 할당량과 제한을 빠져나갈 수 있는 또 다른 방법을 찾아낸다. 그림자 금융 덕분에 은행들은 규제 당국이 적정선이라고 판단하는 수준을 뛰어넘는 액수를 대출해주고, 이는 베이징 당국의 경제 통제를 약화시킨다. 은행들은 의도적으로 최대한 불투명하게 그림자 금융을 고안해낸다. 그들은 자신들이 얼마나 많은 신규 신용을 발생시키는지를 베이징 당국이 정확히 파악할 수 있는지에 관해서는 아무 관심이 없기 때문이다. 그런 목적을 위해 은행들은 복잡하기 짝이 없는 신용 창출 장치를 만들어냈다. 2015년 말이 되었을 때, 무디스는 중국인민은행이 그림자 금융의 규모를 16조 위안 정도로 낮게 평가하고 있다고 추산했다. 그 금액은 중국 국내총생산의 약 4분의 1에 해당하는 규모다.[12]

그림자 금융의 구체적인 장치는 계속 바뀌고 있지만, 두 가지의 기본적인 동학은 변하지 않는다. 첫째, 그림자 금융은 은행들이 일종의 금융 연금술을 실행할 수 있게 해준다. 대출을 "투자 자산"으로 변신시키면 대차대조표의 "대출금" 항목에서 빼내 채권 같은 양성 자산 속에 숨길 수 있다. 대출을 규제 당국의 면밀한 시선으로부터 안전하게 감추면, 은행들은 대출 한도, 자본 요건, 악성 대출 조항 등을 자유롭게 피할 수 있다(마지막 조항은 대출자가 상환할 수 없는 경우에 대비해 은행들이 모든 대출에 대해 유지해야 하는 보호 수단이다). 오늘날 은행들은 신탁회사, 증권사, 펀드 운용사 등을 활용하여 여러 겹으로 이루어진 복잡한 투자 밑에 대출을 감춘다. 러시아의 마트료시카 인형 같은 금융 상품이라고 생각하면 된다. 이런 관행이 워낙 만연해서 중국의 소규모 은행들은 대부분 대출금보다 그림자 금융 자산을 더 많이 보유하고 있으며, 때로는 그 비율이 3 대 1에 이를 정도다. 2016년 초, 중국의 2등급 은행인 산업은행Industrial Bank이 보유한 그림자 금융 자산은 필리핀 은행 시스템 전체보다 규모가 더 컸다.

두 번째 동학은 은행들이 스스로 대출을 해주는 게 아니라 대출을 용이하게 해주는 대가로 수수료를 받는다는 것이다. 은행들은 자산 관리 상품으로 모은 돈을 기업 고객들에게 빌려준다. 이론상으로 이것은 위험성이 전혀 없는 사업이다. 자산 관리 상품에서 작은 글자로 안내되는 세부 항목을 보면, 이 상품을 사는 사람은 누구나—나이 든 할머니든 거대한 국영기업이든—대출이 악성 부채가 되는 경우에 모든 위험성을 떠안는다고 명시되어 있다. 실제로 은행들은 자산 관리 상품이 예금처럼 안전한 것인 양 홍보하고, 사람들은 뭔가 잘못되더라도 자기 돈을 돌려받을 것이라고 기대하면서 이 상품을 산다. 은행들로서는 비용이 거의 들지 않는 막대한 수입원이다. 물론 악성 부채가 증가하지만 않으면 말이다.

그림자 금융이 워낙 복잡한 까닭에 당국이 통제하기 어려운 것은 분명하지만, 상황을 악화시키는 것은 당국 역시 그림자 금융을 제어하길 주저한다는 사실이다. 2012년 당시 중국은행* 총재 샤오강肖鋼은

---

* 이름과 달리 중앙은행이 아니라 상업 은행이다.

국영 언론에 발표한 칼럼에서 자산 관리 상품을 "근본적으로 폰지 사기**"라고 규정함으로써 이런 갈등을 극명하게 드러냈다. 그런데 몇 문단 뒤에서 그는 이렇게 말했다. "분명 그림자 금융에는 장점이 있다. 그림자 금융은 신용 대출이 필요하지만 전통적인 은행 대출을 통해서는 대출이 어려운 사업체를 도와준다. 한편 그림자 금융은 반쯤 공사가 끝난 프로젝트들이 계속 건설되도록 자금을 제공함으로써 국내총생산 성장률을 촉진한다."[13] 이듬해 샤오강은 주식시장을 감독하는 기구인 중국증권감독관리위원회China Securities Regulatory Commission, 中国证券监督管理委员会 위원장이 되었다. 그는 자신이 표명한 우려에 입각해서 행동하는 대신 증권사와 펀드 운용사들이 지금까지 신탁회사가 독점해오던 그림자 금융 서비스와 동일한 상품을 다수 제공할 수 있게 허용했다. 신탁회사들이 금융 규제 당국에 의해 날개가 잘리는 와중에 그림자 금융의 대대적인 팽창을 주관한 것이다.

그리하여 정부를 공공연하게 조롱하는 그림자 금융 시스템의 주도 하에 신용 대출이 해마다 급속하게 팽창했지만, 정부는 그림자 금융을 굴복시킬 의지나 능력이 없다. 물론 금융기관과 일반인들이 리스크를 꼼꼼히 살펴보고 신용 대출을 더 이상 늘리지 말아야겠다고 판단하는 시점, 즉 계속 대출을 일으키는 게 분별없는 행동이 되는 시점이 분명 오게 마련이다. 하지만 경제 호황의 역사를 살펴보면, 그런 시점은 대개 너무 늦게 찾아온다. 대부분의 호황기에 사람들은 위험성에 눈을

** 신규 투자자의 돈으로 기존 투자자에게 이자나 배당금을 지급하는 방식의 다단계 금융 사기를 일컫는 말로, 1920년대 미국에서 찰스 폰지Charles Ponzi가 벌인 사기 행각에서 유래된 표현이다.

감을 뿐만 아니라 위험성이 아예 존재하지도 않는다는 갖가지 이유를 갖다 붙인다. 미국은 주택 가격이 전국적으로 하락한 적이 한 번도 없었기 때문에 사람들은 서브프라임 모기지 위기가 일어날 리 없다고 생각했다. 닷컴 호황기에는 신경제 때문에 경기순환이 사라졌다는 망상이 횡행했다. 아시아 경제 위기가 발발하기 전에 사람들은 아시아적 가치가 지속 가능한 새로운 유형의 경제성장을 창조했다고 생각했다. 자신의 투자가 안전하다는 중국인들의 믿음은 이번에는 어쨌든 상황이 다르다는 모종의 유사과학 이론에 근거한 게 아니다. 그들의 확신은 만일의 사태가 벌어지면 누군가가 자신들을 구제해줄 것이라는 인식에 뿌리를 둔다. 그런 뿌리 깊은 자격 의식은 구제 금융이 현실화되지 않을 때 가장 노골적으로 드러난다.

너무 작아서 구제해줄 수 없는 경우는 없다

오늘날 중국에서는 실패한 투자를 둘러싼 항의가 점차 일반화되고 있다. 중국 각지를 돌아다니다보면, 시청이나 지역 금융 규제 기관 앞에 작은 무리의 사람들이 모여서 "피땀 흘려 모은 돈血汗钱"을 돌려달라고 요구하며 깃발을 흔드는 모습을 쉽게 볼 수 있다. 대체로 시위자들은 판야금속거래소Fanya Metal Exchange, 泛亚有色金属去来所가 판매한 투자 상품 같이 일반적으로 정부가 관여한다고 여겨지지 않는 상품에 투자한 이들이었다.

2015년 7월 판야가 무너지고 구제 시도가 실패로 돌아가자, 거래소에 돈을 투자했던 수백 명의 사람들이 쿤밍昆明(거래소 본사가 있는 곳이다)에서 항의 시위를 벌였고, 상하이와 베이징의 금융 규제 당국 건물 앞에서도 시위를 벌였다. 일부는 홍콩에서 시위를 하고—중국에서 외국 소셜미디어를 차단하는 만리방화벽防火长城을 뛰어넘어—트위터에서도 활동을 하는 등 해외에까지 불만을 호소했다. 해외 미디어의 지원을 유도하려는 시도였다.[14] 다른 이들은 문을 닫은 거래소 회장을 납치해서 경찰에 넘겼다.

판야는 현대 산업에서 절대적으로 중요하지만 아주 소량이 필요한 희토류 금속—가령 인듐indium은 LED에 사용되고, 코발트cobalt는 리튬전지에 사용된다—을 거래하는 시장이다. 거래소는 수만 명의 소액 투자자를 끌어들였다. 이들은 희토류 자원을 거래하는 게 아니라 연 13.68퍼센트의 수익을 약속한 투자 상품을 사려는 사람들이었다. (작은 글씨로 된 세부 사항을 제대로 읽지 않은 사람들 눈에는 은행에서 파는 자산 관리 상품과 아주 흡사해 보였을 것이다.) 명목상으로는 거래소에서 실제 거래가 이루어지는 회사들에 돈을 빌려주는 것이었다. 홍보 자료에는 "위험성이 전혀 없다zero risk"고 쓰여 있었다.[15] 하지만 거래소가 파산했을 때 투자자들에게 갚아야 할 돈은 360억 위안에 달했다.[16]

판야 투자자들은 정부에 책임을 물어 자신들이 잃은 돈을 정부가 지급할 것을 요구했다. 판야는 국가 소유가 아니었지만, 투자자들은 국가기관들이 판야가 국가의 지원을 받는 것처럼 믿게 만들었다고 주장했다. 거래소는 국영방송과 지역 국영 신문에 광고를 냈다. 쿤밍 시 정부는 영업허가를 내주었다. 그리고 주요 국유 상업 은행들은 자체적인 자산 관리 상품과 판야의 투자 상품을 함께 판매했다.

시장경제에서 대중은 모아놓은 돈을 잃은 투자자들에게 당연히 공감하게 마련이다. 하지만 자기가 낸 세금으로 투자자들이 입은 손실을 메워주려고는 하지 않는다. 고수익을 얻으려면 그만큼 높은 위험성을 감수해야 한다. 어떤 위험성도 없는 14퍼센트에 가까운 이자를 약속하는 것은 분명 일종의 사기이다. 하지만 중국에서는 매수자 위험 부담caveat emptor이라는 기본 원리가 존재하지 않는다. 어떤 기관이 국가 소유인지 여부는 중요하지 않다. 정부가 그 기관의 존재를 허가하고 보통 사람들이 저축한 돈을 그곳에 내주게 허용한다는 사실은 국가가 그 기관의 생존 능력—또는 적어도 투자자들이 그 기관을 바라보는 시각—에 대해 암묵적인 책임을 지고 있음을 의미한다. 뀬야 투자자들이 요구한 것은 모든 주류 금융기관에 적용된다고 대중이 생각하는 종류의 보증이었다.

중국에서 어떤 채권이 지급불능이 되면, 대개 백기사가 나타나서 채권 소유자들에게 그들이 받을 돈을 전부 받게 해주겠다고 보증한다. 마찬가지로, 신탁회사들은 공식적인 책임이 없다 할지라도 신탁 상품에 투자한 사람들을 정기적으로 구제해준다. 어떤 자산 관리 상품이 악성이 되더라도 투자자들은 대개 그런 소식조차 듣지 못한다. 그 상품을 발행한 은행이 조용히 손실을 흡수하기 때문이다. 율리의 류옌난조차 대부자들을 지급불능 상태에서 보호해야 한다고 생각했다. 율리 플랫폼에서 자금을 조달한 모든 대출금에 대해 제3의 금융기관이 보증을 해주도록 한 것이다. 사람들은 자기가 투자한 돈이 안전하다고 생각한다. 금융기관들은 대체로 자신들이 판매하는 상품에 대한 대중의 신뢰를 지키기 위해 어떤 손실이든 보상해준다. 미국 금융 시스템의 기저에 자리한 문제가 일부 은행은 너무 커서 파산할 수 없다는 사실이라면, 중국에서는 대중이 너무 작아서 구제해줄 수 없는 투자는 없다고 믿는다는 것이다.

하지만 그것이, 은행과 그림자 은행들이 특히 대중에게 판매한 투자 상품이 악성으로 바뀌어 곤란한 상황에서도 계속 더 많은 대출을 실행하는 이유를 설명해주지는 않는다. 그들이 대출을 계속 실행하는 이유는 자신들이 내주는 대출금이 안전하다고 믿기 때문이다. 간혹 중국의 은행은 미화된 전당포에 불과하다는 말이 회자된다. 중국 은행들은 기업이 필요로 하는 금액이 아니라 기업의 자산 가치에 근거해서 대출을 해준다. 은행권의 전체 대출의 60퍼센트 가까이에 부동산 위주의 담보가 설정되어 있다. 마찬가지로, 신탁회사들은 대체로 대출액의 2~3배 가치를 담보로 요구하며, 다른 그림자 금융 기관들도 비슷한 요구를 한다. 그러므로 어떤 회사가 빌린 돈을 상환하지 못하면, 금융기관은 담보에 대한 권리를 행사해 그것을 팔아서 손실을 메울 수 있다.

은행은 담보가 없는 회사에 대해서는 제3자 보증인을 받아준다. 만약 차용인이 대출을 상환하지 못하면 다른 회사가 대신 상환하겠다고 약속하는 것이다. 때로는 모회사가 자회사의 대출을 상환하기로 보증을 서는 경우가 있다. 때로는 지방정부가 소유한 국영기업이 경제성장을 촉진하기 위해 지역 사기업의 보증을 서기도 한다. 또 때로는 아무 관계가 없는 사기업끼리 상호 보증인이 되는데, 일련의 중소 사기업들이 은행에서 신용 대출을 받기 위해 타협을 하는 것이다.

하지만 금융 시스템이 스스로를 위해 구축한 안전망은 정부가 암묵적으로 보장하는 두 가지 입장에 크게 의존한다. 즉 정부는 신속한 경제성장을 계속해서 보장해야 하고, 주택 가격은 계속 올라야 한다. 주택 가격이 오르는 한 금융기관들은 담보가 안전하다는 것을 알기에 대출을 계속 실행할 수 있다. 게다가 계속 성장이 탄탄하게 유지되는 한 애당초 담보나 제3자 보증인은 거의 필요하지 않다. 하지만 성장 속도가 느려지면 안전망의 문제가 드러나기 시작한다.

지금까지 베이징 당국은 주택 가격의 일시적인 하락 이상의 중대한 사태는 피할 수 있었다. 하지만 담보는 담보권을 주장해서 매각할 수 있을 때에만 가치가 있다. 은행이 대출금을 상환하지 못하는 국영기업에 담보권을 행사하는 것은 거의 불가능한 일이다. 대신 금융기관이 악성 대출을 감당해야 한다. 게다가 보증은 은행을 보호하기는커녕 재정적 곤경을 확대시키면서, 원래는 제한적일 지급불능 상황을 지역 전체의 위기로 비화시킨다. 서로 맞물린 상호 보증의 복잡한 연결망이 도미노처럼 무너지기 때문이다. 이제까지는 그런 위기가 지역 차원에 머물렀지만, 보증 연결망이 더욱 광범위하게 전염력을 확산시킬 가능성이 항존하는 위협으로 잠재해 있다.

한편 성장 속도가 느려지면서 여러 가지 추악한 모습이 노출되기 시작하고 있다. 경제가 매년 10퍼센트씩 성장할 때에는 평범한 관리자가 성공적인 사업가가 되고, 적극적인 사람은 찬미받는 기업가가 된다. 경제가 호황일 때는 경기 팽창 속도가 느려져서 대출금을 상환하지 못해도 문제가 되지 않는다. 기업들은 실수를 하면서도 언제든지 성장할 수 있다. 그런데 성장 속도가 느려지면 호시절에는 가려져 있던 낭비와 관리 부실, 오만과 사기가 드러난다.

물론 어쩌면 이런 것들 가운데 어떤 것도 중요하지 않을 수 있다. 설령 비약적인 성장은 자취를 감추고 부동산 가격이 하락한다고 해도 모든 이들은 베이징 당국이 필요하면 결국 개입해서 금융 시스템을 구제할 것이라고 믿는다. 하지만 은행 대출이 엄청나게 많아지는 가운데 그림자 금융까지 점점 복잡해지고 몸집을 키우면서 이런 가정은 점차 의문시된다. 고속 성장을 유지하고 주택 가격을 떠받칠 뿐만 아니라 성공적인 체제 차원의 구제금융까지 관리할 수 있는 베이징 당국의 능력은 금융 시스템이 그러듯 점점 약화되는 것 같다.

6장

거대한 돈뭉치

"거품이 지나치게 오래가거나 너무 빨리 꺼지지 않으면 그건 진짜예
요."

　류젠펑致劍锋은 내게 중국 백주白酒(바이주)의 최고급 브랜드인 마오
타이주 위조품을 구분하는 미세한 차이를 가르쳐주던 중이었다. 그는
선반에서 알코올 함량이 높은 무색의 독주를 꺼내서 힘차게 흔들고는
반투명 유리의 아래쪽에 빛을 비추어보았다. 정말 거품이 많았지만,
나로서는 진짜처럼 거품이 꺼지는 건지 알 수가 없었다. 류젠펑은 거
품이 충분히 적당한 속도로 꺼졌다고 확인해주었다.

　이것은 2011년 말에 있었던 일이다. 베이징 거더 경매Googut Auction,
歌德에서 일하는 와인과 독주 전문가인 류젠펑 역시도 최근에야 백주
진품과 가품을 구별하는 법을 배운 상태였다. 사실 얼마 전까지만 해
도 거더에는 와인과 독주 전문가가 필요하지 않았다. 그런데 2010년

이 경매 회사의 중요한 고객 하나가 자신이 수집한 독주를 처분해달라고 간곡히 요청해왔다. 이례적인 요청이었다. 2011년이 되었을 때, 중국은 3년 만에 미술품과 골동품 판매가 500퍼센트 증가한 끝에 미국을 앞질러 세계 최대의 경매 시장으로 부상했다.[1] 하지만 빈티지 백주를 경매에 부친 사람은 아무도 없었다. "[거더의 최고경영자가] 주변을 둘러보더니 말하더군요. '젠펑, 자네가 백주를 즐기니 자네가 하면 되겠군.'" 류젠펑이 낄낄 웃으며 말했다. "그때까지만 해도 음주는 그냥 취미였어요."

백주는 자꾸 마시다보면 그 맛을 알게 되는 술이다. 보드카와 비슷하지만, 아직 백주 애호가가 아닌 사람들에게는 송진 냄새같이 느껴진다. 특히 외국인들은 마시기가 쉽지 않다. 미국 방송 언론인 댄 래더Dan Rather는 닉슨 대통령과 중국을 방문한 길에 백주를 가리켜 "액체 면도날"이라고 묘사했다. (중국 여행에 앞서 헨리 키신저Henry Kissinger의 한 참모는 닉슨 대통령이 연회에서 관습적인 건배를 하더라도 "거듭 말하건대 어떤 상황에서도" 절대 백주를 마셔서는 안 된다고 조언했다.[2]) 하지만 백주는 시간이 흐르면서 순해졌다. 와인과 달리 백주에는 특별한 빈티지가 없다. 백주의 주재료는 밀과 수수인데, 이 재료들은 포도만큼 날씨에 영향을 받지 않는다. 오래된 백주일수록 맛이 더 좋다. 하지만 전통적으로, 백주를 숙성시키기 위해 백주 상자를 지하실에 따로 보관하지는 않았다. 중국에는 빈티지 술을 저장하고 거래하는 감별사나 수집가 문화가 없었다. 오래된 백주는 그냥 친구한테 어쩌다 한 병 생겼을 때 같이 마시는 그런 것이었다.

따라서 류젠펑은 수십 년 된 마오타이주를 그보다 인기가 떨어지는 백주 브랜드들과 나란히 판매하는 비교적 작은 경매에서 정말 무엇을 기대해야 할지 알지 못했다. 그런데 경매가 진행되자 그가 예상한 수준을 훌쩍 뛰어넘는 입찰가가 속속 등장했다. 류젠펑은 1959년산 마오타이주 한 병—오랜 세월 동안 방치되었는데도 붉은색과 흰색의 상표가 여전히 식별 가능했다—의 시작가를 12만 위안으로 정했다. 최종 판매가는 시작가의 8배를 기록했다.[3]

그로부터 1년 뒤, 류젠펑이 중국 역사상 최초로 빈티지 마오타이주만 다루는 경매를 준비하고 있을 때 나는 그를 다시 만났다. 다른 중국 독주 브랜드는 인기나 족보 면에서 마오타이주를 따라오지 못한다. 마오타이주는 마오쩌둥이 제일 좋아하는 술이었고, 공산당에서 전해 내려오는 일화에서 핵심적인 자리를 차지한다. 홍군은 대장정 중에 서남부 산악 지대의 소읍을 통과했는데, 술의 이름은 그 지명에서 딴 것이다. 류젠펑은 마오타이주가 갑자기 가치가 치솟은 것을 깨닫고 몇 달 동안 오래된 술을 찾아다녔다. 회사 저장실 한 귀퉁이에서 먼지를 뒤집어쓰고 있는 병도 있었고, 침대 밑에 처박힌 채 잊힌 것도 있었으며, 어떤 것들은 처음에 운송될 때 들어 있던 썩어가는 종이 상자 안에서 발견되기도 했다. 그는 그렇게 모은 것들 중에서 위조품을 골라냈다. (마오타이주는 워낙 인기가 있어서 수십 년 동안 위조품이 만들어졌다.)

경매가 있기 2주 전, 거더의 최고경영자는 내게 1982년산 마오타이주 한 병이 1만~2만 위안에 팔릴 것으로 기대한다고 말했다. 그가 1982년산을 기준으로 삼은 것은 중국 부유층이 프랑스 보르도 와인인 샤토라피트Château Lafite의 1982년 빈티지를 최고의 와인으로 치는데, 마오타이주도 같은 반열에 올라야 한다고 생각했기 때문이다. 당시

1982년산 라피트는 6만 위안 정도에 판매되고 있었다―그리고 인기를 반영이라도 하듯, 중국에서 유통되는 라피트의 70퍼센트가 실제로는 가짜로 추정되었다.[4] (나는 딱 한 번 라피트를 맛볼 수 있는 기회가 있었다. 내륙 석탄 도시에 있는 중국 4대 은행* 지점 한 곳을 방문했을 때였는데, 은행 쪽 인사가 내게 점심용으로 라피트 한 병을 준비해두었다고 알려주었다. 내가 외국 통신원에게 그렇게 비싼 와인을 낭비해선 안 된다고 미처 말을 꺼내기도 전에 상대가 순식간에 코르크 마개를 따서 내 잔에 따라주었다. 어쨌든 기대에는 못 미치는 맛이었다.)

마오타이주를 라피트와 비교하는 것은 순전히 홍보 전략이었다. 1982년산 라피트는 연도가 더 오래되어 더 숙성된 와인보다 월등히 뛰어나다고 여겨지는 특별한 빈티지인 반면, 마오타이주의 경우 1982년은 아무런 의미가 없는 연도다. 게다가 오래된 마오타이주에 찍힌 생산 일시는 인쇄 상태가 좋지 않아서―우유팩에 찍힌 것과 별반 다르지 않은 파란색 스탬프로 찍혀 있다―간혹 어림짐작으로 생산 연도를 판정하기도 한다. (경매에서는 보통 10년 단위로 묶어서 마오타이주를 판매했다.) 그러나 아무리 홍보 전략이라 할지라도 이런 비교는 굉장한 선견지명임이 입증되었다.

경매는 베이징의 한 호텔 대연회장에서 열렸다. 연회장은 고풍스러운 유럽 경매장과 얼추 흡사하게 인조목재 판으로 장식되어 있었다. 행사장에는 구매자만큼이나 많은 관광객이 몰려와서 축제장 같은 느낌이었다. 구매자들을 찾기는 쉬웠다. 남성용 작은 가방에 값비싼 로

---

* 공상은행, 농업은행, 중국은행, 건설은행.

퍼를 신고 번지르르하게 차려입은 기업가들이었다. 나는 나이 지긋한 부부 옆에 앉았는데, 그들은 평생 동안 백주를 선물로 받아 꽤 많은 수집품을 모아놓은 이들로 자신들의 수집품 가치가 얼마나 나갈지 알아보려고 온 것이었다. 오후 7시 30분에 시작된 경매는 다음날 새벽까지 끝나지 않았다. 금세 드러난 것처럼 시작가가 너무 낮아서 시간이 오래 걸린 것이다. 경매회사 최고경영자의 예상은 완전히 빗나갔다. 1980년대산 마오타이주의 평균 가격—그날 행사의 성공 여부를 판단하는 기준이었는데—은 3만 위안에 달했다. 그가 생각했던 최고가보다 50퍼센트가 높았던 것이다.

류젠펑을 다시 만난 것은 그로부터 3년 뒤였다. 처음 백주 경매를 할 때는 보조 직원이 한 명뿐이었는데, 이제 그의 밑에서 200명이 일하고 있었다. 그중에는 가짜를 가려내는 일을 맡은 팀도 있었다. 거더의 독주 사업은 자회사로 분리되었고, 현재 류젠펑은 그 회사의 주식 공개 상장을 준비하는 중이라고 말했다. 2014년 행사의 분위기는 이전에 경험한 것과 전혀 달랐다. 하지만 가장 크게 변한 것은 경매 자체였다. 호기심과 아마추어리즘은 사라지고 전문적인 투자 계급의 절제된 세련미가 풍겼다. 한쪽 벽을 따라, 행사장에 직접 오지 않은 구매자들로부터 걸려오는 입찰 전화를 받는 콜센터가 있었다. 한편 경매장에 자리한 사람들 중에 직접 입찰에 참가하러 온 사람은 아무도 없어 보였다. 경매장은 빳빳한 흰 셔츠에 칼같이 다린 검정 수트를 차려입은 젊은 남녀들로 가득했는데, 그들은 다급하게 전화를 거느라 계속 경매장을 들락거렸다. 류젠펑은 문화적 아이콘을 금융자산으로 변신시키고 아예 존재하지도 않던 시장을 창조한 셈이었다. 이 시장 덕분에 마오타이주 가격은 거더가 원래 품었던 야심을 훌쩍 넘어서 급등했다. 그해에 경매에서 판매된 1980년대산의 평균 가격은 3년 전에 비해 2배가 넘는 7만 위안에 약간 못 미쳤다(공장에서 출시된 신제품은 2,000위안에 불과하다). 그 무렵 라피트의 가격은 폭락한 상태였다. 아이러니하게도 1982년 빈티지가 마오타이주의 절반에 못 미치는 가격에 거래되고 있었다.

중국 부유층의 성향은 세계 곳곳의 틈새 자산 시장에 좋은 기회인 동시에 독약임이 드러났다. 밴쿠버에서는 중국 돈이 유입되면서 부동산 거품이 더욱 커져서 많은 도시 주민들이 치솟는 주택 가격에 시달리고 있다. 미얀마에서는 중국인들의 비취 수요 때문에 수십억 달러의 채광 산업이 조성되면서 사기와 부패가 횡행하고, 비취는 중국 남쪽 이웃나라에서 벌어진 무력 갈등의 자금줄이 되었다.[5] 네팔에서는 죽은 애벌레에서 자라는 기생 버섯인 동충하초—원산지와 추정되는 효능 때문에 흔히 히말라야 비아그라라고 불린다—에 대한 중국인들의 수요 때문에 동충하초가 금값보다 비싸지면서[6] "히말라야 골드러시"라고 불리는 현상이 나타났다. 하지만 네팔 고원에 모여든 일꾼들이 감소하는 비축량을 놓고 경쟁함에 따라 절도와 폭력이 빈발해지고 있다.[7] 그리고 유럽에서는 2016년 트레이드 기간에 중국 축구팀들이 최고 수준 선수를 영입하기 위해 잉글리시 프리미어리그 구단보다 2배 많은 돈을 풀어 기록적인 이적료를 지불함으로써 국제적인 선수들의 시장 가격이 크게 치솟기도 했다.[8] 『인민일보』는 구단들이 지출하는 돈이 "[중국] 리그에 안겨주는 경제적 가치를 훌쩍 뛰어넘는다"고

경고하면서 거품이라고 규정했다.[9]

이런 지출을 중국이 새롭게 얻은 부가 낳은 불가피한 결과라고 보고, 또 중국의 벼락부자들이 물 쓰듯이 돈을 쓰는 것을 비이성적 과열 탓으로 돌리기는 쉽다. 그런 요소도 분명 있지만, 더 중요하고 심각한 요인 역시 작동하고 있다. 2008년 이래 세계에서 손꼽히는 규모의 선진국 경제들은 새로 돈을 찍어내 금융 시스템을 떠받치고 성장을 촉진하려는 논쟁적인 노력을 기울이느라 끊임없이 인쇄기를 돌렸다. 하지만 미국 연방준비제도이사회와 유럽중앙은행, 일본은행이 추구하는 통화팽창이 필요한 것인지 아니면 무모한 것인지를 둘러싸고 논란이 분분한 가운데, 한 가지 사실은 툭하면 간과된다. 중국이 같은 시기에 새로 찍어낸 돈의 액수가 주요 산업국가 3개국을 합한 것보다도 더 많다는 사실이다. 2007~2015년에 전 세계에서 새로 찍어낸 모든 돈의 63퍼센트가 중국이 찍어낸 돈이다.[10] 중국의 통화팽창이 다른 선진국 경제의 통화팽창과 하나로 묶이지 않는 이유는 중국의 돈은 대부분 중앙은행에서 만들어낸 것이 아니기 때문이다. 오히려 중국의 돈은 현대 경제에서 통상적이거나 관습적인 것으로 통하는 방식으로 만들어졌다. 즉 상업 은행들이 대출을 실행할 때마다 돈을 새로 만들어 내는데, 그것은 중국만이 아니라 모든 국가 경제에서 하는 일이다. 한 나라의 통화 공급은 보통 그런 식으로 확대된다. 은행이 대출을 내줄 때, 차용인은 언제나 그 돈을 이용해서 모종의 지불을 한다. 집이나 차를 사거나 대학 등록금을 낸다. 그 돈을 받는 사람이 누구든 그는 돈을 은행에 넣음으로써 새로운 예금을 창출한다. 그러면 은행 시스템은 이 예금을 이용해서 새로운 대출을 해주고, 그 결과 새로운 예금이 생겨난다. 원래는 예금이 하나인데, 지금은 두 개가 되었다. 사실상 은행들이 이 돈을 만들어내는 것이다. 결국 은행들이 더 많은 돈을 빌려줄수록 더 많은 예금이 창출되고, 더 나아가 더 많은 돈이 생겨난다.

이게 반드시 나쁜 것만은 아니다. 빠르게 성장하는 경제는 모든 추가적인 경제 거래가 발생하도록 촉진시키기 위해 더 많은 돈을 필요로 한다. 하지만 중국에서는 이 모든 현상에 커다란 결함이 있다. 화폐 공급이 경제 활동이 성장하는 속도에 비해 지나치게 큰 규모로 확대되고 있다는 것이다. 글로벌 금융 위기 이전에 국내총생산 1위안에 대해 예금과 현금 유통의 가치가 1.5위안이었던 반면,[11] 2015년에 이르면 그 가치가 2위안으로 뛰었다. 다시 말해, 중국 은행들은 계속 대출을 내주고 있지만 이 대출은 예전만큼 경제성장을 창출하지 못하며, 따라서 많은 돈이 생산과 무관한 용도에 쓰이는 것이다.

설상가상으로 상업 은행들이 만들어낸 모든 돈 외에, 최근 몇 년 동안 중국인민은행은 조용히 인쇄기를 가동해서 금융 시스템에 직접 수조 위안을 쏟아부었다. 그렇게 한 데에는 2016년에 중국에서 빠져나가기 시작한 돈을 메우려는 의도도 있었지만, 은행을 비롯한 금융기관들이 점점 늘어나는 악성 채무를 지탱하고 감추기 위해서도 추가적인 화폐가 필요했기 때문이다. 은행이 해주었든 그림자 금융 기관이 해주었든 대출이 가능한 것은 누군가 저축을 했기 때문이다. 사람들은 결국 자기 돈을 이자를 붙여서 돌려받을 것이라는 기대를 하면서 저축을 내준다. 하지만 대출이 악성이 되면 그런 일은 일어나지 않는다. 따라서 금융기관이 예금자—또는 돈을 빌려준 모든 사람—에게 빚진 돈을 갚을 만큼 충분한 자금을 보유하게 만들기 위해 중앙은행은 돈을 찍어내고, 이 돈을 은행에 싼값에 빌려준다. 이렇게 한다고 악성 대출이 확실히 사라지는 것은 아니지만, 금융 시스템은 지급 능력을 유지할 수 있다. 만기가 도래한 채무를 지불할 돈이 확실히 있기 때문이다. 한때는 중앙은행이 이런 개입을 시간을 버는 방편으로, 금융 시스템을 정화하는 데 활용할 수 있는 방도로 여겼을지 모른다. 그렇지만 한때 일회성 해법이었던 것이 금융 시스템의 안정성에 필수 불가결한 버팀목이 된 것은 이미 오래전 일이다.

하지만 그런 안정성의 대가로 경제의 다른 곳에서 불안정성이 나타나고 있다. 비생산적인 화폐가 그렇게 많이 창출되면 화폐가치가 절하될 수밖에 없다. 따라서 위안은 평가절하 압력을 받고 있으며, 2016년 중앙은행은 위안의 가치 하락을 저지하기 위해 외환 보유고에서 1조 달러 정도를 써야 했다. 또한 잠재적으로 심각한 인플레이션이 야기될 수도 있지만, 중국은 지금까지 그런 위험을 피할 수 있었다. 새로 찍은 화폐가 전부 식료품과 소비재에 소비되는 대신 많은 금액이 예금으로 저축된 덕분이다. 하지만 이런 저축은 또 다른 문제를 야기한다. 이 예금은 어딘가에 투자되어야 하고, 사람들은 이제 더 이상 단순히 은행에 맡겨두는 데 만족하지 않는 것이다.

그 결과 경제 전체에 자산 거품이 생겨난다. 류젠펑에 따르면, 그가 처음 경매를 하고 나서 몇 년 만에 갑자기 중국 전역에서 빈티지 백주를 판매하는 경매회사가 100개 생겨났다. "모든 도시마다 최소한 한두 개씩" 생겨난 것이다. 이런 경쟁에 대응하여 류젠펑은 사업 다각화를 모색했고, 한동안 오래된 펀주汾酒 — 산시성山西城에서 나는 백주의

한 종류—1만 병을 전자거래소에 상장하는 방안을 고려하기도 했다. 사람들이 주식처럼 거래하게 만들려고 한 것이다. 남중국의 한 거래소에서 거래되는 옛날 동전의 가격이 10배 이상 뛴 것을 본 뒤 떠올린 구상이었다.

이런 틈새시장이 중국에서 급격히 늘어난 것은 2009년의 경기 부양 이후의 일이다. 글로벌 금융 위기에 대응해 시작된 경기 부양은 화폐 공급을 크게 늘리는 것으로 시작했다. 전자거래소 수백 곳이 전국 각지에 등장하면서 사람들이 상상할 수 있는 거의 모든 것을 거래할 수 있는 장이 만들어졌다. 전통 중국 약재 성분에서부터 병에 넣기 전에 통 상태로 있는 백주까지 없는 게 없었다. 판야금속거래소 같은 일부 거래소는 틈새 상품을 거래했다. 톈진의 한 거래소는 한동안 미술 증권을 팔았는데—사람들은 중국 산수화 두어 점의 주식을 살 수 있었다—불과 두어 달 만에 평가액이 1,000퍼센트 이상 올라 당국의 관심을 끌었고, 결국 거품이 터져버렸다.

이런 돈의 홍수는 새로운 시장들에 활력을 불어넣은 반면, 기존 시장에는 혼란을 야기했다. 주식시장은 1년도 안 되는 사이에 150퍼센트나 뛰었지만 결국 2015년에 거품이 터지면서—적어도 서류상으로는—3조 달러 상당의 부가 증발해버렸다.[12] 통화팽창은 중국 주요 도시들의 땅값이 폭등하는 데 일조했고, 2016년과 2017년 초의 채권 가격 상승에도 기여했다. 악성 채무의 증가로 경제성장 속도가 저하될 때 채권이 수행해야 하는 역할과는 상반되는 것이었다. 상품 선물 시장도 투기성 현금이 쇄도하면서 급격하게 왜곡되고 있다. 2016년 초 어느 하루 동안 거래된 철근용 철강 선물의 양은 상상 가능한 수요를 홀쩍 뛰어넘어 에펠탑을 17만 8,000개 건설할 수 있는 규모에 달했다.[13] 또 어떤 날은 소유자가 바뀐, 즉 거래된 면화 계약 건수가 지구상의 모든 남녀노소가 청바지 한 벌씩 만들어 입기에 충분한 양을 기록하기도 했다.[14] 해외 언론은 이리저리 이동하는 이런 현금의 양을 일컬어 "거대한 돈뭉치"라고 불렀다. 중국의 고위 지도자들도 이런 투기 열풍의 위험성을 놓치지 않았다.

"우리는 통화팽창을 통해 경제를 성장시킬 수 있다는 관념을 완전히 포기할 필요가 있습니다." 이 발언은 2016년 중반 『인민일보』 1면 기사에 실린 내용으로, 많은 이들이 시진핑의 수석 경제보좌관이라고 여겼지만 단지 "권위자"라고만 확인된 익명의 인사와의 인터뷰에서 나온 것이다.[15] 칼럼은 상황이 심각하게 나빠지기 전에 개혁을 시행할 것을 요구했다. "금융 시스템의 모든 부분에서 충격이 전염될 위험성이 존재한다."

중국이 실제로 금융 리스크 전염을 겪을 수 있다는 사실―금융 시스템 한구석에서 충격이 발생하면 전면적인 위기로 비화할 수 있다는 사실―이 쓸데없는 걱정이라면 중국공산당이 이렇게 공식 일간지 1면에 대놓고 광고하지는 않을 것이다. 칼럼은 관료 집단에 충격을 주어 자기만족에서 깨어나게 하려는 시도였을 것이다. 중국은 당의 지배 아래서 한 번도 금융 위기를 겪지 않았고, 중국 안팎의 많은 이들은 대체로 금융 위기가 일어나는 것이 불가능하지는 않더라도 그 가능성은 희박하다고 생각한다. 그렇지만 지금까지 창출된 돈의 양이 중국 금융 시스템에 심각한 문제가 생겼음을 보여주는 유일한 신호는 아니다.

북방명주Pearl of the North*는 완공되면 놀라운 기념물이 될 것이다. 선양 중심부에 자리한 565미터 높이의 이 고층 건물 꼭대기에는 도시의 산업적 유산에 경의라도 표하듯, 용해된 강철을 떠올리게 하는 구체가 박혀 있어 밤에는 황금빛으로 빛날 것이다. 낮 시간에는 건물 외벽에 수직으로 이어지는 늑골 조직이 치터zither와 비슷한 중국 악기 고쟁古箏의 현처럼 보일 것이다. 2018년에 완공되면, 북방명주는 미국에서 가장 높은 건물인 원월드트레이드센터One World Trade Center보다 27미터 높은 건물이 된다.[16] 하지만 북방명주에서 가장 주목할 만한 점은 이 빌딩이 중국 고층 건물 순위에서 5위에 불과할 것이라는 사실이다. 꼭대기에 유리돔을 얹은 우한의 삼각형 빌딩, 몸을 뒤틀며 솟구쳐오르는 용 모양으로 설계한 상하이의 빌딩, 세계에서 가장 큰 스테인리스스틸 파사드를 자랑하는 선전의 빌딩, 다소 난해하게 보석으로 장식한 지팡이 모양으로 설계한 텐진의 빌딩 등이 더 높은 건물이 될 것이다. 2년 뒤에 중국에서 가장 높은 빌딩—쑤저우苏州에 세워지는 729미터 높이의 첨탑 빌딩—이 예정대로 완공되면 북방명주는 6위로 내려앉는다. 이런 초고층 빌딩의 가치는 언제나 새로운 업무 공간을 창출하는 것과는 별로 관계가 없는 언어로 표현된다. "이 상징적인 건물은 국제도시로 발돋움하는 선양의 대담한 진보를 보여줍니다." 북방명주를 건설하고 있는 개발업체의 웹사이트에 있는 문구이다. 개발업체는 만에 하나라도 어긋나지 않게, 공사를 시작하기 전에 풍수의 대가를 초청해서 꼼꼼히 살펴보게 했다. 위치와 방향이 상서로운지 확인하기 위해서

---

* 정식 명칭은 바오녕선양국제금융센터Baoneng Shenyang Global Financial Center.

였다. 하지만 지난 역사를 기준으로 보건대, 북방명주는 번영의 전조라기보다는 아주 커다란 흉조에 가깝다.

역사를 통틀어 세계에서 가장 높은 고층 건물의 건축은 임박해 있던 경제 위기가 발발할 때 이루어졌다. 이런 연관성은 뉴욕에서 — 당대에 가장 높은 건물인 — 142피트 높이의 에쿼터블라이프빌딩Equitable Life Building이 완공됨과 동시에 5년 동안 이어지면서 미국 철도 회사 수십 개를 쓸어버린 것으로 유명한 장기 불황Long Depression이 발생한 1873년의 금융 위기로 거슬러 올라간다. 뉴욕의 엠파이어스테이트빌딩과 크라이슬러빌딩은 1929년 대공황이 강타했을 때 한참 공사 중이었다. 콸라룸푸르의 페트로나스타워Petronas Towers가 완공된 1997년에는 아시아 금융 위기가 동아시아를 유린했다. 그리고 — 현재 세계 최고층 건물인 — 부르즈칼리파Burj Khalifa가 건설 중이던 2009년에 두바이 정부는 이웃한 토후국에 구제금융을 요청할 수밖에 없었다.

중국은 현재 세계에서 가장 높은 빌딩을 짓고 있지 않다. 그 명예는 사우디아라비아의 몫이다. 하지만 고층 건물 건축과 경제 위기의 상관관계를 발견해낸 미국의 은행 전문가에 따르면, 세계에서 가장 높은 건물을 짓는 것이 앞으로 어려운 시절이 닥친다는 사실을 보여주는 유일한 지표는 아니다. 사실 초고층 빌딩이 **한꺼번에** 여러 개가 건설되는 것이 훨씬 정확한 예언 지표이다. 이 글을 쓰는 지금, 중국은 엠파이어스테이트빌딩보다 높은 초고층 빌딩 25개를 짓는 중이다. 그리고 세계 각지에서 건설 중인 초고층 빌딩 100개 가운데 55개가 중국에 있다. 중국은 거대하고 전국적인 초고층 빌딩 건설 붐의 한가운데에 있고, 일부 도시에서는 이런 붐의 축소판이 복제되는 중이다. 선양은 300미터가 넘는 고층 건물을 5개 짓고 있는데, 내가 마지막으로 찾은 2014년에 현지 건축가는 내게 추가로 13개를 지을 계획이라고 말해주었다. (선양은 이미 심판을 받고 있는 것으로 보인다. 2016년, 성도가 선양인 랴오닝성은 불황에 빠져들었다.)

게다가 중국의 초고층 빌딩들은 이례적인 장소에 등장하고 있다. 전통적으로 세계에서 가장 높은 건물은 뉴욕이나 시카고, 홍콩, 두바이 같은 업무 중심지에서 생겨났지만, 오늘날에는 허페이合肥(세계에서 아홉 번째로 높은 건물을 짓는 중이다)나 난닝南宁(열여섯 번째로 높은 건물을 짓는 중이다)같이 중국에서 가장 가난한 성의 성도에서 초고층 빌딩이 올라가고 있다. 보통 고급 업무용 건물에 모여드는 금융 부문도 없고 명문 법률 회사도 없는 선양은 초고층 빌딩이 속속 들어서는 전형적인 유형의 도시가 아니다.

초고층 빌딩 건설이 경제 위기를 알리는 조기 경보 시스템으로 훌륭하게 작동하는 이유를 확실하게 대기는 쉽지 않다. 장기 불황, 대공황, 아시아 금융 위기, 두바이 채무 위기 등은 긴 호황 뒤에 일어났다는 사실 말고는 공통점이 거의 없다. 카나리아가 탄광 붕괴를 알린다는 유명한 이야기처럼, 초고층 빌딩은 경제 생태계의 두 가지 잠재적인 유해 요소들의 존재를 알려주는 것 같다. 호황이 막바지에 다다를 때 넘쳐나는 이 요소들은 다름 아닌 오만과 화폐 과잉이다. 초고층 빌딩을 지으려면 엄청난 비용이 들기 때문에 돈이 필요하고, 또 향후 몇 년 안에 도시에 최고급 업무 공간─승승장구하는 투자은행과 헤지펀드, 로펌 정도만이 임대할 수 있는 공간─공급을 대대적으로 늘린다는 결정은 호시절이 계속될 거라는 대담한 내기를 하는 셈이라 오만이 필요하다. 요컨대, 초고층 빌딩은 그 자체가 금융 위기를 유발하는 것이 아니라 금융 시스템이 노골적으로 투기적인 모험사업에 막대한 액수의 돈을 기꺼이 빌려주는 추세를 보여주는 존재이다. 당대의 지나친 자만으로 포장된 이런 모험사업은 합리적일 뿐만 아니라 정말로 건전한 투자처럼 보인다. 사태가 악화되기 시작하는 것은 이런 동학─신용과 투기의 뒤얽힘─이 경제의 다른 부분들까지 장악하는 순간이다.

류젠펑의 외모는 아무리 봐도 벼락부자들에게 어마어마한 가격의 빈티지 술을 파는 일을 업으로 삼는 사람 같지 않다. 50세인 그는 그 세대가 흔히 그런 것처럼 새치가 있고 치아가 좋지 않다. 키가 큰 데다 팔다리까지 길쭉해 입는 옷마다 몸에 맞지 않고, 볼 때마다 웃는 모습이다. 오랜 세월 여러 직업을 전전한 끝에─한때 화학 공장에서 타당성 조사도 하고, 나중에는 싼샤 댐 건설로 집이 물에 잠기는 사람들의 이주를 돕는 일도 했다─그는 어쨌든 꿈꾸던 일자리를 갖게 되었다.

2014년 내가 류젠펑을 찾아냈을 때 그의 회사는 더 이상 단순한 경매 회사가 아니었다. 그는 호화 호텔 같은 특별한 고객에게 판매할 최고급 백주를 쌓아놓은 거대한 창고를 관리하고 있었다. 그곳에는 일반 대중에게 백주의 진가를 널리 알리기 위해 온라인에서 판매하는 저렴한 백주도 쌓여 있었다. "인구가 13억이기 때문에 아직 이 시장을 접하지 못한 사람들이 많습니다. 시장은 분명 점점 좋아질 겁니다. 이제 첫걸음을 뗐을 뿐이에요."

류젠펑의 창고는 베이징 동남쪽에 있는 4층 건물로 원래는 현미경 부품을 만드는 일본 회사가 소유했던 곳이다. 밤에 건물 주변을 지키도록 풀어두는 독일 셰퍼드 두 마리가 출입구 옆에 갇혀 있었다. 밝게 빛나는 연녹색 콘크리트 바닥과 높은 천장을 따라 노출된 냉난방 파이프 때문에 창고는 컨벤션 센터 무대 뒤편 같은 느낌을 풍겼다. 입구에 다가가기 한참 전부터 독주 냄새가 풍겨왔다. 지하 위스키 저장고에 있는 나무통 냄새가 아니라 순수한 알코올의 알싸한 냄새였다. 류젠펑과 나는 문 바깥에 있는 나무 상자에 전화기를 넣어두었다. 창고 안에서 전화를 받는 것은 휴대전화를 사용하면서 주유를 하는 것보다 훨씬 위험해 보였다.

안에 들어가보니 6단 높이의 격자형 구조물에 병들이 쌓여 있고, 각 단에는 연도와 원산지 표시가 붙어 있었다. 류젠펑은 가장 소중한 발견물을 맨 끝에 있는 철망 울타리 뒤에 보관해두고 있었다. 1950년대에 생산된 마오타이주 병들로 이미 사라진 브랜드의 제품이었고, 공산당이 중국을 장악하기 전에 생산된 펀주 자기병도 하나 있었다. 어느 중국 국영기업의 눈썰미가 좋은 직원 하나가 남아메리카에서 근무할 때 골동품 가게에서 "수출용"이라는 도장이 찍혀 있고 자주색 유약이 발라진 자기병을 발견해 푼돈을 주고 냉큼 산 것이었다. 창고에는 전부 합쳐 10만 병 이상이 보관되어 있었는데도, 류젠펑은 경매 사업을 걱정했다. "오래된 술을 찾는 게 점점 어려워집니다. 사람들이 오래된 백주를 마셔서 경쟁이 점점 치열해지고 이미 많은 물량이 경매에서 팔렸거든요."

하지만 류젠펑은 그냥 앉아서 호시절이 끝나기를 기다리고 있는 건 아니었다. 그는 새로운 경매 품목을 찾기 위해 몇 달마다 동료 몇 명과 여러 성을 돌아다녔다. 1주일 정도 동안 최대한 많은 도시와 소읍을 찾아다녔다. 현지 언론에 미리 광고를 하고 호텔 연회장을 빌려서 현지인들이 진품 감정을 받기 위해 오래된 백주를 들고 오기를 기다리곤 했다. PBS 텔레비전의 〈골동품 로드쇼Antiques Roadshow〉와 별반 다르지 않은 모습이다.

모든 술이 판매용으로 적합한 건 아니다. 가짜도 있고, 어떤 건 상태가 좋지 않아서 투자자가 사려고 하지 않는다. 게다가 일단 류젠펑이 알맞은 술을 찾아내더라도 경매용으로 확보하는 데는 나름의 문제가 있다. 류젠펑이 토로하는 것처럼, 사람들은 낯선 이가 와서 미래의 일정한 시점에 경매에 붙일 테니 마오타이주를 양도하라고 하면 선뜻 내주지 않고 그 자리에서 바로 현금을 달라고 요구한다. 문제는 류젠펑의 회사는 그럴 수 있는 현금을 쌓아놓고 있지 않고, 어떤 은행도 그에게 선뜻 대출을 해주려고 하지 않는다는 것이다. "은행들은 대개 절대 무너지는 법이 없는 국영기업에 대출을 해줍니다. 우리 같은 사기업은 대출받기가 훨씬 어려워요. 그렇지만 은행들은 우리 같은 회사를 위해 자산 관리 상품은 발행해주죠."

2010년 이래 은행들은 자산 관리 상품을 팔아 류젠펑에게 4억 위안을 모아주었다. 류젠펑은 이 자금을 사용해 마오타이주 주인들에게 선금을 지불했다. 술이 팔리고 나면, 자산 관리 상품을 샀던 사람들이 결국 자기 돈을 돌려받고—보통 투자한 돈에 10퍼센트를 얹어서 받는다—마오타이주 주인들이 나머지를 받는다. 하지만 중요한 것은 이 시스템이 마오타이주의 가치가 계속 오른다는 기대를 전제로 삼는다는 것이다. 류젠펑은 이것이 문제라고 생각하지 않았다. "처음에 은행들은 오래된 마오타이주의 가치를 의심했지만 이제는 그렇게 의심하지 않습니다." 이제는 은행들이 점차 그에게 자금을 제공하겠다고 먼저 접근한다면서 그가 말했다. "리스크 같은 건 없어요."

우리는 "자산 관리 자금이 실물경제가 아니라 공허한 투자로 들어가는 것을 막아야" 한다.[17] 중국 금융 규제 기관의 수장을 지낸 상푸린尚福林은 이렇게 말했다. 합당하게 들리기는 해도 상푸린이 요구한 것은 불가능에 가까운 일이다. 중국 실물경제의 핵심에 자리한 많은 기업들―중국 경제 기적의 토대를 마련한 제조업과 공업 기업들―은 돈을 빌릴 필요가 전혀 없다. 사실 많은 산업이 설비 과잉에 시달리고 있다. 다른 산업들은 외국과의 경쟁 때문에 압박을 받는다. 노동, 토지, 에너지 등의 비용 상승은 모두 심각한 피해를 야기한다. 오랫동안 이윤이 너무 적은 탓에 다수의 기업 소유주들은 자기 회사에 더 이상 투자할 가치를 느끼지 못한다.

그렇다고 신용이 아예 필요 없다는 말은 아니다. 기반 시설과 주택 건설 프로젝트에는 여전히 차입이 이루어지며, 주택을 사려는 가구들도 돈을 빌린다. 많은 기업들은 공장 시설을 개선하거나 자동화하기 위해 대출을 필요로 하며, 로봇공학이나 반도체 같은 산업은 첨단 기술 부문을 발전시키려는 베이징 당국의 계획 때문에 빚을 떠안고 있다. 하지만 모든 것을 고려할 때, 실물경제는 현재 금융 시스템이 제시하는 규모의 신용 대출을 전혀 필요로 하지 않는다. 실제로 많은 중국 사업체는 전망이 좋지 않아서 투기적인 활동으로 점차 이동하고 있다. "대부분의 큰 제조업체들은 어느 정도 부동산에 관여하고 있다."

2013년 전前 중국농업은행 수석 경제학자인 상송쥐向松祚는 이렇게 썼다. "많은 기업들의 매출이 정체되고, 사업이 어려우며, 수익을 벌 수 있는 능력이 크게 떨어지면서 점점 더 많은 제조업체들이 부동산이나 금융 투자에 관여함으로써 손실을 보전하기 시작했다."[18]

중국인들은 이런 현상을 "퉈시샹쉬脱实向虚," 즉 "현실을 버리고 공허를 좇는다"고 표현한다. 마찬가지로, 이 현상은 금융 투자—부동산이든 다른 어떤 금융 도구든—수익이 실물경제 수익을 앞지르는 경제의 금융화라고 볼 수 있다. 선도적인 위치의 산업체들과 제조업체들은 이제 자금을 사업에 재투자하는 대신 금융권에 집어넣는다.

실제로 이런 활동은 여러 형태를 띤다. 일부 기업은 부동산 개발 부문을 설립한다. 가령 막대한 부채를 진 국영 기계 제조업체인 얼종은 더양 공장에서 차로 세 시간 거리인 청두 외곽에 중산층용 고층 아파트 단지를 지었다. 다른 기업들은 신축 아파트를 구매하는 식으로 주택 투기를 한다. 일부 기업은 특히 저리 대출을 얻을 수 있는 경우에 다른 기업에 대출을 해준다. 또 다른 기업들은 자산 관리 상품과 신탁 상품에 돈을 투자한다. 그리고 적어도 몇몇 사례를 보면, 금융 서비스업을 전혀 해보지 않았던 많은 기업가들이 금융 회사를 설립하고 있다. 예를 들어 어느 철강 무역업체는 P2P 플랫폼을 설립했는데, 현재 단기 대출을 해주는 사람들에게 연 수익 20퍼센트를 제시하고 있다. 선전의 부동산 개발업체는 티벳 은행들에 쌓인 악성 채무를 처리하는 회사를 설립했다.[19] 또 한 바지 제조업체는 은행 설립 허가를 신청했고, 몇 년 동안 손실을 기록하던 한 광업 회사는 재창업의 일환으로 자동차 리스 회사를 사들였다.

최근 몇 년 사이에 틈새 금융 회사의 수 역시 폭발적으로 증가했다 —규제라는 장애물이 거의 없었기 때문이다. 2015년 말 현재, 중국의 금융 리스 회사는 7,100개가 넘는데, 이 수치는 전년도에 비해 2,600 개가 늘고, 경제 성장세가 둔화되기 시작한 2012년과 비교하면 11배 증가한 것이다.[20] 2016년 말 P2P 플랫폼의 수는 4,500개로, 경제 성장 세가 둔화되기 시작한 4년 전에 200개에 불과했던 것에 비하면 크게 늘어난 것이다.

한편 발매된 자산 관리 상품의 규모는 2015년에 56퍼센트, 2016년 에 약 20퍼센트 증가했다. "지금은 국영기업이고 사기업이고 할 것 없 이 모두들 금융에 손을 댑니다." 2017년 중반 시노펙[Sinopec, 中国石油化 工集团公司] 전 회장인 푸청위[傅成玉]가 한 말이다. 그는 중국 경제는 이미 "공허해졌다"며 격언을 변용해 말했다. "금융업 허가가 없는 기업들은 모두 신청하려고 합니다. 허가만 받으면 금세 부자가 될 수 있으니까 요. 실물경제는 경쟁할 수가 없어요."[21]

아이러니하게도, 경제 성장세가 둔화되면 금융 서비스에 대한 수요 도 줄어들어야 한다. 하지만 중국에서는 이 수요가 계속 팽창한다. 실 물경제가 신용을 요구하기 때문이 아니라 어디에든 투자를 해야 하는 돈이 너무 많기 때문이다.

"화폐 공급이 빠르게 확대됨에 따라 막대한 양의 자금이 금융 시스 템으로 다시 순환해 들어갔고, 실물경제에는 큰 규모의 유동성이 전 혀 유입되지 않았으며 (……) '현실을 버리고 허상을 좇는' 추세가 점 점 강해졌습니다."[22] 전국인민대표대회 금융경제위원회 부주임 인종 칭이 2017년 중반에 한 말이다. 인종칭은 현재 금융 서비스가 중국 국내총생산의 9퍼센트 가까이를 차지해서 미국을 앞질렀다고 지적했다. (2015년 현재, 금융과 보험은 미국 경제의 7.2퍼센트를 차지했다.)[23]

그렇다면 이 모든 신용은 어디로 가는 걸까? 무엇보다도 분명한 것은 자산 가격을 부풀리는 쪽으로 가고 있다는 것이다. 신용 덕분에 부동산 개발업자들은 땅값을 점점 더 비싸게 치를 수 있게 되고, 이로 인해 토지 가격이 상승한다. 또한 은행들은 산업 경제에서 좋은 기회가 점점 줄어들기 때문에 주택 구입자들에게 더 많은 돈을 빌려주고, 그 결과 주택 가격이 상승한다. 그리고 국가 대부자, 신탁회사, 자산 관리 상품 등에서 대출된 돈으로 무려 1조 2,000억 달러 상당의 주식이 매입된 뒤, 신용 때문에 2015년 주식 거품이 더욱 부풀려졌다.[24] 하지만 가격이 오를수록 안정성은 더욱 떨어진다.

내가 류젠펑을 처음 만나고 나서 5년이 지났을 때, 나는 마침내 그의 권유를 이기지 못하고 오래된 백주 한 병을 따게 내버려두었다. 그는 2000년산 죽엽청주는 "여자들도 좋아한다"면서 외국인이 이 정도에 손사래를 치면 안 된다는 뜻을 넌지시 비쳤다. 죽엽청주는 주류전문점에서 신상품이 58위안에 팔리는 술이었다. 류젠펑이 보여준 안내서에 따르면, 16년 묵은 병은 1,188위안 정도였다. 그 놀라운 가격은 제쳐놓고, 죽엽청주는 뜻밖의 기쁨을 안겨주었다. 은은한 노란색의 술은 부드럽고 감미로웠다. 류젠펑은 짜릿하면서도 향긋한 맛이라고 설명했지만, 풋내기인 내 미각으로는 풍미를 전부 느끼기가 어려웠다. 우리는 점심을 먹으며 약간 목을 축이기만 했는데, 류젠펑은 내가 아무리 거절을 해도 남은 술을 가져가라고 강권했다. 내가 내 차를 운전해주는 기사에게 선물로 건네니 그가 무척 고마워했다.

류젠펑은 빈티지 백주의 전망에 대해 여전히 열광적이었지만, 시장 밑바닥에서 민주화를 위해 노력하는 데 더 많은 시간을 보내고 있었다. 시진핑 주석이 개시한 부패 척결 운동이 예상보다 훨씬 오래 이어지면서 이제 사람들은 1만 달러가 넘는 백주를 마시는 모습을 보이고 싶어하지 않았다. 적어도 류젠펑의 설명에 따르면 그랬다. 실제로 경매 산업 전체가 애를 먹고 있었다. 대금을 치러야 하는 때가 되었을 때 낙찰자가 입찰을 취소하는 일이 빈번했다. 시장의 큰 부분을 차지하는 민간 기업가들은 경제 성장세가 둔화되면서 점차 자금 압박을 받고 있었다. 류젠펑은 여전히 1980년대산 마오타이주 한 병이 7만 위안에 낙찰될 것이라고 생각했지만, 그런 생각을 직접 시험해볼 만큼 자신만만하지는 않았다. 그는 2014년 이후로 빈티지 마오타이주 경매를 열지 않고 있다.

투기 자산 외에도 끊임없이 팽창하는 금융 시스템에 의해 창출된 신용이 흔히 예상되는 부문—기반 시설, 주택, 중공업—으로 계속 흘러들어가면서 신규 투자가 촉진될 뿐만 아니라 부채를 갚을 수 없는 기업들이 계속 지급 능력을 유지하고 있다. 돈이 많이 있는 한—그리고 돈을 빌려주는 서로 다른 금융기관들이 많이 있는 한—지방정부와 특히 개발업체들은 새 빚을 얻어 옛 빚을 갚으면 된다.

신탁회사, 증권회사, 자산 관리 상품 등을 활용해서 자금을 조달하는 북방명주 개발업체—전국 곳곳에서 사무실, 쇼핑몰, 주택을 건설하는 회사—는 이례적인 경우가 아니다. 이 업체는 온라인 금융 리스

회사의 지분을 소유하고 있는데, 이 회사를 이용해서 일반 대중으로부터 개발 프로젝트 자금을 조달한다. 그리고 중국에서 가장 빠르게 성장하는 보험사 1곳의 지분도 20퍼센트 갖고 있는데, 이 보험사는 생명 보험 보험료에서 모은 돈을 개발업체의 프로젝트에 투자한다. (이 개발 업체는 자산 관리 상품을 통해 모은 자금으로 다른 개발업체에 대한 적대적 인수에 착수했다.) 이 모든 신용의 원천 덕분에 개발업체는 자유자재로 한 대부자에게 돈을 빌려 다른 대부자에게 상환할 수 있다.

이런 시스템—기업이 기존 부채를 신규 부채로 맞바꾸고, 금융기관이 투기성 투자에 대출을 내주는 시스템—은 충분한 현금이 존재하는 한 효과적으로 작동한다. 지금까지는 중국인민은행이 충분한 현금 흐름을 보장하는 데 아주 협조적이라는 게 판명됐다. 그런데 만약 갑자기 현금이 부족해진다면 어떻게 될까? 금융 위기는 악성 부채 때문에 야기되는 게 아니다. 전통적인 예금 인출 사태bank run와 마찬가지로, 위기는 사람들이 집단적으로 이제 더는 자기 돈이 안전하다고 믿지 못할 때, 그래서 어디에 투자한 돈이든 모조리 빼내려고 몰려갈 때 발생한다. 사람들이 신뢰를 잃은 것은 은행이 너무 많은 악성 부채를 짊어지고 있다고 걱정하기 때문이겠지만, 한 은행이나 금융 시스템 전체의 생존 능력을 훼손하는 것은 그처럼 자금을 인출하는 행동이다.

이와 같은 신뢰의 상실이 겉으로 드러나는 가장 단순한 형태가 예금 인출 사태다. 지미 스튜어트Jimmy Stewart의 영화 〈멋진 인생It's a Wonderful Life〉을 보면, 사람들이 은행 지점 앞에 줄을 서 있는 모습을 보고 다른 사람들도 앞 다퉈 줄을 서면서 결국 은행의 현금 보유고가 바닥난다. 이제 은행은 자기 돈을 돌려달라는 예금자의 요구를 충족하지 못한다. 하지만 중국은 전통적인 예금 인출 사태에 대처하는 데 아주 능숙해졌다. 2014년, 장쑤성에서 지역 지하 금융업자와 규제받지 않는 대부업체들이 여럿 파산한 뒤 지방 은행 2곳이 3일 동안 예금 인출 사태를 겪었다. 지역 은행들도 똑같은 문제에 노출되어 있다는 소문이 퍼졌던 것이다. 중국인민은행은 지점들에 신속하게 현금을 보내주었다. 은행 측은 불안감을 진정시키기 위해 창구 직원 뒤편에 갓 운송된 현금 다발을 쌓아놓았다.[25]

현대적이고 더 위험한 형태의 예금 인출 사태는 은행들 사이의 신뢰가 무너져서 서로에게 계속 대출하는 것을 거부할 때 벌어진다. 이런 사태 때문에 2008년에 리먼브라더스Lehman Brothers가 파산하고 미국 금융 시스템이 순식간에 위기에 빠져들었던 것이다. 미국 그림자 금융 시스템의 기이한 점은 은행들이 대부 활동의 자금을 마련하기 위해 서로로부터의, 그리고 다른 금융기관―헤지펀드 등―으로부터의 차입에 의존하게 되었다는 것이다. 설상가상으로 은행들은 아주 단기간 동안, 대개 하룻밤 동안 서로에게 대출을 해주었다.

리먼브라더스는 만기가 도래하는 채무를 항상 새로운 채무로 대체할 수 있는 능력에 의존했다. 동료 투자은행들이 리먼에 대한 신뢰를 잃고 대출을 중단했을 때, 리먼은 대출을 상환할 자금이 없었다. 은행들 사이에 복잡하게 상호 연결된 대부 관계 때문에 한 곳이 지급불능 상태가 되자 시스템 전체에 걸쳐 신뢰가 무너지는 도미노 효과가 나타나면서 다들 서로에 대해 대출을 중단하게 되었다. 그러면서 은행들 사이에서만이 아니라 은행부터 나머지 경제 부문에 이르기까지 신용이 경색되어 글로벌 무역의 흐름이 막히고, 미국 기업들이 파산 일보 직전으로 내몰렸으며, 미국 경제가 움츠러들기 시작했다.

중국의 금융 시스템은 점차 리먼브라더스 파산 사태 이전의 미국 시스템과 비슷해지고 있다. 은행들은 서로에게, 그리고 자산 관리 상품—이것을 활용해서 그림자 금융 대출을 한다—에 의존해서 자금을 조달하기 때문에 리먼 사태같이 시스템에 대한 신뢰가 무너지면 그림자 금융을 통해 확대된 엄청난 액수의 신용이 곧바로 경색될 것이다. 그렇지만 중국에서는 이런 일이 발생할 가능성이 미국에 비해 훨씬 낮다.

중국의 금융 시스템은 자유 시장경제의 시스템과 근본적으로 다르다. 중국 시스템이 훨씬 더 안정된 것처럼 보일지 모르지만, 그 안정성은 설계가 더 훌륭해서 생긴 결과가 아니다. 오히려 정반대다. 중국 은행들은 악성 부채로 가득하고, 그림자 금융의 불투명성은 규제를 어렵게 만들며, 걸핏하면 (낮은 수준이긴 하나) 대규모 사기 사건이 벌어지고, 은행과 그림자 금융 기관들이 복잡하게 뒤얽힌 대부 관계 때문에 한 곳에 문제가 생기면 쉽게 시스템 전체가 전염된다.

다른 나라들에서도 금융 시스템을 떠받치는 신뢰—대중과 은행 사이의, 그리고 은행들 사이의 신뢰—는 이미 오래전에 잠식되었다. 하지만 중국에서는 금융 안정성이 은행들의 상대적인 건전성과 탄탄한 경영에 근거하지 않고, 시스템의 안정성을 보장하기 위해 필요하면 언제든 정부가 개입할 것이라는 믿음에 바탕을 둔다. 베이징 당국은 거듭된 개입으로 이런 믿음을 뒷받침했다. 대부분의 국가 경제에서 정부의 개입은 대체로 금리를 바꾸거나 화폐를 찍어내는 데 국한된다. 하지만 베이징 당국은 국가권력을 훨씬 더 광범위하게 행사한다.

2015년 주식시장이 붕괴했을 때, 베이징 당국이 개입해서 궤멸을 중단시키기 위해 활용 가능한 갖가지 권한을 행사했다. 당국은 일군의 대형 국영기업들 — 이른바 "국가대표"라고 알려지게 된다 — 을 동원해서 막대한 양의 주식을 사들였고, 이 기업들은 최후의 구매자로 자리를 잡았다. 결국 기업들은 1조 5,000억 위안을 들여 주가가 더 이상 떨어지지 않도록 막았다.[26] 펀드 매니저들은 주식을 매수하기만 하고 매도는 하지 말라는 압력을 받았다. TV와 라디오 방송국은 보도 논조를 누그러뜨리고 "폭락"이나 "붕괴"같이 어감이 센 단어를 사용하지 말라는 지침을 받았다. 주식시장에 관한 "소문을 퍼뜨린다"는 혐의로 사람들이 체포되었다. 중국에서 손꼽히는 금융 잡지 『차이징Caijing, 财经』이 "국가대표"가 개입을 중단할 계획이라고 보도하자, 그 기사를 작성한 기자는 체포되었고, 구금 상태로 방송에 나와 사과했다. "그렇게 민감한 시기에 시장에 부정적인 영향을 크게 미치는 보도를 하지 말았어야 했습니다. 단지 관심을 끌기 위해 국가와 투자자들에게 그렇게 큰 손실을 야기하는 짓을 하는 게 아니었습니다."[27]

바로 여기에 중국의 강점이 있다. 베이징 당국이 안정을 유지하기 위해 책임을 다한다는 점에 대해서는 누구도 의문을 갖지 않는다. 베이징 당국은 — 국영기업에 주식 매입을 요청하거나 여론을 조성하는 등 — 활용 가능한 모든 수단을 기꺼이 동원하기 때문에 중국이 금융위기를 겪을 것이라는 예상은 언제나 공상에 불과한 것처럼 보였다. 하지만 이런 현실은 중국의 아킬레스건이기도 하다. 중앙 당국이 안전망을 제공하리라는 것을 알고 금융기관들이 안도하는 가운데 금융 시스템은 점점 몸집이 커지고 복잡해지고 위험성이 높아지고 있다. 게다가 더욱 심각한 문제는 때로 베이징 당국이 통제력을 상실한다는 것이다.

나무가 하늘까지 자랄 수는 없는 법

2014년 말, 나는 뜬금없이 파키스탄으로부터 마수드섬유공장Masood Textile Mills에 연락을 해보라는 이메일을 받았다. 몇 달 전, 중국의 섬유·의류 제조업체인 산둥루이과학기술그룹Shandong Ruyi Science and Technoloyg Group, 山东如意科技集团이 6,200만 달러에 마수드의 지배권을 사들이는 거래에 서명했었다. 하지만 9개월 뒤 중국 기업은 일방적으로 거래를 취소했다.

루이는 호시탐탐 한탕을 노리는 업체가 아니다. 이곳은 중국에서 가장 평이 좋고 기술적으로 앞선 섬유 제조업체로 손꼽힌다. 방적사를 생산하는 축구장 크기의 건물에서는 사람의 모습을 찾아보기 어렵다. 직원들은 전동 골프 카트로 시설을 돌면서 거의 완전히 자동화된 공장을 아이패드로 모니터한다. 바로 옆에 있는 건물에서는 노동자들이 아르마니Armani와 카날리Canali에 납품할 수트를 생산하고 있다. 회사는 수억 달러를 들여서 일본과 유럽의 의류 브랜드, 그리고 오스트레일리아에서 면화와 양모를 생산하는 농장을 사들였다.

상하이 바로 남쪽 산둥성에 있는 루이 본사를 방문했을 때*, 회사 간부들은 파키스탄에서 사업을 하는 게 어려워서 거래를 취소하기로 결정했다고 넌지시 말했다. (시진핑 주석은 이슬라마바드에서 대규모 반정부 시위가 벌어지는 바람에 원래 9월로 예정됐던 파키스탄 방문을 연기해야 했다.) 하지만 내가 마수드의 최고경영자인 샤히드 나지르$^{Shahid Nazir}$와 만났을 때, 그는 루이 측에서 자기에게 한 해명은 전혀 다르다고 이야기했다. 나지르에 따르면, 루이 쪽 인사들은 정부로부터 거래 승인을 받긴 했지만 은행 대출을 받지 못했다고 이야기했다. "산둥성 은행들에 채무 불이행과 관련된 심각한 문제가 생겼다고 하더군요." 나지르가 루이 간부들에게 들은 이야기를 전했다. "산둥성의 전반적인 상황 때문에 (……) 성의 많은 기업들이 압박을 느끼고 있답니다."[28]

산둥성은 활력이 넘치는 지역이다. 경제 규모가 광둥성과 장쑤성에 이어 중국에서 3위를 달리고 있으며, 인구는 1억 명으로 인구상으로 가장 큰 성 가운데 하나로 손꼽힌다. 그렇지만―루이가 거래를 취소하기 전 3개월인―7월부터 9월까지 성의 "전반적인 상황"을 보면 신용이 경색되고 있었다. 전에도 신용 경색이 일어난 적은 있지만, 그건 티베트같이 가난한 주변부 경제의 일이었고, 중국 중심부에서는 아니었다. 부채는 성장을 추동한다. 어떤 성 정부도 자진해서 수도꼭지를 잠그려고 하지 않는다. 따라서 이런 예상치 못한 사태 때문에 은행들이 공황 상태에 빠지고 있는 듯 보인다.

2014년 4월 무렵부터 당국은 경치 좋은 해안 도시 칭다오에 있는 산둥성 최대의 항구에서 사기 사건을 조사하기 시작했다. 나라 반대

---

* 루이 본사는 지닝^{濟寧}에 있으며, 북쪽의 베이징과 동남쪽의 상하이 중간에 있다. 지은이의 착오로 보인다.

편에서 한 부패한 관리와 그의 일당을 조사하던 공산당 규율 책임자들은 결국 칭다오 항구의 창고에 보관된 금속 — 특히 구리와 알루미늄 — 재고량까지 수사하게 되었다. 이 재고량은 대출 담보로 사용되고 있었지만(흔한 관행이었다), 조사 결과 똑같은 비축 금속이 여러 금융기관에 중복으로 담보로 사용되었다는 게 밝혀졌다. 관련된 대출 규모만 수십억 달러에 달했다.[29]

6월이 되자 은행들이 앞다퉈 담보물을 확보하려고 하면서 법정 소송이 쉴 새 없이 터져 나왔다. 은행들은 신경과민에 빠졌고, 생각지도 못한 손실에 직면하자 금속 사업에서 손을 뗐다. 신용 대출이 막힌 기업들은 현금을 손에 넣기 위해 보유한 금속을 헐값에 팔아치웠다. 금속 수입이 감소했고(경제학자들은 중국이 대출 담보로 활용하기 위해 필요한 것보다 훨씬 많은 금속을 수입한다고 말한다), 구리를 비롯한 금속의 국제가격이 떨어졌다. 산둥성 은행들이 보유한 악성 부채가 50퍼센트 이상 증가해서 1,000억 위안에 육박했고, 그해 하반기 은행들의 수익은 전년도에 비해 25퍼센트나 감소했다.[30]

하지만 결과적으로 장기적인 상처는 전혀 남지 않았다. 대출은 금세 반등했고, 마수드는 중국의 다른 매입자를 찾았으며, 루이는 해외 매입 잔치를 재개하면서 2016년에 몇 개의 프랑스 패션 브랜드를 손에 넣었다. 무엇보다도 악영향은 산둥성의 두 항구에 국한되었다. 하지만 상황은 다르게 전개될 수도 있었다. 중국으로 수입되는 구리와 금속 합금 가운데 칭다오를 통해 들어오는 것은 2퍼센트에 미치지 않는다. 만약 금속 수입품의 80퍼센트 가까이가 들어오고 담보 대출이 엄청나게 더 많은 상하이에서 사기 사건이 밝혀졌다면, 그 결과는 훨씬 심각

했을 것이다.[31]

지금까지 중국 당국은 그들 앞에 닥친 모든 도전을 어떻게든 해결해왔다. 하지만 금융 시스템이 점점 커지고 복잡해지며 빚을 기반으로 삼고 투기적으로 바뀜에 따라 언뜻 사소하고 작아 보이는 충격에서 생기는 도미노 효과가 예상치 못한 방식으로 순식간에 확산될 수 있다. 아마 가장 커다란 위험은 베이징 당국 스스로 무심코 어떤 행동을 해서 금융 위기를 야기할지도 모른다는 것이다. 부패 척결 운동이 결국 광범위한 금융 사기를 폭로하는 결과로 이어진 것처럼, 이런 위험성도 그 앞날을 전혀 예상할 수 없다. 또는 어쩌면 통화가치 하락 압력 때문에 베이징 당국이 위안화를 평가절하하고, 이런 상황을 제대로 관리하지 못해서 통화가치 하락 국면이 악화되면 결국 대중은 금융권에서 돈을 빼내 해외로 옮기려 할 수도 있다. 아니면 베이징 당국이—신용 확대에 고삐를 죄거나 대출의 질을 관리해—신규 화폐 투입을 부문별로 조절하는 식으로 금융 시스템을 규제하려 들지도 모르지만, 이런 결정은 그 파급력을 오판하는 조치가 되어 결국 자산 거품이 터지거나, 아니면 그림자 금융이 무너지면서 복잡하게 연결된 금융 시스템 전체에 걸쳐 공포와 악영향이 확산될 것이다.

이 시나리오들은 대부분 지난 몇 년 동안 이런저런 형태로 나타났고, 베이징 당국은 초기에 나타난 나쁜 영향이 보다 심각한 상황으로 확대되는 것을 막을 수 있었다. 하지만 결국에는 당국이 아무리 전력을 기울여도 물결을 저지하지 못하는 때가 올지 모른다.

국제통화기금IMF은 중국 금융 시스템이 점점 불투명하고 복잡해짐에 따라 "취약 지점을 찾기가 어렵고 적재적소에 지원을 하기가 더 어려울 것"이라고 걱정한다.[32] 다시 말해, 베이징 당국은 자신의 구제 노력이 결국 잘못된 시점에 잘못된 공간에서 잘못된 행동을 하는 결과가 될 위험을 무릅쓰고 있는 셈이다. 결국 거대한 규모와 속도로 사태가 벌어져서 중앙정부도 제대로 손을 쓰지 못하고, 전체 시스템의 안정성을 떠받치는 근원적인 신뢰가 공황 상태에서 허물어질 위험성이 있다.

이런 규모의 위기가 어떤 모습으로 나타날지 단언하기는 쉽지 않다. 은행들이 서로 연결되어 있는 상황을 감안할 때, 비록 지금까지는 베이징 당국이 은행들끼리 서로 대출을 실행하도록 강제할 수 있다는 것이 드러났지만, 리먼 식의 위기가 발생할 가능성을 완전히 배제하기는 어렵다. 또는 대중이 신뢰를 잃을 수도 있다. 금융 시스템의 핵심에 자리한 4대 은행에 대한 신뢰는 확고한 반면, 중소 은행들—주변부에 존재하는 수백 개의 지방 협동조합, 지방 상업 은행, 도시 상업 은행 등—에 대해서는 신뢰가 탄탄하다고 말하기 어렵다. 이 은행들은 악성 부채가 더 많고 그림자 금융에 대한 의존도가 높으며, 대형 은행처럼 제대로 관리되지 못하고 대출 증가 속도도 훨씬 더 빠르다. 그리고 이 은행들을 떠받치는 지방 당국들도 대부분 재정적 곤란에 빠져 있다. 어떤 일—통화의 평가절하, 광범위한 사기 적발, 거품 분출, 금융기관의 파산 등—이 발생하기만 하면 순식간에 중소 은행들이 발행한 자산 관리 상품의 인출 사태가 벌어지는 상황을 충분히 예상할 수 있다. 사람들이 언제든 예금한 돈을 인출해서 안전한 4대 은행으로 옮기려 할 것이기 때문이다. 전체적인 결과로는 저축이 여전히 금융 시스템 안에 남아 있겠지만, 중소 은행과 그림자 금융 기관들이 담당하는 경제 부문에서는 신용 경색이 나타나서 자산 가치가 떨어지고 은행 간 관계망 전체에 고통이 물결처럼 퍼질 것이다. 결국 건전한 은행이나 건전하지 못한 은행이나 다 같이 영향을 받아 경기 불황이 촉발될 것이다.

물론 중국은 심각한 금융 위기를 그럭저럭 피할 수도 있고, 위기가 일어날 정도로 바로 코앞에 닥쳐 있는 상황이 아닐 수도 있다(그렇지만 일전에 미국 경제학자 루디 돈부시Rudi Dornbusch가 말한 것처럼, "위기는 당신이 생각하는 것보다 다가오는 데 훨씬 오랜 시간이 걸리지만, 당신이 생각한 것보다 훨씬 빠르게 벌어진다").[33] 그렇다 하더라도 베이징 당국이 관리하는 금융 시스템은 점점 취약해지고 있으며, 이 시스템의 단기적 안정성은 유지되는 가운데 가까운 미래에 더 큰 문제가 발생할 요인이 점점 축적되고 있다.

중앙은행은 은행 시스템을 괴롭히는 악성 부채의 늪을 없애기 위해 계속 점점 더 많은 돈을 찍어내야 한다. 경제성장을 유지하기 위해 신용이 계속 증대되어야 하지만, 전에 비해 중국에서 생겨나는 부채가 단위당 창출하는 경제 활동은 줄어들고 있다. 이론상으로 베이징 당국은 부채를 창출하는 영구 기관이 무한정 지속되게 만들 수 있지만, 새로 생겨나는 화폐는 결국 투기성 거품을 키울 뿐이다. 달리 돈이 흘러들어갈 곳이 없기 때문이다. 거품이 터지는 것을 막고 신뢰를 유지하기 위해 중앙은행은 훨씬 더 많은 돈을 찍어낸다. 그러는 가운데 금융 시스템의 규모와 복잡성이 커짐에 따라 모종의 심각한 사태가 발생할 가능성은 더욱 높아진다.

시진핑의 경제 보좌관으로 추정되는 "당국 인사"가 『인민일보』 인터뷰에서 전염을 경고했을 때, 그는 그 전염이 어떤 형태로 나타날지 자세히 설명하지 않았지만, 중국 경제 문제의 치료책으로 신용과 화폐 공급이 계속 확대되게 내버려두면 어떤 일이 생길지는 분명히 밝혔다. "나무가 하늘까지 자랄 수는 없는 법이다. 상황을 통제하지 않으면 시스템 차원의 금융 위기가 발발해서 경제 불황으로 이어질 수 있으며, 인민들이 쌓아놓은 모든 희망은 산산조각 날 것이다."[34]

그렇지만 현 시점에서는 좋은 해결책이 전무하다. 시스템이 작동하는 방식을 더 안전하고 지속 가능하게 바꾸면 결국 성장 속도가 현저하게 느려질 것이고, 현 시스템을 정화하는 데에는 비용이 많이 들 것이다. 당국이 상황이 감당 불가능할 정도로 나빠지게 내버려두지 않을 것이며, 궁극적으로 막대한 혼란을 일으키지 않고도 점점 위험해지는 상황을 처리할 것이라고 믿으려는 경향이 ―중국 안팎에― 여전히 존재한다. 하지만 이렇게 생각하려면 고위 지도부가 어떤 종류의 개혁이 필요한지 뚜렷한 상을 갖고 있을 뿐만 아니라 이 개혁을 끝까지 밀어붙이려는 의지와 실행할 수 있는 권위까지 있다고 가정해야 한다. 바로 이 마지막 요소가 가장 큰 과제를 제기한다. 정부와 관료 집단, 국유 산업 전체에 걸쳐 변화에 대한 저항이 뿌리 깊이 박혀 있다. 이런 저항을 극복하는 것은 고위 지도자들이 처음에 기대한 것보다 훨씬 더 어렵다는 사실이 드러나고 있다.

7장

개혁에 대한 저항

1990년대 초, 중국은 자신들의 가장 큰 공중보건 문제로 손꼽히는 요오드 결핍증의 근절을 목표로 삼았다. 요오드는 바닷물에서 자연적으로 생성되며 해안 지역에서 생산되는 음식에 포함되어 있기 쉽지만, 역사적으로 내륙 깊숙한 곳에 사는 사람들은 식품에서 요오드를 충분히 섭취하지 못했다. 요오드는 미량만 필요하지만, 그 미량이 없으면 뇌 발달이 심각하게 지체될 수 있다. 또한 요오드 결핍은 갑상선이 커져서 목 주변이 부풀어오르는 갑상선종을 유발할 수 있다. 세계보건기구WHO에 따르면, 1995년에 8~10세 사이의 중국 아동 가운데 무려 20퍼센트가 요오드 결핍 증세를 나타냈다.

이듬해에 베이징 당국이 내놓은 해법은 식염의 생산과 유통을 정부가 독점하겠다는 것이었다. 이런 독점에는 어느 정도 역사가 있었다. 중국은 2,600여 년 동안 간헐적으로 소금 전매를 유지했었다. 그 시기

대부분 동안 전매제도는 일종의 판매세 역할을 해서 때로는 제국 세입에서 무려 절반을 차지했다.[1] 민간 소금 상인들은 상당한 액수의 돈을 국고에 쏟아붓는 대신 황제로부터 독점권을 받았다. 자유 시장에서 받을 수 있는 것보다 높은 가격을 매겨서 소금을 팔았기 때문에 이런 일이 가능했다. 소금이 사람들이 돈을 주고 사야 하는 몇 안 되는 물품의 하나—인체는 요오드뿐 아니라 소금도 소량 필요로 한다—인 농업경제에서는 이런 전매제가 제대로 작동했지만, 경제가 도시화·산업화됨에 따라 더 수지맞는 과세 원천들이 등장했다. 1990년대에 이르면 소금은 중국의 세금 기반에서 사소한 일부분에 불과했다.

하지만 20세기에 들어와 소금은 대중이 먹는 식품에 요오드를 공급하는 재료로 널리 인정받게 되었다. 중국공산당은 권력을 잡자마자—경제의 나머지 부문과 함께—소금 산업을 국유화해 요오드 결핍증을 처리하는 데 일부 진전을 이루었다. 1989년, 내륙 지방인 간쑤성—중국에서 제일 가난하고 접근이 힘든 서부의 성으로 손꼽힌다—에서 소비되는 소금의 약 90퍼센트에 요오드가 첨가되었다. 하지만 베이징 당국이 경제에 대한 국가 통제를 완화하기 시작하면서 사기업들이 소금 생산과 판매에 관여하게 되자 그 비율이 감소했다. 상인들이 원칙을 무시하고 국가에서 정한 가격보다 싸게 팔면서 2년 만에 간쑤성에서 소비되는 소금의 60퍼센트에만 요오드가 첨가되었다.[2]

공중보건상의 위기에 직면한 베이징 당국은 옛 제국 시대의 소금 전매제를 부활시켰다. 이제 인가를 받은 기업만이 식용 소금을 생산할·수 있었다. 암염이든 지하 광천에서 추출한 해수염이든, 해수 천일염이나 염호 증류염이든 전부 인가를 받아야 했다(현재 인가받은 생산업체는 100여 개이다). 이후 생산업체들은 특별히 판매권을 받은 국영 유통업체에만 소금을 판매해야 했는데, 이 유통업체들은 할당받은 특정 지역에서 소금 운송을 독점하고 소금을 포장해서 슈퍼마켓을 비롯한 소매업체에 판매했다. 전매제 덕분에 결국 전매 집행에만 전념하는 "소금 경찰" 2만 5,000명을 비롯해서 40만 명의 노동력이 생겨났다.

무엇보다도 전매제는 고정 가격 체제를 통해 자금을 조달했다. 2016년 현재, 장소에 따라 가격이 약간 다르긴 하지만, 일반적으로 생산업체들은 톤당 500위안(생산 비용을 넉넉히 상회하는 값이다)에 유통업체에 넘기고, 유통업체는 슈퍼마켓에 톤당 2,000위안에 판매해야 했다. 제국 시대에는 생산가격과 유통가격의 차이가 국가가 세금으로 징수하는 금액과 대략 일치했다. 재도입된 전매제 아래서는 인민공화국의 가장 구석진 지역까지 요오드가 첨가된 소금이 공급될 수 있도록 유통업자들에게 보조금을 주어야 했다.

그 결과는 거의 곧바로 나타났다. 1999년이 되었을 때, 요오드 결핍 증세를 보이는 아동의 비율이 8.8퍼센트로 절반 이상 줄어든 것이다. 2005년에는 5퍼센트까지 떨어졌다.[3] 2010년, 보건부는 신장, 티베트, 칭하이―중국에서 가장 외딴 성들이다―를 제외한 다른 지역에서는 요오드 결핍증이 대부분 근절되었다고 선언했다. 개발도상국 가운데 이 질병을 그렇게 신속하게 대부분 근절한 나라는 없었다.

하지만 중국이 거둔 성공에도 불구하고 소금 전매제가 과연 필요한 것이었는지는 분명하지 않다. 예를 들어, 1920년대 이전에 미국의 오대호와 애팔래치아산맥, 서북부 지역은 갑상선종 벨트goiter belt로 유명했다. 이 지역들의 아동 가운데 26~70퍼센트가 갑상선종 진단을 받았다.[4] 그렇지만 미국은 요오드 결핍증을 근절할 수 있었는데, 그것은 전매제가 아니라 민간 생산업자들을 규제한 덕분이었다. 현재 대다수 나라들도 이런 접근법을 채택한다. 게다가 중국의 소금 전매제는 요오드 소비를 장려하는 데 몰입한 탓에 2007년에 보건부가 발표한 보고서에 따르면 5개 성 사람들이 지나치게 많은 요오드를 소비하고, 16개 성은 정량보다 많이 소비하고 있었다.

얼마 전 중국 중앙정부는 더 이상 전매제를 유지할 필요가 없다고 결정했지만, 아이러니하게도 베이징 당국은 전매제를 폐지할 수 없었다. 처음에 중앙정부는 2001년에 가격 규제를 없애고 시장 경쟁을 정식으로 허용해 전매제를 철폐하려다 계속 시행하기로 생각을 바꿨다. 그런 다음 2004년에 전매제를 개혁하기 위한 계획을 발표하고, 2005년에도 다시 개혁안을 발표했다. 2007년, 2010년, 2014년에도 대대적인 개혁이 추진되었다. 세기가 바뀐 이래 각기 다른 세 행정부가 모두 합쳐 여덟 차례나 소금 전매제를 개혁하거나 폐지하려고 했지만, 전매제는 여전히 남아 있다.

중난하이中南海는 중국 최고 지도자들이 생활하고 일하는 베이징 핵심부의 단지이다. 대략 크렘린보다 층고가 낮고 백악관보다 면적이 더 넓은 곳이라고 보면 된다. 지구상 어느 곳보다도 많은 권력이 담장 안에 집중되어 있지만, 중국의 오래된 경구처럼 "중난하이에서 내려진 지시가 단지 밖으로 나가는 일은 드물다". 기원이 1990년대까지 거슬러 올라가는 이 표현은[5] 후진타오胡錦濤 주석과 원자바오 총리 시절에 널리 퍼졌다. 후진타오와 원자바오의 정부는 2012년까지 10년 동안 중국을 통치했는데, 이 시기를 흔히 "잃어버린 10년"이라고 부른다.

후진타오와 원자바오의 집권기 동안 전임 행정부가 시작했던 경제 자유화는 교착상태에 빠졌고, 부패가 심해졌으며, 오늘날 중국을 괴롭히는 가장 심각한 문제들—환경 악화, 소득 불평등, 투자에 의존한 성장—이 고착되었다. 그렇다고 두 사람이 개혁에 반대했다거나 새롭게 나타나는 문제들을 보지 못했다는 이야기는 아니다. 구체적으로 원자바오—중국의 위대한 개혁 총리로 손꼽히는 자오쯔양의 개인 비서로 일했었다—는 임기 중간쯤에 경제가 언제나 "불안정하고 불균형하며 조정되지 않고 지속 가능하지 않다"고 설명했다. 당시 그는 "우리가 경제를 바로잡을 수 있는지 여부는 (……) 우리의 문제 해결 능력에 달려 있다"고 말했다.[6]

그로부터 5년 뒤, 중국과 해외 언론인 통합 취재단을 상대로 한 마지막 연설에서 그는 다소 침울한 어조로 사과했다. 그는 체제를 계속 유지하는 데서 이득을 얻는 사람들이 장애물을 세운 탓에 자신이 예상한 것보다 개혁이 더 어려워졌다고 설명했다. 퇴임하고 1년도 되지 않아 그는 정치 개혁을 요구했다. 정치를 개혁하지 않으면, "이제까지 우리가 얻은 성과가 수포로 돌아갈 것"이라고 했다.

원자바오의 후임자들은 완전히 반대되는 접근법을 택했다고 말하는 게 공정하다. 후진타오의 뒤를 이어 주석이 된 시진핑은 대체로 덩샤오핑 이래—그리고 일각의 평가에 따르면 마오쩌둥 이래—가장 강력한 중국 지도자로 간주된다. 후진타오와 원자바오의 정부가 합의에 기반을 두고 정치국 상무위원 9인이 권력을 공유한 반면, 시진핑은 다른 고위 지도자들—특히 원자바오의 후임자인 리커창—의 영향력을 약화시키고 권력을 자기 수중에 집중하고 있다. 그는 반대 의견과 공적 논쟁을 억누르고, 학계, 언론, 비정부기구, 법조계를 단속했다. 그리고 국내 보안에서부터 군대 개혁, 인터넷에 이르기까지 중요한 정책을 정하는 책임을 맡은 여러 위원회 — 당에서 통용되는 표현으로는 "지도적인 소집단들"—의 수장이 되어 해외 전문가들로부터 "만물의 주석Chairman of Everything"이라는 별명을 얻었다.[7]

시진핑이 몇몇 영역에서 시급한 변화를 이루어낸 것은 사실이다. 노동을 통한 재교육—전에 경찰이 정치적 반대파와 경범죄자들을 처벌하는 데 사용하던 일종의 초사법적 투옥—은 폐지되었다. 그리고 여러 해에 걸쳐 한 자녀 정책이 점차 완화된 끝에 이제 결혼한 부부는 합법적으로 자녀를 두 명 낳을 수 있다. 하지만 다른 모든 것에서도 그랬듯 시진핑은 경제개혁과 금융을 담당하는 두 위원회도 직접 지휘했다. 권력을 잡은 직후, 시진핑은 원자바오와 비슷한 정식화를 이용해 경제를 불안정하고 불균형하다고 설명했다. 그렇지만 원자바오가 그랬듯 시진핑은 광범위한 경제 의제에 직면해 있는데도 실체적인 개혁으로 나아가는 진전을 상대적으로 거의 이루지 못했다.

시진핑이 우선순위에 둔 과제 중에는 그가 말한 이른바 "4대 절멸 전쟁"(즉 반드시 절멸해야 할 핵심 문제들)이 있었다. 산업 과잉 설비를 폐쇄하고, 과다 주택을 사람으로 채우고, 부채 수준을 낮추고, 사업 비용을 줄이는 대청소 운동이었다. "4대 전쟁"은 경제가 작동하는 방식을 바꾸는 게 아니라 경제의 과잉을 억제하겠다는 위협이다. 그렇지만 내가 이 책 전체에서 설명하는 정치적 유인 때문에 그가 목표하는 진전은 좌절되고 있다.

그렇지만 이 문제들의 정리는 시진핑의 경제적 비전 가운데 극히 일부에 불과했다. 주석 취임 1년째에 시진핑은 국영기업을 자유화하고, 농민에게 경작 토지에 대한 더 큰 권리를 부여하며, 국가 자원을 더욱 공정하게 분배한다고 약속하는 개혁 청사진을 공개했다. 하지만 이 청사진을 둘러싸고 흥분이 일었던 것은 대부분 경제에서 시장 세력이 하는 역할을 "기본적인 것"에서 "결정적인 것"으로 향상시키겠다는 약속 때문이었다. 힘의 균형을 정부에서 열린 시장으로 이동시키면 효율성을 높이고 경제가 작동하는 방식을 근본적으로 바꿀 수 있지만, 또한 권력과 부를 현 체제가 작동하는 방식에서 이득을 보는 사람들로부터 다른 쪽으로 이동시키게 될 터였다.

놀라운 일도 아니지만, 이 청사진을 실현하는 일은 거의 진전이 없었다. 첫날부터 중국 지도자들은 진전이 더딘 것을 기득권 세력의 탓으로 돌렸다. 리커창은 경제 청사진을 공개하는 기자회견장에서 이렇게 말했다. "이제 기득권 세력을 다루는 일은 귀신을 건드리는 것보다 더 어렵습니다."[8] 그 후로 행정부는 개혁 속도에 관해 불만을 토로할 때마다 거듭해서 비슷한 숙명론적 인상을 풍겼다. 2015년 국가계획기구*는 전국인민대표대회 연례 보고에서 이렇게 밝혔다. "개혁상의 어려운 문제들을 다룰 때 숨은 장애물들을 치우고 기득권 세력을 깨뜨리는 일이 점점 어려워지고 있습니다. 향후에 개혁을 심화하는 과정에서 더욱 복잡한 갈등들이 일어나고 더욱 뿌리 깊은 기득권이 영향을 받게 될 것입니다."[9]

---

* 국가발전계획위원회.

호랑이와 파리

권력을 잡은 직후인 2012년, 시진핑은 부패한 "호랑이"—그가 고위 관리들에게 붙인 이름—와 "파리"—공산당 일반 당원—를 일망타진 하는 것을 목표로 한 부패 척결 운동에 착수했다. 지금까지 200명 가 까운 호랑이가 올가미에 걸려들었고,[10] 10만 명이 넘는 파리가 기소되 었다.[11]

충격적인 진상이 폭로되자 대중은 전율했다. 2014년, 석탄 부문을 감독하는 한 관리는 집에 현금 3,300만 달러를 쌓아두고 있다 발각되 었다. 지폐를 세기 위해 동원된 계수기 중 네 대가 과열로 고장이 났 다.[12] 같은 해에 구금된 한 육군 병참부 장성의 집에서는 부패 조사관 들이 수색 과정에서 엄청난 현금 다발을 찾아냈는데, 말 그대로 1톤 무게가 나가는 돈을 세는 데 꼬박 1주일이 걸렸다.[13] 다른 관리들도 많 은 돈을 숨겨두고 있다가 잡혔는데, 바닥에 깔려 있던 돈이 이미 썩어 들어가는 중이었다.

부패 척결 운동은 대중의 분노에 대한 대응 조치였다. 시진핑이 주 석에 취임할 무렵, 관리들의 노골적인 부정축재 행태 때문에 대중의 분노가 부글부글 끓어오르고 있었다. 시진핑은 이 운동을 정치적 반대 파를 제거하고 장래의 반대파를 위협하는 도구로도 활용했다. 하지만 이 운동 덕분에 지금까지 행정부가 교묘하게 회피해오던 경제개혁을 가능케 하는 토대가 마련되고 있다는 믿음도 널리 퍼졌다. "부패 척결 은 이번 개혁 시도에서 교착상태를 돌파하려는 방편으로 활용되고 있 다. 지난 20년 동안 유력한 이익집단들은 깊숙이 뿌리를 내리고 굉장히 강력해졌다." 2014년에 칭화대학 사회학 교수 쑨리핑孫立平은 이렇게 말했다. 시진핑의 박사학위 논문 지도교수였던 쑨리핑[14]은 2000년대 초부터 기득권 세력에 관해 광범위한 글을 썼다. "부패 척결 운동을 보면서 내가 제일 걱정하는 것은 부패 문제를 해결할 수 있는지 여부가 아니라" 이 운동을 계기로 기득권 세력이 숨어 있던 참호 진지 속에서 "자유롭게 뛰쳐나올 수 있다는 점이다".[15]

저우융캉周永康—시진핑의 부패 척결 운동에서 잡힌 최고위 관리—은 이런 기득권 세력의 모습을 보여주는 전형적인 인물이다. 저우융캉은 석유 관료 집단에서 30년간 승승장구하면서 결국 중국석유공사China National Petroleum Corporation, 中国石油天然气股份有限公司, 일명 페트로차이나PetroChina의 당 서기에 올랐다. 그리고 계속해서 정부직으로 승진해서 국토자원부 장관을 시작으로 쓰촨성 당 서기를 거쳐 마침내 후진타오 주석, 원자바오 총리와 나란히 상무위원에 안착했다.

하지만 요즈음 저우융캉은 종신형을 선고받고 수감 중이다. 뇌물 11만 8,000달러를 받고 가족과 동료들이 3억 달러가 넘는 재산을 축적하게 도와준 죄로 유죄 선고를 받았다.[16] 저우융캉이 수감된 뒤인 2014년, 수사관들은 금과 은, 약 300채의 아파트와 대저택 등 145억 달러 상당의 자산을 압류했다.[17] 중국 언론은 그의 형제들이 아우디 자동차 대리점 한 곳과 백주 프랜차이즈 한 곳, 액화천연가스 사업체 한 곳, 그리고 광산과 부동산 단지 등도 소유하고 있다고 보도했다.[18] 저우융캉은 자신이 관장하는 다양한 산업과 지역에 걸쳐 폭넓은 이권 망을 구축한 것으로 보인다. 그가 체포된 직후 페트로차이나의 중역 수십 명이 구금되고, 쓰촨성 서기 시절의 부하들과 사업가 친구들, 석유 산업에서 일할 때 발탁해서 그 후 정부 고위직으로 승진시킨 동료들이 투옥되었다. "우리는 정치적 기득권 세력이 당내에 존재하게 내버려 두거나, 당원과 외부자들의 공모를 허용하거나, 권력을 돈과 맞바꾸게 용인해서는 안 됩니다." 2015년 말 시진핑은 연설에서 이렇게 말했다. "당은 단호하게 부패에 맞서야 하며, 우리는 이런 불법적 관계가 당의 정치 생명에 영향을 미치는 것을 막고 근절해야 합니다."[19]

그렇지만 부패 척결 운동이 성공을 거두었음에도 그에 상응하는 개혁은 전혀 진전되지 않았다. 오히려—부패 척결 운동이 시작되고 2년 반째에—저우융캉이 종신형 선고를 받은 직후, 그러니까 시진핑의 권력이 정점에 달한 순간에 국영방송 진행자는 웹사이트에 기고한 글(많은 이들이 시진핑이 심사한 기고문이라고 보았다)에서 철저한 경제개혁에 대한 반대가 "인민들이 상상하는 수준을 넘어선다"고 불만을 토로했다.[20] 여기서 질문이 나온다. 부패 단속은 왜 실질적인 개혁으로 나아가는 길을 닦지 못한 걸까?[21]

중국의 소금 전매는 대체로 시진핑이 이끈 부패 척결 운동의 매서운 눈길을 피했다. 소금 산업 중역들과 규제자들이 거의 20년 동안 간헐적으로 부패 추방에 대처한 덕분일 것이다. 2009년 광둥성 소금 전매 회사 회장이 부패 혐의로 수감되었고, 다른 고위 관리 6명도 수감되었다.[22] 2007년, 소금 전매를 담당하는 고위 지도부의 상당수를 포함한 저장성 인사 수십 명이 부패 혐의를 받고 해임되었다.[23] 허베이성과 간쑤성에서도 부패 사건이 발각되면서 2001년 정부는 처음으로 소금 전매를 폐지하는 것을 고려했다.

전매제는 자유 시장이라면 존재하지 않을 부패의 기회를 만들어낸다—요오드 함유와 상관없이 사적으로 생산한 소금을 공급망에 몰래 집어넣는 것이다. 유통업자들이 부풀려진 정부 가격으로 최대한 많은 소금을 판매하려고 하는 생산자로부터 뇌물을 받는 것으로 알려졌다. 한 문서 자료에 따르면, 관리들이 사기업으로부터 리베이트를 받고 기업이 소금 포장비를 과다 청구하는 것을 눈감아주기도 했다. 그리고 아마 가장 창의적으로 권력을 남용한 사례일 텐데, 후베이성의 한 전매 지사는 소금을 구매하려는 슈퍼마켓들에 지사에서 나온 세제도 사도록 강요했다. 2001년 상하이 소금국을 상대로 한 소송에서 이겨 이름을 날린 변호사 저우지아라이^{鄒佳莱}는 "세계 어디에서도 이보다 더 부패한 전매는 찾기 힘들 것"이라고 말한다.

공포와 혐오

소금 전매제는 개혁의 손쉬운 표적임이 분명하다. 원래 취지에도 별로 부합하지 못하고, 전체 경제에 기여하는 바도 거의 없으며, 거의 끊임없이 부패 사건이 터져서 정치적 선의가 무색해진다. 그렇지만 어떤 이유인지 몰라도 전매제는 계속 유지되었다. 2014년 개혁안—전매제 완전 폐지를 주장한 가장 최근의 개혁안—에 대한 소금 산업의 반대를 보면 그 장수의 비결을 엿볼 수 있다.

중국 최대의 소금 회사인 중국염업총공사^{China National Salt Industry Corporation, 中国盐业总公司} 회장 리야오치앙^{李耀强}은 국영 언론에 기고한

글에서 이렇게 말했다. "개혁이 시행되고 나면 식용 소금의 안전성이 주요한 문제로 대두될 것이다. (……) 일단 시장이 개방되면, 밀수된 소금이 시장에 쏟아져 들어올 공산이 크다." 더 나아가 그는 특히 전문적 능력이나 적절한 직무 수행에 필요한 자원이 없는 지방정부에 감독을 맡기면 요오드 보급률에 문제가 생길지 모른다고 주장했다. 또한 값싼 외국산 소금 수입품 때문에 지역 산업이 훼손될 수 있고, 일부 국영 소금 회사는 파산할 것이라고도 했다. "시장이 개방되면 (……) 수만 명의 소금 산업 부문 직원에게 일자리를 찾아주라는 압력이 지방정부에 가해질 것이다."[24]

그는 해법은 개혁이지만 자유 시장 개혁은 아니라고 지적했다. 그보다는 다양한 지역 전매 공사를 규모가 큰 몇몇 소금 회사로 통합해야 한다고 주장했다. "우리가 제안하는 것은 (……) 공급을 안정시키고 감독 비용을 줄이기 위해 시장 점유율이 높은 다수의 브랜드를 구성하자는 것이다."[25] (소금 전매는 2017년에 부분 자유화 대상에 포함되었지만, 전매 공사가 여전히 권한과 경찰력을 보유 중이며, 가격 통제도 여전하고, 밀거래는 지금도 범죄 행위로 취급된다.)

리야오치앙의 주장은 천궈웨이陣国卫에게 전혀 놀랄 일이 아니었다. 천궈웨이는 과거에 전매제 개혁을 담당했던 정부 부처로 지금은 사라진 국가경제무역위원회State Economic and Trade Commission, 国家经济贸易委员会의 관리였다. 그는 2001년 개혁안을 작성하는 데 일조했고, 2004년에는 원자바오 총리에게 편지를 보내 전매제를 폐지하자고 다시 주장했다. 당시에는 총리도 이런 정서에 공감했다고 그는 말한다. 두 경우 모두 개혁안은 수포로 돌아갔다. 천궈웨이에 따르면, 전매제 집단은 세

가지 전략을 구사하는 방식으로 개혁에 대한 열정을 거듭 꺾을 수 있었다. 첫째, 요오드 결핍증 문제가 재발할 수 있다는 유령을 불러낸다. 계속해서 "가짜"—즉 밀거래된—소금이 결국 식품에 들어갈 수 있다는 대중의 공포를 부추긴다. 그리고 마지막으로, 실업 사태가 일어날 것이라고 을러댄다.

전매제 집단의 주장 가운데 몇 가지는 노골적일 정도로 자기중심적이다. 가령 소금 밀거래가 지속되는 것은 오로지 전매제가 인위적으로 가격을 부풀리기 때문이다. 하지만 천궈웨이는 고위 지도자들의 우선적인 관심사가 사회 안정 유지이고, 또 소금 중역들은 질병과 실업, 무질서 등의 유령을 거론하면서 그들을 위협할 수 있었기 때문에 이런 공포 부추기기 작전이 주효했다고 말했다. "원자바오의 우선 과제는 문제가 발생하지 않도록 하는 것이었다. 기득권 세력은 이런 심리를 잘 활용했다."

이런 방식은 다른 곳에서도 똑같이 활용되고 있다. 2015년 중국 CCTV의 베테랑 기자 차이징柴静은 〈돔 지붕 아래Under the Dome, 穹頂之下〉라는 제목의 독립 제작 다큐멘터리를 온라인에 공개했다. 중국의 만성적이고 심각한 대기오염의 배후에 도사린 원인들을 조사한 다큐멘터리였다. 차이징은 중국에서 생산되는 고도 정제 휘발유는 대부분 선진국에서 판매되는 제품에 비해 품질이 2~3등급 떨어지며, 기준을 1등급 올리면 배기가스가 10퍼센트 줄어든다고 소개했다. 그런데도 중국이 그렇게 하지 않는 것은 연료 품질 기준을 정하는 위원회 성원의 90퍼센트가량이 페트로차이나, 시노펙, CNOOC(중국해양석유총공사中国海洋石油总公司) 등 중국 3대 국영 석유 회사 출신이었기 때문이다.[26]

다큐멘터리에 따르면, 이 주요 석유 회사들은 정부를 인질로 잡고 있다. 베이징 당국은 국제 수준과 비교하여 소비자 가격을 낮게 유지시키는 선에서 디젤과 휘발유 가격을 정한다. 휘발유를 정제하려면 돈이 많이 드는데, 석유 회사들은 주유소에서 석유를 비싼 값에 판매해 정제 비용을 환수할 수 없기 때문에 정부에 이에 필요한 보조금을 요청하고 있다. 하지만 석유 회사들이 요구하는 적절한 보조금 산출액은 정부의 계산치보다 10배가 많고, 조정이 이루어질 때까지 주요 석유 회사들은 계속 저질 연료를 생산한다. 대중의 건강 따위는 아랑곳하지 않는 것이다.

다큐멘터리의 하이라이트는 차이징이 국가석유제품품질관리위원회National Oil Fuel Standards Committee —배기 기준을 정하는 기구—수장이자 시노펙의 전 수석 엔지니어인 차오샹홍曹湘洪과 인터뷰하는 장면이었다. 흰색 반팔 셔츠 차림—정부 관리의 하계 근무복이다—의 차오샹홍은 염업총공사의 리야오치앙처럼 현재 상태를 바꾸면 불안정이 야기될 것이라고 을러댔다. 차이징이 배기가스 배출 기준을 약간 높이면 어떤지 묻자 그는 이렇게 대꾸했다. "연료 공급이 중단돼 사회 불안이 야기되면 우리 사회가 혼란에 빠질 겁니다." 석유 산업을 시장 경쟁에 개방하지 않는 이유를 묻는 질문에는 이렇게 대답했다. "제대로 하지 않으면 결국 재앙이 올 수 있어요. 개나 소나 연료 회사를 운영할 수 있는 건 아니죠."[27]

마침내 차오샹홍은 "개혁을 심화"하고 "점진적으로 개방을 할" 필요가 있다는 데 동의하면서도 사족을 달았다. "만약 정부가 이런 식의 개혁을 결정하고 추진하기를 바란다면, 우선 어느 정도 조사를 진행하고 어떤 종류의 위험이 있는지를 파악해야 합니다." (미국이 신봉하는 전통적인 건전한 가치와 흡사하게, 중국인은 누구랄 것 없이 개혁에 찬성한다. 그렇지만 차오샹훙과 리야오치앙의 발언에서 드러나듯, 기득권 세력은 대체로 개혁을 해당 분야의 전문가, 즉 자신들이 맡아야 한다고 주장한다.)

어떤 면에서 베이징 당국은 기득권 세력이 경제개혁을 방해하기 쉽게 만든 셈이다. 입으로는 온갖 말을 다 하지만, 개혁은 당국의 유일한 우선 과제가 아니다. 당국은 또한 "중간 속도의" 성장을 유지하고, 또 무엇보다도 사회 안정을 유지하기를 원한다. 결국 이 세 가지는 불가피하게 타협하게 되며, 기득권 세력은 당국의 일관적이지 못한 태도 ―와 불안감―를 이용해 자신들을 지키는 법을 배우고 있다. 칭화대학 사회학 교수 쑨리핑에 따르면, "안정 유지가 기득권 세력의 구조를 보호하는 도구가 되었다".[28]

쑨리핑은 중국 경제의 근본적인 결함은 개혁 과정이 중도에 저지되면서 국영기업이 국가권력을 직접 활용해 자신들의 이익을 증진시킬 수 있는 체제가 만들어지는 데 있다고 말한다. 이와 대조적으로 미국에서는 기득권 세력(기업이든, 전국총기협회[NRA] 같은 단체든, 노동조합이든)이 정부에 영향을 미칠 수 있는 능력에서 권력을 획득하며, 따라서 정치 기부금 조성과 로비 활동에 대대적인 자원을 투자한다. 하지만 중국에서는 기득권 세력이 종종 정부 권력을 직접 휘두르는 권한을 갖는다.

"과거에는 많은 사람들이 권력과 시장이 별개의 것이라고 생각했다. (……) 우리는 시장경제에서는 권력이 억제될 것이라고 생각했다." 쑨리핑은 널리 읽힌 2011년의 글에서 이렇게 말했다. "이제 우리는 시장이 단순히 국가권력에 더 큰 연단을 주었을 뿐임을 알게 되었다."[29]

중국의 3대 국영 석유 회사는 이 나라에서 가장 유력한 기업으로 손꼽히며, 에너지 정책에서 대외 문제에 이르기까지 광범위하게 영향력을 행사한다. 이 석유 대기업들은 모두 베이징에서 땅값이 가장 비싼 곳에 거대한 본사를 두고 있다. 페트로차이나와 시노펙의 빌딩은 외관상 힘과 부와 위협을 투사하는 알고리즘에 따라 설계되었다(반면 CNOOC의 빌딩은 유리 욕조 모양이다). 이 기업들이 가진 권력의 일부—배기가스 기준을 정할 권리 같은 것—는 위임받은 것이지만, 때로는 다소 비공식적으로 권한이 규정되기도 한다. 에너지국은 직원은 부족한데 개인이 관장해야 하는 범위가 넓어서 자신이 감독해야 하는 바로 그 석유 회사들에게 규정을 제안하고 입법안을 작성하는 일을 의존한다.[30] 게다가 에너지국 직원들이 종종 전에 석유 회사에서 일했던 사람들이라 개인적인 충성심을 공유하거나 문제를 바라보는 시각이 비슷하기도 하다. 그리고 때로는 주요 석유 회사들의 규모와 중요성 때문에 정부가 지레 겁을 먹고 굴복하기도 한다.

〈돔 지붕 아래〉에 등장하는 경제 계획 기구의 한 관리는 3대 석유 회사들에 관해 이렇게 말했다. "그 회사들은 통제할 수 없습니다." 그는 목소리를 변조하고 익명으로 등장해 석유 대기업들이 어떻게 석유 가격을 올리라고 경제 계획 기구에 압력을 가하는지 고발했다. "담당 부처가 이번 해에 가격을 올리지 않으면, 그들은 이듬해에 사무실 앞으로 찾아옵니다. 그러고는 '가격을 올릴 겁니까, 안 올릴 겁니까? 가격을 인상하지 않으면, 우린 공급을 줄이겠습니다.' 그런 식으로 말하죠."

〈돔 지붕 아래〉는 조회 수가 1억을 넘었다. 온라인에는 1주일 정도 올라와 있었다. 그런데 아무런 설명도 없이 당국은 중국 인터넷에서 동영상을 삭제했다.

"국영기업들은 개혁에 거세게 저항하는 특수 이익집단으로 변신하는 중이다." 중국사회과학원^{Chinese Academy of Social Sciences, 中国社会科学院} 국제금융연구소 부소장으로 중국에서 가장 존경받는 경제학자로 손꼽히는 허판^{何帆}이 2015년에 한 말이다. "일부는 자기 산업에서 독립 왕국에 가까운 존재가 되었다."[31] 국가 부문 전체에 걸쳐 비슷한 동학이 작동하고 있다. 국영 소금 회사들의 권력은 대다수의 사례에 비해 더 노골적일 뿐이다. 소금 회사들과 전매제를 시행하는 책임을 맡은 관료 기구가 종종 한몸이기 때문이다. 또는 중국인들이 흔히 하는 말로, 소금 회사들은 선수인 동시에 심판이다. 이런 권력은 경제에 커다란 해악을 끼치지만 그 해악이 바로 분명하게 드러나지는 않는다. 평균적인 가구는 소금을 구매하는 양이 워낙 작기 때문에 전매제가 하루아침에 사라지더라도 식료품 구입비에 별반 영향이 없을 것이다. 그렇지만 전매제는 원래 권한을 전혀 행사하지 못해야 하는 산업용 소금에서 중국 경제의 효율성을 조금씩 갉아먹는다.

"우리가 더 많이 팔수록, 그들의 판매량은 줄어듭니다"

2013년 어느 여름날 아침, 한톈페이와 그의 부인은 트럭 안 좌석에서 꾸벅꾸벅 졸다 창문을 두드리는 소리에 잠에서 깼다. 두 사람은 어느 오래된 고객 ─ 청바지 제조업체 ─ 의 공장 문 앞에 주차를 해놓고 배

송할 때를 기다리는 중이었다. 공장은 최근에 허베이성의 성도이자 한텐페이의 고향인 스자좡에서 차로 한 시간 거리인 진저우晉州로 이전했다. 공장 문은 오전 8시에야 열렸지만, 경비원들은 보통 공식 업무 시간 전에 한텐페이가 들어가게 해주었다. 그런데 이 특별한 날 아침에는 기다려야 했다. 하지만 그를 깨운 것은 공장 경비원들이 아니라 소금 경찰이었다.

10여 명의 경찰이 트럭을 둘러싸고 있었고, 혹시 한텐페이가 차를 몰고 도주할까봐 경찰차로 그 주변을 에워싸고 있었다. 그날 아침, 한텐페이의 트럭 짐칸에는 산업용 소금 10톤이 방수포로 덮여 있었다. 청바지 회사가 섬유 염색용으로 쓸 물건이었다. 소금 경찰은 영업 허가증을 조사한 뒤 그가 불법적으로 소금을 판매하고 있다면서 트럭을 몰고 경찰서로 오라고 명령했다. 한텐페이는 뭔가 오해가 있다고 말했다. 경찰의 단속 권한은 식용 소금에만 해당했다. 국가의 승인을 받은 기업만이 식용 소금을 생산하고 유통할 수 있지만, 산업용 소금은 자유 시장에서 거래된다. 화학 산업에 아주 중요한 이 원료는 실질적으로 식용 소금과 전혀 차이가 없다. 소금 — 일반적인 염화나트륨 — 은 소다회soda ash(유리와 종이에 들어간다), 가성소다(페인트, 세라믹, 알루미늄), 염소(PVC와 소독제) 등을 만드는 데 사용된다. 한텐페이는 자기는 원래 아무 데서나 자유롭게 산업용 소금을 사고 — 그는 산둥성에서 소금을 샀다 — 누구한테나 판매할 수 있다고 경찰에게 사정을 설명했다.

한텐페이와 부인이 계속 해명을 하자 소금 경찰은 오후 6시 30분에 진짜 경찰을 불렀고, 진짜 경찰은 부부를 공무집행 방해로 구금하고 지역 경찰서로 데려가서 24시간 동안 가둬두었다. 그의 트럭과 소금은 소금 단속관들이 가져갔다. 한톈페이는 벌금 4,000위안을 내고 열흘 뒤에 트럭을 돌려받았다. 트럭에 실려 있던 소금을 팔면 벌 수 있는 정도의 액수였다. 소금 당국은 그의 소금을 돌려주지 않았고, 자신들이 소금을 압수했다는 사실을 인정하는 문서도 내주지 않았다. 공식적으로 소금은 그냥 사라진 상태였다.

나는 이 사건이 벌어진 지 거의 2년이 지난 2015년 초에 한톈페이의 집을 찾아갔다. 그가 사는 아파트에는 가구가 거의 없었고, 그의 다섯 살짜리 딸이 백묵같이 하얀 벽에 검은 매직으로 끼적인 낙서가 눈에 들어왔다. 스물여섯 살의 한톈페이는 고등학교를 마친 뒤 계속 소금 일을 했고, 2011년부터 자기 사업을 운영하고 있었다. 그는 검은 머리를 짧게 깎고 큰 키에 몸이 단단한 사람으로, 전매 당국에 맞서 자신의 권리를 옹호할 때 드러나는 확신과 열정이 매우 인상적이었다.

그것은 쉬운 일이 전혀 아니었다. 그의 소금을 가져갔다는 증거가 하나도 없는 상황이라 그가 소송을 제기할 근거가 없었다. 여러 달 동안 그의 변호사가 소금을 압수한 사실과 그 이유를 확인하는 문서를 한 장 구하려고 백방으로 뛰어다녔다. 결국 소금 규제 당국이 태도를 누그러뜨렸다. 일반 경찰이 개입하자 전매 당국도 끝까지 발뺌을 하기가 어려워졌다. 마침내 법정 출두일을 받아냈고, 첫 번째 재판에서는 졌지만—변호사들은 지역 판사가 전매 당국에 반기를 드는 일은 좀처럼 없다고 말한다—항소심에서는 이겼다. 항소심 판사는 소금 경찰에게 한톈페이의 재산을 압수할 권리가 전혀 없다고 판단했다. 그러자 전매 당국은 판결에 불복하겠다고 위협했지만, 내가 한톈페이를 만나고 몇 달 뒤 당국은 상고를 포기했다. 비록 판결은 유리하게 났지만 한텐페이는 소금을 돌려받을 수 있을지 낙관하지 못했다.

　나는 그에게 그 모든 법적 수고—수만 위안에 달한 소송 비용에 비하면 벌금과 소금 값은 푼돈에 불과하다—를 할 만한 가치가 있느냐고 물었다. "후회는 없어요. 싸우지 않으면 오히려 후회할 겁니다. 소송을 제기하지 않으면, [소금 전매 당국이] 더 많은 짓을 할 테고, 그러면 손실이 더 커질 테니까요."

　산업용 소금은 1990년대 중반에 만들어진 전매제의 대상이 아니었다. 하지만 한때는 중국 사회주의 계획경제의 일부로 국가가 가격을 정하고 공급을 통제했다. 그러다가 화학 회사들이 시장 자유화를 요구하자 1994년에 바뀌었다. 가장 중요한 원료 중 하나가 가격 통제를 받는 상황에서 제품을 자유 시장에 판매하는 방식을 지키기 어려웠기 때문이다. 그런데 산업용 소금은 공식적으로는 20년 넘게 정부 간섭을 받지 않았지만, 많은 지방정부에는 산업용 소금을 여전히 계획경제의 일부인 것처럼 다루는 규정이 남아 있었다. 한텐페이가 소금을 압수당했을 때, 소금 경찰은 그 소금이 불법이라고 말했다. "계획에서 벗어난" 것이라는 이유에서였다.

　2011년, 산업정보기술부는 전매 당국에 산업용 소금 판매자들을 강압적으로 다루지 말라고 지시했다. 그들의 행동 때문에 "끝없이 법정 소송이 이어진다"는 이유에서였다. "산업용 소금 거래에는 아무런 제약이 없다"고 산업정보기술부는 말했다. "산업용 소금 사업에 종사하는 것은 범죄가 되지 않는다."[32]

　이듬해 중국 사법 체계의 최고 법원인 인민대법원도 비슷한 명령을 내리면서 산업용 소금 관련 재판을 진행하는 하급법원들에 쑤저우의 특정 판결을 지침으로 삼으라고 주문했다. 쑤저우 판결은 전매 당국에 불리하고 민간 소금 거래업자들에게 유리한 결정을 내린 바 있었다. 그럼에도 불구하고 권한 남용은 계속되고 있다.

중국의 식용 소금 소비는 사실상 여러 해 전에 안정적인 상태에 도달했고, 현재는 화학 회사들의 산업용 소금 수요가 훨씬 많다. 전매 당국은 자신의 권한을 이용해 한톈페이 같은 민간 거래업자들을 쥐어짬으로써 산업용 소금 이용자들에게 더 높은 가격을 부과해서 더 큰 수익을 뽑아낸다. 내가 한톈페이를 만났을 때, 그는 산업용 소금을 톤당 400위안 정도에 팔고 있었다. 진저우 국영 전매 당국은 톤당 550위안에 판매했다. 한톈페이는 지방 소금 규제 당국이 자기 같은 소금 거래업자를 막을 권리가 없다는 걸 알면서도 계속 단속한다고 말한다. "우리가 더 많이 팔수록, 그들의 판매량이 줄어들기" 때문이다.

진저우 소금 당국의 사무실은 한톈페이가 연행된 청바지 공장에서 차로 몇 분 거리에 있다. 건물은 찾기 어렵고 포장도 제대로 안 된 골목 안에 숨어 있다. 골목 벽에는 6피트 높이의 파란색 한자로 구호가 적혀 있다. 방문자들에게 "요오드 결핍증 관련 질병을 예방하기 위해 소금에 요오드를 첨가"해야 한다고 권유하는 내용이다. 본관은 흰색 타일 벽으로 된 2층짜리 초라한 건물로 황량한 안마당이 내려다보인다. 동료와 내가 도착하자 철창에 갇혀 있던 개가 사납게 짖기 시작했다. 사실 나는 내심 거드럭거리는 관료 집단이 사치스럽게 살고 있을 줄 기대했었다. 그런데 시설 겉모습을 보니 지방 전매 당국은 그저 자기 존재를 유지하기 위해 권한을 남용하고 있는 것이었다.

그 건물은 진저우시 소금 회사—산업용 소금과 식용 소금을 모두 판다―와 소금 규제 기관이 사무실로 쓰고 있었다. 내가 도착했을 때 자리에 있던 사람은 소금 회사 사무실 관리자 한 명뿐이었다. 그녀는 자기 직장이 허베이성 차원의 전매 당국의 일부이기는 하지만, 이 작은 회사는 진저우에서만 소금―식용 소금과 산업용 소금―을 판매할 수 있다고 말했다. 전매청 내에 전매청이 또 있는 셈이었다. 이 업체는 스자청에서는 소금을 판매할 수 없었다. 회사 지사가 스자청에 따로 있어서 독점권을 갖고 있기 때문이다. 이 때문에 진저우의 사업은 쉽지 않았다. 어쨌든 화학 산업은 지역 경제의 커다란 부분이었지만― 내가 방문했을 때, 고속도로를 달리는데도 에어컨을 통해 황 냄새가 실내로 들어왔다―진저우 화학 공장의 대다수는 경기 둔화 때문에 문을 닫은 상태였다. 또한 환경 규제가 엄격해지면서 다른 공장들은 오염 유발 산업에 관대한 다른 지역으로 옮겨갈 수밖에 없었다. 전매 당국은 사실상 줄어드는 파이를 지키려고 노력하는 것이었다.

중국의 "기득권 세력" 문제는 일종의 정치적 문제이다. 국영기업과 관료 기구는 상위 정부나 사법부의 충분한 감독이 부재하는 가운데 엄청난 권력을 휘두르며, 공중에게 책임을 지지 않는다. 어떤 면에서 보면, 부패 척결 운동은 권력을 남용하는 이들이 그 결과를 감당하게 만들기 위해 공무원들에게 일정한 책임을 강제하려는 시도이다. 하지만 기득권 세력은 부패를 뛰어넘어 공중과 국익 모두에 해로운 방식으로 현재 상태에서 이득을 누린다.

중국의 기득권 세력은 경제에서 차지하는 특권적인 위치를 활용해 부를 우려낸다. 일부는 토지를 싼값에 빼앗아서 훨씬 높은 가격에 팔

수 있는 국가의 능력에서 이득을 얻는다(제대로 보상을 받지 못하는 농민들이 희생양이 된다). 은행으로부터 저렴하게 차입하고 제때 상환하지 않아도 별 영향을 받지 않을 수 있는 국가의 능력(자기 예금에 대해 제대로 보상을 받지 못하는 평범한 예금주들이 희생양이 된다), 어떤 산업이든 마음만 먹으면 민간 부문 기업을 쫓아내고, 자유롭게 경쟁하는 열린 시장에서 가능한 것보다 더 높은 가격을 부과할 수 있는 국가의 능력(재화와 용역에 더 비싼 값을 치르는 소비자가 희생양이 된다), 자기들이 보조금을 독차지하게 해줄 수 있는 국가의 능력(원래 그 자원의 혜택을 받았어야 하는 대중이 희생양이 된다)에서도 이득을 얻는다.

개혁이 이런 특권을 위협할 때, 그것은 단순히 추상적인 의미에서 국가 산업을 위협하는 것이 아니다. 국가 공무원들의 개인적 부에 대한 아주 실질적인 위협이 되는 것이다. 국가가 경제에서 우려낸 부는 결국 개인들의 수중으로 흘러간다. 부패 척결은 경제개혁을 강제하는 데 효율적이지 못했다. 국가가 고용한 사람들이 고용주의 지위에서 발생하는 특별 수당에 따른 이득을 누리기 때문이다.

현금의 원천

중국개혁센터China Reform Center의 연구원 왕샤오루王小鲁는 2005년, 2008년, 2011년에 4,000가구를 대상으로 조사한 결과에 근거해서 중국의 거의 모든 도시 주민은 모종의 회색 소득, 즉 "장부에 없는" 소득을 얻지만, 엘리트 계층과 중산층 ― 많은 수가 국가에 고용되어 있다

—이 압도적으로 이익을 얻고 있다고 추정했다. 가장 최근인 2011년 조사에 근거할 때, 도시 인구의 상위 10퍼센트에 속하는 부유층은 정부의 공식 통계에 나오는 것보다 **3배**의 소득을 벌었고, 그다음 20퍼센트는 **2배**를 더 벌었다. 왕샤오루가 파악한 바로는, 하위 60퍼센트는 회색 소득으로 총소득이 증가한 비율이 20~40퍼센트에 불과했다.[33]

중국에서 오랜 시간을 살아본 사람이라면 누구나 중국 사람들이 왜 그리고 어떻게 현금을 그토록 많이 갖고 있는지 정말 궁금해한다. 나는 내 친구들이 실제로 버는 수입에 비해 많은 돈을 해외여행과 고급차, 디자이너 옷 등에 쓰는 걸 보고 자주 놀라곤 했다. 왕샤오루는 회색 소득의 원천을 다양하게 파악하면서도—그중 하나가 노골적인 부패이다—이 부가 결국은 국가기관들이 국가 자원을 지나치게 통제하고 또 경제에서 특권적인 지위를 차지하기 때문에 생겨나는 것이라고 추측한다.

그런 특권의 남용은 온갖 형태를 띤다. 유능한 교사는 자기 아이가 충분히 관심을 받기를 바라는 학부모로부터 선물과 촌지를 받는다.[34] 의사는 병을 잘 치료해달라는 환자로부터 뒷돈을 받는다. 대학교수는 대학원생을 공짜 노동력으로 이용해 자기가 운영하는 사기업의 직원으로 부린다. 그리고 국가기관들도 마찬가지로 회색 소득을 분배하는 일이 다반사이다.

예를 들어, 국가에서 공식적으로 지급하는 급여는 걸핏하면 허다한 수당과 보조금으로 부풀려진다. 국영 경제 신문에서 일하는 나의 한 친구는 전체 급여 가운데 절반만을 월급 형태로 받는다. 나머지는 주택 수당, 에어컨 보조금, 여행 수당, 현금 대신 식료품을 사는 데 쓸 수 있는 직불카드 등으로 받는다.

하지만 국가 고용직에서는 현금 외에도 급여의 많은 부분이 현물로 지급된다. 국영기업은 대개 직원들에게 더 좋은 의료보험과 퇴직금을 제공한다. 일부 국영기업은 직원들에게 주택을 저렴하게 판매한다. 때로 직원들은 개인 용도로 회사 차를 지급받거나 정기 만찬을 비롯한 직장 내 특별 수당을 누린다. 중국염업총공사는 2012년 초부터 9개월에 걸쳐 — 수치를 공개한 가장 최근의 기간이다 — 접대비로 6,400만 위안을 지출했다. 시장을 독점한 — 따라서 어느 누구에게도 식사와 술을 접대할 이유가 거의 없는 — 기업이 접대에 이렇게 많은 돈을 쓸 이유가 있는지는 중국 언론들도 궁금해하는 수수께끼이다.

일반 직원들도 부패의 혜택을 누리지만, 이런 혜택은 대개 제도화된 급여의 일부분이 되었다. 국영기업 직원들은 시장에 근거한 이윤에 따라 제약을 받는 기업이나 공중에게 책임을 지는 국가기관에서는 생각조차 하기 힘든 비용을 걸핏하면 청구한다. 가짜 영수증 — 특히 세금 관련 목적으로 만들어진다 — 을 쉽게 살 수 있기 때문에 사람들은 실제로 쓴 것보다 더 많은 비용을 여행이나 접대 명목으로 청구한다. 나는 베이징에 사는 동안 가짜 영수증을 구입하고 싶은지를 묻는 문자 메시지를 종종 받았었다. 내가 살던 아파트 블록의 계단통에는 "영수증 취급"이라는 문구와 함께 전화번호가 다닥다닥 찍힌 종이가 나붙기도 했다.

모든 정부 기관이나 국영기업이 똑같이 재원을 보유하고 있는 것은 아니지만 국가에 고용된 직원들의 경우 그들은 자신이 일하는 기관이 어디냐에 따라 특별수당을 연동해 받는다. 주요 석유 기업의 중역들은 소금 전매 공사에서 일하는 사람들보다 의심할 나위 없이 더 잘 산다. 하지만 고용주가 얼마나 특권을 누리는지와 무관하게, 국영기업이 지위를 상실하고 공평한 경기장에서 민간 부문과 경쟁하게 내몰리는 세상으로 바뀌면 직원들이 받는 특별수당은 사라질 것이다. 또는 적어도 큰 타격을 받을 것이다. 부패한 직원들을 해고하면 타락한 행태를 줄이는 데 도움이 되기는 하겠지만, 빈자리를 채우는 사람들이 기꺼이 자기 조직의 특권을 해체하려 하지는 않을 것이다.

경제학자들은 중국의 경제개혁에 관한 한 손쉬운 목표는 이미 달성된 상태라고 판에 박힌 말을 한다. 이제 의미 있는 개혁을 하려면 변화를 방해하는 면에서는 정말 놀라운 능력을 보여준 뿌리 깊은 기득권 세력과 대결해야 한다. 금융 시스템과 경제 모델 양쪽 모두에 압박이 가해지는 상황을 감안할 때, 중국 당국은 이제 그냥 뒤로 물러앉아 현재 방식대로 내버려둘 수 없다. 개혁이 너무도 어려운 과제임이 드러난 가운데 베이징 당국은 제3의 길을 선택한 것 같다. 당국은 경제력의 새로운 연결점을 발전시키는 식으로 당면한 문제를 끌어안고 성장하는 것을 꾀하고 있다.

8장

중국판
공급 중심 경제학

사우스캐롤라이나주 랭커스터 카운티는 1896년에 처음 목화에서 실을 잣기 시작했다. 그 전까지 섬유 제조업은 주로 북부 주들에 집중되어 있었지만, 남북전쟁 이후 값싸고 풍부한 노동력을 활용하기 위해 산업이 남쪽으로 옮겨왔다. 값싸고 풍부한 노동력이란 공장에서 좀처럼 고용하지 않는 해방 노예들이 아니라 농사를 지어 겨우 입에 풀칠이나 하는 가난한 백인 농부들을 의미한다.

랭커스터 카운티에 첫 번째 공장을 지은 르로이 스프링스Leroy Springs는 어렸을 때 남부연방 대통령인 제퍼슨 데이비스Jefferson Davis가 전쟁이 끝나고 리치먼드에서 도주하던 중 자신의 집에 잠시 들렀을 때 그와 구슬치기를 한 적도 있었다.[1] 스프링스가 처음 세운 공장은 큰 성공을 거두어서 몇 년 뒤에 그는 더 큰 시설을 지었다. 밀리언달러 공장Million Dollar Mill이라고 널리 알려진 곳이다. 이 4층짜리 건물은 한동안

전 세계에서 가장 큰 섬유 공장이었고, 문을 연 지 몇 년 후 사우스캐롤라이나에서 일곱 번째로 많은 직원을 거느리게 되었다.[2] 스프링스를 비롯한 이들은 더 많은 공장을 세웠고, 섬유업은 1세기가 넘게 랭커스터 카운티 경제의 핵심이 되었다.

20세기 후반에 미국이 점차 자유무역에 개방되는 가운데서도 미국 섬유 산업은 일본, 그리고 뒤이어 홍콩과 동남아시아, 라틴아메리카와의 경쟁에서 이길 수 있었다. 1980~2000년에 이루어진 자동화 물결 덕분에 평균적인 미국 섬유 노동자가 처리하는 면화의 양은 7배 증가했다.[3]

하지만 2002년 중국이 세계무역기구에 가입하면서 상황이 결판나기 시작했다. 예전에는 중국이 미국에 수출할 수 있는 섬유와 의류의 할당량이 있었는데, 중국이 세계무역기구에 가입하자마자 이 할당량이 대부분 사라졌다. 중국이 세계무역기구에 가입한 지 2년 만에 미국이 중국으로부터 수입하는 섬유가 4배 늘고, 미국 섬유 공장 200곳이 문을 닫았다.

밀리언달러 공장도 그중 하나였다. 설립 100주년인 2003년에 공장은 300명 이상을 정리 해고했다. 건물은 결국 철거되고 부지는 공원으로 바뀌었다. 4년 뒤, 스프링스가 세운 공장의 후예격인 회사는 랭커스터의 공장들 중 마지막까지 남아 있던 곳을 폐쇄하고 기계를 챙겨 브라질로 옮겨갔다.[4] 랭커스터에서 대규모 섬유 제조업이 종언을 고하자 카운티의 실업률이 치솟아서 최고조에 달한 2009년 중반에는 19퍼센트에 육박했다.[5] 그해에 『포브스』는 빈곤, 교육, 소득, 모기지 부채 등의 수준에 대한 조사에 근거해서 랭커스터가 미국에서 가장 취약한

카운티라고 밝혔다.[6]

2013년에 이르렀을 때 사우스캐롤라이나주에서는 지난 10년간 섬유 부문 일자리가 3만 개 이상 사라진 상황이었다. 무려 63퍼센트가 감소한 것이었다.[7] 그해에 나는 주산칭朱山青을 만났다. 국영 화학 회사에서 처음 일을 시작한 주산칭은 나중에 직접 창업해서 폴리에스테르 섬유를 거래했다. 중국이 세계무역기구에 가입한 해에 그는 처음으로 방적기를 구입했다. 내가 샤오산蕭山 ─ 항저우 외곽에 있는 공업 도시로 상하이에서 서남쪽으로 차로 2시간 반 거리에 있다 ─ 에 있는 그의 공장을 방문했을 때, 회사는 연간 15억 위안의 매출을 올린 상황이었다. 면화에서 뽑은 방적사가 매출의 대부분을 차지했다. 그 무렵 중국은 전 세계 섬유 생산의 37퍼센트를 차지했는데, 1990년대 말의 13퍼센트에 비해 크게 상승한 것이다.[8]

40대의 주산칭은 스포츠카, 값비싼 미술품, 희귀한 프랑스 와인 등 성공한 중국 기업가한테서 볼 수 있는 온갖 과시적인 요소를 모두 갖추고 있었다. 저녁을 먹으면서 그는 크리스탈Cristal 샴페인 한 병과 라피트보다 낫다고 호언장담하는 10년 묵은 프랑스 보르도 와인을 땄다(그의 접대 상대인 은행가들을 위해 딴 것이지 언론인인 나를 위한 것이 아니었다). 그는 황금색 아이폰 ─ 당시 중국 벼락부자들의 필수품이었다 ─을 계속 들여다보면서 주가를 확인했다.

내가 주산칭을 만나러 샤오산 공장까지 간 것은 그에게 원대한 확장 계획이 있었기 때문이다. 그렇지만 이 계획은 중국을 위한 것이 아니었다. 그는 사업의 큰 부분을 랭커스터로 옮길 생각이었다. 기네스 세계기록에서 세계에서 가장 매운 고추의 본고장으로 인정한 곳이자,[9]

1980년대에 TV 복음 전도사 짐 배커Jim Bakker와 태미 페이 배커 부부 Tammy Faye Bakker가 세운 놀이공원인 헤리티지USAHeritage USA가 있던 곳이다. 이 중국인 기업가는 2억 1,800만 달러를 들여서 공장을 짓겠다고 약속했다. 완공되면 미국인 500명이 일자리를 얻게 될 터였다.

주산칭은 랭커스터에 어울리는 사람이 아니다. 옷차림으로 보면 힙스터와 댄디의 중간쯤에 해당한다. 처음 만났을 때 그는 파란색 스웨이드 로퍼에 블레이저를 맞추어 입고 있었고, 회색빛으로 염색한 바가지 머리를 찰랑거렸다. 그렇지만 다른 면에서는 놀라울 만치 촌스러웠다. 회사 건물 4층에 있는 중역 전용 식당에서는 공장에서 키우는 지역 농산물로 만든 시골 음식을 내놓는다. 기숙사 뒤편에서 자란 죽순과 가지, 내가 애완용으로 착각한 오리, 공장 구내를 관통해 흐르고 나무가 늘어선 개울에 사는 물고기, 혀가 얼얼해지면서도 블루치즈 맛이 나는 취두부 등이다.

주산칭은 랭커스터에 단지 공장만 짓는 게 아니라 아예 사업의 중추까지 옮기기로 결정한 상태였다. 공장은 궁극적으로 연간 20만 톤의 방적사를 생산할 예정인데, 그 양은 당시 샤오산의 생산량의 3배가 넘는 규모였다. 주산칭이 사우스캐롤라이나에 매력을 느끼게 된 것은 그곳이 가진 섬유 생산의 역사, 노스캐롤라이나의 목화밭 및 찰스턴의 대규모 항구와의 근접성, 지방 당국이 제공한 수백만 달러 규모의 지원금과 세금 공제 때문이었다.[10] 하지만 랭커스터가 가진 매력과 무관하게 주산칭이 이전을 결정한 주된 이유는 미국이 혜택을 제공할 수 있다는 것보다는 중국이 그런 혜택을 제공할 수 없다는 점 때문이었다. "이 산업은 중국에서는 미래가 없습니다." 우리가 처음 만났을 때

주산칭이 말했다. "단지 성장하기가 어려운 게 아니에요. 살아남기가 어렵습니다."

자유무역과 세계화에서 중국만큼 혜택을 본 나라는 거의 없다. 중국은 일단 세계무역기구에 가입하자마자 바로 세계의 공장이 되어 다른 어느 나라보다도 저렴하게 대량 판매 시장용 공산품을 생산했다. 하지만 그런 시절은 이제 끝났다. 보스턴컨설팅그룹Boston Consulting Group에 따르면, 2014년에 이르렀을 때 미국에서의 생산비는 중국에 비해 평균적으로 겨우 5퍼센트 정도밖에 더 들지 않았다.[11] 2016년, 주중 미국상공회의소는 회원사의 4분의 1이 이미 사업의 일부를 중국 밖으로 옮겼거나 옮길 계획이라는 사실을 확인했다. 비용 상승이 주된 이유였다.[12]

무엇보다도 위안화 가치가 이제 더는 중국 수출업체에게 유리하게 작용하지 않는다. 여러 해 동안 미국 의원들은 중국이 자국 통화가치를 절하하는 것을 제재하기 위해 로비했지만, 2015년이 되었을 때 위안화는 10년 전에 비해 달러 대비 가치가 30퍼센트 이상 상승했다. 그 이후 위안화가 워낙 강세를 보여 중국 중앙은행은 환율이 너무 급격하게 떨어지는 사태를 막기 위해 개입해야 했다.

한편 중국 기업들 사이에 치열한 경쟁이 벌어지면서 주산칭의 회사 같은 업체들은 순이익률이 아주 낮아졌다. 2013년에 만났을 때 그는 다소 과장되게 불만을 토로했다. "방적사 부문의 설비 과잉은 철강보다도 심각합니다." 방적사 생산은 그냥 방적기 여러 대를 구입해서 전원을 꽂으면 될 만큼 간단하기 때문에 호시절에는 많은 업체가 몸집을 부풀렸다. "설비를 늘리는 게 워낙 쉬우니까요."

생산 비용이 크게 상승하면서 이윤은 더욱 줄어들고 있다. 예를 들어, 주산칭은 랭커스터로 이전하면 전기 요금이 절반으로 줄어들 것이라고 계산했다. 미국은 땅값도 싸다. 샤오산 같은 곳에서는 주산칭이 처음 방적사를 생산하기 시작한 이래 토지 가격이 워낙 크게 올라서 신규 공장을 지으려면 땅값이 너무 많이 든다. 주산칭은 공장을 스옌 같은 도시나 산을 깎아 만든 평원에 저렴한 산업 용지가 조성되어 있는 중국 내륙 깊숙한 곳으로 이전할 수도 있다고 인정하지만, 그렇게 되면 방적사를 필요한 곳으로 보내는—수출을 위해 연안으로 보내거나 국내 직물 제조업체에 보내는—비용이 늘어나는 반면 다른 절감 요인은 없다.

그리고 노동력 문제도 있다. 중국에서는 임금이 워낙 많이 올라 의류나 장난감 같은 노동집약 산업들이 다른 나라로 우르르 옮겨가고 있다. 노동임금이 중국에 비해 4분의 1에 불과한 방글라데시나 노동비용이 절반밖에 되지 않는 베트남이 대표적이다.[13] 노동비용은 여전히 미국이 훨씬 높다는 점을 지적해두자. 주산칭의 계산에 따르면, 사우스캐롤라이나의 노동자는 샤오산의 노동자에 비해 6배나 많은 임금을 받는다. 그가 사업을 이전할 수 있는 것은 현대의 방적 공장이 거의 완전히 자동화되어서 노동비용이 전체 비용 가운데 아주 작은 부분밖에 차지하지 않기 때문이다. 그렇다 하더라도 몇 년 전까지만 해도 미국과 중국의 임금 격차가 워낙 커서 주산칭은 경제적 타산을 맞추지 못했다. 하지만 2013년에 이르자 임금 격차가 6년 전에 비해 절반으로 줄어들었고, 지금 추세가 계속되면 2019년에는 다시 절반으로 줄어들 것이다.

수십 년 동안 중국은 돈을 더 많이 버는 도시에서 일하기 위해 농촌을 떠나려는 노동자들을 끝없이 공급받는 것처럼 보였다. 더 많은 노동자가 속속 생겨나면서 임금은 계속 낮은 수준에 머물렀다. 하지만 그런 끝없는 공급은 이제 종언을 고하고 있다. 농촌을 돌아다니다보면, 유심히 살펴보지 않더라도 많은 마을에 아이들과 나이 든 보호자들만 남아 있는 것을 알 수 있다. 노동연령 인구는 이미 도시로 떠난 것이다. 모든 개발도상국은 빠르게 오랫동안 발전하다 결국 어느 시점에 이르면 도시의 공장 일자리를 찾는 신규 노동자들의 물결이 점점 줄어드는 것을 경험한다. 중국에서도 바로 이런 일이 벌어지고 있다. 그러면서도 중국이 다른 나라와 다른 점은 전체적인 노동인구가 감소한다는 것이다.

숙명적인 인구 변화

2012년, 15~59세 중국인의 수가 감소하기 시작하면서 300만 명 이상이 줄어들었다.[14] 유엔 인구국에 따르면, 중국의 노동연령 인구(현재 약 10억 명)는 2015~2030년에 4,500만 명이 감소하고, 2050년까지 1억 5,000만 명이 추가로 줄어들 것이다.

보통 이런 식의 인구 추이 반전은 전쟁이나 질병, 기근 때문에 생긴다. 하지만 중국의 인구문제는 정부 정책의 의도치 않은 결과이다. 과거에 중국 정부는 자국의 인구가 감당할 수 없을 정도로 많아질 것을 우려해 1979년에 부부가 가질 수 있는 자녀 수를 제한했다. 도시에서는 대개 한 자녀가 한계였다. 처음에는 이 정책이 경제에 유리하게 작용했다. 출산율이 곤두박질치자 돌봐야 하는 아이가 줄어들었다. 육아 부담에서 벗어나자 보다 많은 노동 연령대의 사람들이 산업에 투입될 수 있었다. 하지만 지금은 정반대 상황이 펼쳐지고 있다.

중국 인구는 세계 어느 나라보다도 빠르게 노령화하고 있다. 2015년 중국에는 노인 1명당 그를 부양할 노동연령 성인이 7.7명 있었다. 2030년에는 그 비율이 4 대 1로 떨어지고, 2050년이 되면 2 대 1에 불과할 것이다. 이처럼 다가오는 인구 위기를 감지한 중국은 2015년에 한 자녀 정책을 폐지했다. 이제 부부는 두 자녀를 가질 수 있으며, 정부는 두 자녀를 권장하는 중이다. 그럼에도 불구하고 이미 피해는 발생했다. 다른 많은 나라들 — 일본이 대표적이다 — 도 비슷한 노령화 과정을 거치고 있지만, 중국은 부자 나라 반열에 오르기 전에 노령화될 것이라는 도전에 직면해 있다. 실제로 노령화 과정 때문에 이런 변화를 달성하기가 훨씬 어려울 것이다. 의료보험과 연금에 더 많은 국가 자원을 투입해야 하고, 생산 노동자들을 돌봄 노동으로 이동시켜야 할 것이기 때문이다. 혼인 연령대 인구수가 급락함에 따라 신축 아파트에 대한 수요도 줄어들고, 철강과 시멘트부터 평면 TV까지 모든 제품에 대한 수요도 줄어들 것이다. 무엇보다도 노동력의 감소는 임금 상승을 의미한다. 노동자들의 생산성이 올라서가 아니라 고용주들이 노동자를 확보하기 위해 더 많은 돈을 주어야 하기 때문이다.

2016년 말까지 중국 재무장관을 지낸 루지웨이가 중국의 성장 전망에 대해 그토록 비관적인 것은 바로 이런 이유 때문이다. "향후 5~10

년 안에 중국은 중진국 함정에 빠져들 가능성이 농후합니다. 나는 그 가능성을 50 대 50으로 봅니다." 2015년 중반 그가 칭화대학 학생들을 대상으로 한 연설에서 한 말이다. "왜 그럴까요? (……) 사회가 노령화되고 노동연령 인구가 너무 빠르게 감소하기 때문입니다."

중진국 함정이란 세계은행 경제학자들이 처음 만들어낸 개념이다. 그들은 1960년에는 "중진국"(즉 가난에 빠지지는 않았지만 선진국 자격에 부합하지는 못하는 나라)으로 분류할 수 있었던 개발도상국 101개국 중에서 2008년이 되었을 때 부자 나라가 된 것은 오직 13개국─일본, 한국, 싱가포르, 아일랜드 등이 이 그룹에 포함된다─뿐이라는 사실을 밝혀냈다. 선진국으로 도약하지 못한 다른 나라들 중 다수는 성장 속도가 저하되다 다시 회복하지 못하기 전까지는 순조롭게 궤도에 올라 있는 것처럼 보였다. 태국과 말레이시아는 아시아 금융 위기가 발발하기 전인 1990년대에는 "호랑이 경제"라는 찬사를 받았다. 마찬가지로 브라질과 멕시코는 한때 세계에서 가장 빠르게 성장하는 경제였지만, 지금은 중진국 신세를 계속 면치 못하는 것처럼 보인다.

경제학자들은 대체로 개발도상국이 단순히 농촌 사람들을 도시로 끌어내 공장에서 일하게 만드는 방식만으로도 일정한 수준의 부를 획득할 수 있다는 데 동의한다. 하지만 일정 시점이 되면 노동비용이 상승하기 시작하며, 계속 상승 궤적을 따라가려면 전체 경제가 어떤 식으로든 변형될 필요가 있다. 경제학자들이 동의하지 못하는 점은 이런 이행을 촉진하기 위해 어떤 종류의 개혁이 필요한가 하는 것이다.

"중진국 함정"은 중국 지도부가 질색하는 개념이다. 2015년, 세계은행은 1인당 국민총소득^{GNI}이 1만 2,475달러 이상인 나라를 부국으로 정의했는데, 이 기준 금액은 매년 2퍼센트 정도씩 상승한다. 2016년 중국의 1인당 국내총생산은 8,000달러였다. 만약 중국 경제가—2015년 수준인—연간 6.5퍼센트씩 성장을 계속한다면, 2020년대 중반에는 공식적으로 부국의 대열에 들어갈 수 있다. 연간 3퍼센트씩 성장하면 거의 50년이 걸릴 것이다. 2퍼센트의 경우에는 제자리걸음에 그칠 것이다.

물론 중국이 어떤 임의의 소득 수준을 달성하는지 여부는 별 의미가 없다. 중요한 것은 정치적으로 수용 가능한 시간 안에 중국이 부유한 세계를 따라잡을 만큼 충분히 빠르게 성장을 계속할 수 있는지—그리하여 대중이 일반적으로 중국이 세계 질서에서 마땅히 차지해야 한다고 생각하는 지위를 회복할 수 있는지—여부이다. 루지웨이는 해법은—만약 그런 게 있다면—자유 시장 개혁을 통해 경제의 효율성을 높이는 것이라고 주장했다. 중국은 비용이 저렴한 한 효율적일 필요는 전혀 없었고, 그리하여 엄청난 양의 낭비가 생겨났다. 그렇지만 만약 노동, 토지, 농업을 위한 자원의 할당을 시장에 맡긴다면, 효율성이 증대되어 더 튼튼하고 지속 가능한 경제가 만들어질 것이라고 루지웨이는 주장했다. 확실히 루지웨이의 개혁이 실현되었다면, 주산칭은 미국으로 이전해야 한다는 강박을 결코 느끼지 않았을 것이다.

사실 미국은 주산칭에게 완벽한 해답은 아니었다. 거의 2년 뒤에 다시 그를 만났을 때, 그는 랭커스터에 일자리를 찾는 사람은 많아도—"매일 지원서가 들어온다고요!"—자신이 찾는 적임자는 없다고 불만을 토로했다. 전에 섬유 분야에서 일했던 사람들은 주산칭이 운영 중인 첨단 기술 작업을 전혀 경험해보지 못한 이들이었다. 한편 그는 주간에 일하는 인력보다 야간에 일하는 사람들에게 더 많은 급여를 주어야 한다는 개념 때문에 고심하고 있었다. 그리고 중국에서와 달리 직원들을 기숙사에 수용할 필요가 없어서 만족스러워했지만─"여기는 전부들 자기 차가 있어요!"─미국인 노동자들에게 규율을 강제하는 데 애를 먹고 있었다. 휴식 시간이 긴 데다 사람들이 정해진 시간에도 돌아오지 않았기 때문이다. 중국에서 그랬던 것처럼 기계가 순조롭게 돌아가기만 한다면 이런 일들은 아무 문제가 아니겠지만, 새로 뽑은 미국인 직원들에게 운전을 맡기자 예전에 비해 생산성이 한참 떨어졌다. 그가 잔뜩 화가 나 말했다. "사람이 기계를 책임지는 거지 (……) 기계가 사람을 책임지는 게 아니에요."

앞서 주산칭은 샤오산에서 노동자들을 데려와서 미국인들에게 중국식 효율성에 관해 가르쳤다. 그는 미국에서의 사업을 포기할 생각이 전혀 없었고, 이미 확장 계획을 수립해서 내달리고 있었다. 게다가 현재 절감하는 비용을 감안하면 그가 노동력과 관련해서 겪는 어려움은 그냥 짜증나는 일에 불과하다. 국제섬유제조업연맹International Textile Manufacturers Federation에 따르면, 2014년에 중국에서 방적사를 생산하는 비용은 미국에 비해 30퍼센트나 높았다.[15] 주로 면화 가격 때문이다.

미국에서는 광대한 밭에서 목화를 재배한다. 기계가 모든 작업을 해─기계가 목화를 따고 씨를 빼내어 꾸러미로 포장한다─수십 명의 노동력을 대신한다. 중국, 특히 주산칭의 공장이 있는 동부 지방에서는 집집마다 작은 땅에 목화를 기른다. 경작지 통합 같은 건 없다. 농민들이 그 땅을 소유하는 게 아니어서 팔 수 없기 때문이다. 따라서 농민들은 기계에 투자할 생각을 안 한다. 그냥 손으로 목화를 딸 뿐이다. 그리고 길가와 자기 집 현관에 펼쳐놓고 말린다.[16] 그다음에 작은 트럭이나 삼륜 트랙터로 운반한다. 그리고 많은 농민들이 시장에 근거해 자신이 내리는 결정이 아니라 지방 공무원의 엄격한 지침에 따라 작물을 심는다.

중국에서 섬유 산업이 다른 나라에서 더 효율적으로 생산되는 면화와 경쟁할 수 있는 것은 베이징 당국이 면화 수입을 제한하기 때문이다. 중국 섬유 제조업체들은 자국에서 재배된 면화에 더 높은 값을 치르는 것 말고는 달리 선택의 여지가 없다. 위안화가 약할 때는 이런 조치가 중국의 면화 재배 농민들의 비효율성을 상쇄하는 데 도움이 되지만, 최근 몇 년간 국내산 면화는 때로 국제시장에서 구입하는 면화보다 50퍼센트 더 비쌌다. 면화 생산의 효율성을 높이는 개혁은 여전히 정치적으로 지지받지 못한다. 대신 베이징 당국은 할당량과 보조금을 활용해서 면화 산업을 떠받친다.

"왜 내가 낙관적이지 못한 걸까요?" 2015년 연설에서 루지웨이 재무장관이 물었다. "다른 나라들에서는 이 과정 — 소유권, 개방, 토지 거래 허가 등의 과정 — 이 발전하는 데 20년이 걸렸지만, 중국은 부유해지기 전에 노령화가 나타나는 문제 때문에 조정 작업을 할 시간이 5년에서 10년밖에 없기 때문입니다."

공급 중심 개혁

2016년 말 루지웨이는 예상치 못하게 재무장관 자리에서 물러났다. 그 무렵 중국이 그가 구상한 방식의 개혁으로 나아가고 있지 않다는 것은 분명했다. 대신 시진핑 주석은 아주 다른 개혁 전략을 공개했다. 시장에 기반한 자유화를 피하면서 보수적인 국가 주도 산업 정책을 선호하는 전략이었다. 그는 이 전략을 "공급 중심 구조 개혁"이라고 지칭했다. 2016년 중반 『인민일보』 1면에 익명으로 칼럼이 발표되었다. 많은 이들이 이 글을 시진핑의 최측근 경제 보좌관이 썼다고 생각했는데, 이 글에 따르면 공급 중심 개혁은 "중국을 중진국 함정에서 구조하는 생명줄"이 될 터였다.

언뜻 보기에 이 전략은 중국공산당이 받아들이기에는 어울리지 않는 경제사상 학파처럼 보인다. 어쨌든 공급 중심 경제학은 로널드 레이건Ronald Reagan과 가장 밀접하게 연결되어 있다. 레이건 시절에 공급 중심 경제학—다른 말로 "낙수 효과trickle-down" 경제학이나 "부두voodoo" 경제학이라고 불렸다—은 법인세를 감면해서 경제를 부양하는 것을 의미했다.

정통 경제학 이론에서는 경제의 수요 측면—즉 가구와 개인—으로 부를 이전해서 사람들이 더 많이 소비를 하면 성장이 진작된다고 주장한다. 반면 레이건은 공급 측면—즉 기업과 산업, 그리고 소비자보다는 생산자—에 부를 제공하면 그 부가 공장 신설에 재투자되어 일자리가 생기고 결국 소비가 진작된다고 주장했다.

하지만 시진핑의 공급 중심 개혁의 이면에 자리한 경제학은 아주 다르다. 그러나 레이건의 개혁과 마찬가지로 시진핑의 개혁 의제 역시 경제학의 일반적인 합의에 직접적으로 도전한다. 중국에 정말로 필요한 것은 수요 측면 개혁이라거나, 1990년대 이래 자유주의 경제학자들이 주장한 것처럼 중국은 소비 주도 성장을 향해 균형을 회복해야한다는 합의에 도전하는 것이다.

투자 중심에서 소비 중심으로 균형을 회복한다는 아이디어에 따르면, 철강, 시멘트, 유리 등의 수요를 창출하기 위해 부채의 양을 끊임없이 늘리는 데 의존하는 대신, 영화표를 사고, 레스토랑에서 외식을 하고, 수학 과외 교사를 채용하고, 성형수술을 받고, 재화와 서비스를 소비하는 데 일반적으로 돈을 쓰는 보통 사람들에게 경제성장을 의존해야 한다. 이런 식의 성장이 보통 더 지속 가능한 것으로 간주된다. 대부분의 선진국에서는 그런 식으로 성장을 추동하며, 가계가 가처분소득이 많아지기만 한다면—논리적으로 보았을 때—중국에서도 아마그렇게 될 것이다.

폭스바겐 자동차가 도로를 가득 메우고 스타벅스 매장이 우후죽순처럼 생겨나는 데서도 알 수 있듯, 중국은 이미 의심의 여지 없이 소비자의 나라이다. 문제는 중국인들이 소비를 하지 않는 게 아니라, 잠재력에 한참 못 미치는 소비를 한다는 것이다. 달리 말해, 중국의 보통사람들은 현재 거침없이 커지는 파이의 혜택을 누리고는 있지만, 각각이 그 파이에서 얻는 몫이 너무 적다. 국부의 많은 부분이 결국에는 국가의 수중으로 들어가기 때문이다. 좀더 지속 가능한 성장 모델을 구축하려면 투자에서 소비로 경제의 균형을 바꿔야 한다.

실제로 이것은 정부가 철강 공장을 계속 유지하기 위해 보조금을 제공하는 대신 보건의료와 연금에 세금을 투입해야 한다는 것을 의미한다. 그래야 사람들이 의료비와 은퇴를 대비해 그만큼 저축을 하지 않아도 되기 때문이다. 또한 경쟁을 통해 가격을 낮추면서 가처분소득이 지금보다 더 많은 사람들에게 돌아갈 수 있도록 독점체를 깨뜨려야 한다. 지방정부들이 농민의 경작지를 수용하는 권리를 박탈해야 한다. 그래야 마을 사람들이 자기 땅을 스스로 팔거나 임대하거나 개발함으로써 그 땅의 참된 경제적 가치를 누릴 수 있다. 그리고 자의적으로 수수료와 뇌물을 우려내는 관료 집단의 권력을 제거해야 한다. 그래야 민간 부문이 평평한 경기장에서 경쟁하면서 더 싸고 효율적인 서비스를 제공할 수 있다. 일단 이런 자원이 다른 곳으로 돌려지면, 경제는 투자에서 소비로 균형을 다시 잡을 수 있다. 요컨대 소비 주도 성장을 하려면 국가의 경제 통제를 실질적으로 해체할 필요가 있다.

하지만 시진핑은 소비 주도 성장 주장의 근거가 되는 가정 자체에 이의를 제기한다. 2016년 중반 그는 이렇게 말했다. "증거를 살펴보면, 중국은 수요가 부족하거나 아예 존재하지 않는 게 아니라 수요가 바뀌고 있는데 공급 측면이 그에 따라 바뀌지 않았다는 겁니다."[17]

중국이 처한 곤경에 대해 시진핑은 경제가 어떤 것들은 너무 많이 생산—또는 공급—하고 다른 것들은 충분히 생산하지 못한다고 이해한다. 한편으로 철강과 시멘트 같은 산업은 실제 필요한 수준을 훌쩍 뛰어넘는 양을 생산하고 있다. 다른 한편, 여전히 중국은 스스로 생산하지 못하는 품목들을 어마어마할 정도로 수입한다. 공급 중심 개혁을 하려면 남아도는 공장을 폐쇄하고, 중국이 필요로 하지만 현재 만들지 않는 물건들을 생산하는 공장을 새로 지어야 한다. 볼펜의 사례는 아마 시진핑의 미래상을 가장 압축적으로 보여주는 예일 것이다.

중국은 연간 약 380억 개의 펜을 생산해 전 세계 펜 생산량의 80퍼센트를 담당하고 있지만, 리커창 총리에 따르면 중국산 펜은 전혀 기대에 부응하지 못한다. 소문에 따르면 리커창 총리는 2015년 스위스 다보스에서 열린 세계경제포럼에 참석했을 때 스위스제 볼펜을 워낙 애용했던 나머지 중국에 돌아온 뒤 해명을 요구할 정도였다고 한다. "왜 중국은 부드럽고 쉽게 잘 써지는 펜을 생산하지 못하나?"[18]

양질의 볼펜을 생산하는 데 관건이 되는 것은 펜촉 끝에 딱 들어맞는 아주 작은 볼베어링이다. 볼베어링은 종이 위로 구르는 동안 회전하면서 펜촉에 새겨진 작은 홈을 통해 카트리지에서 흘러나오는 잉크를 종이로 옮긴다. 중국 펜의 품질 불량을 다룬 국영방송의 자기 분석 프로그램에서 인터뷰를 한 중국 최대의 볼펜 제조업체 베이파그룹Beifa Group, 贝发集团의 최고경영자 추지밍邱智铭은 볼에 쓸 고품질의 철강뿐만 아니라 그걸 생산하는 데 쓸 오차의 여지가 전혀 없는 첨단 기계와 컴퓨터 측정 설비가 필요하다고 설명했다. 볼이 너무 크면 펜촉 안에서 제대로 회전하지 않는다. 또 너무 작으면 잉크가 쏟아져 나온다. 완전한 구형이 아니면 부드럽게 글씨가 써지지 않는다. 너무 부드러우면 종이에 글자를 쓸 때 방향 전환이 어렵다. 요컨대 결국 중국은 볼을 생산하지 못한다는 것이었다. 2016년 초 리커창 총리는 격앙된 어조로 말했다. "우리는 철강 산업에서 설비 과잉에 시달리고 있는데도 (……) 볼펜에 들어가는 볼베어링용 철강을 생산할 능력이 없습니다. 지금도 이 철강을 수입해야 합니다."[19]

중국의 볼펜 제조업체 3,000곳은 필요한 볼베어링의 거의 전부를 독일과 일본에서 수입한다.[20] 게다가 볼펜에 사용되는 잉크도 대부분 수입한다. 사실 중국은 볼펜을 만든다기보다는 그냥 조립할 뿐이다. 한때는 수작업으로 조립했지만 노동비용이 상승함에 따라 지금은 보통 스위스에서 제작한 기계를 이용한다.

실제로 우리가 "메이드 인 차이나"라고 생각하는 많은 것들이 그저 중국에서 조립만 될 뿐이다. 중국에서 아이폰을 "만들기" 위해 수십만 명이 고용되어 있지만, 그들은 최종 제품의 전체 가치에서 일부만을 차지한다. 2010년 아시아개발은행 연구소Asian Development Bank Institute에서 작성한 한 논문에 따르면, 아이폰 한 대의 가치를 따져볼 때 스크린과 플래시메모리를 공급하는 일본이 34퍼센트, 카메라와 전력 제어칩 PMIC을 만드는 독일이 17퍼센트, SD램을 만드는 한국이 13퍼센트를 차지했다. 중국이 기여하는 비율은 3.6퍼센트에 불과했는데, 주로 노동비용이었다.[21] 그 후로 중국의 비중이 늘긴 했지만 여전히 10퍼센트에 미치지 못한다.

여기서 공급 중심 구조 개혁이 등장한다. 이 개혁의 골자는 수입 대체 계획이다. 중국에서 조립하는 아이폰 같은 제품에 들어가는 부품 가운데 훨씬 많은 부분을 중국이 직접 제조하는 것이 목표다. 베이징 당국은 2025년경에는 중국 기업들이 현지에서 제조되는 상품에 사용되는 기본 핵심 부품과 기본 재료의 70퍼센트를 생산할 수 있기를 바란다. (이 목표와 비교해보면 2015년 현재 중국은 현지에서 조립하는 휴대전화에 사용되는 칩의 약 80퍼센트를 수입하고 있다.)[22] 만약 중국이 이런 목표치를 달성한다면, 그 성공에는 현재 아이폰의 핵심 부품이나 볼펜의 첨단 기술 부품을 생산하는 나라들의 희생이 수반될 것이다. 하지만 중국이 여전히 그런 부품을 만들지 못하는 데에는 주된 이유가 있다.

중국과 마찬가지로 스위스에서도 볼펜 산업이 번성 중인데, 중국의 볼펜은 보통 묶음으로 생산되어 문구점에서 팔리는 반면, 스위스의 대형 기업들은 홍보용 볼펜 생산에 집중한다. 세계경제포럼에서 로고를 새겨 배포하는 볼펜이 한 예다. 게다가 스위스 볼펜은 대부분 처음부터 끝까지 — 한 회사의 문구대로라면 "뚜껑부터 펜촉까지" — 중국은 살 수 없는, 스위스 회사들만이 보유한 특허 기술을 이용해서 스위스 내에서 만들어진다.[23] 마찬가지로, 독일과 일본은 볼베어링을 중국에 판매하려고 하면서도 중국이 자체적으로 볼베어링을 만들 수 있도록 기술을 팔 생각은 하지 않는다. 어떤 산업이든 최고의 기술은 보통 그것을 개발한 회사들이 빈틈없이 보유하고 있다. 만약 중국이 더 좋은 볼펜을 만들려고 한다면, 구성 부품을 만들 수 있는 기술이 필요하다. 그런데 이 기술은 바로 살 수 있는 것이 아니다. 대신 중국은 기술 격차를 넘어서기 위해 혁신을 해야 한다. 그런데 이런 혁신이 쉽지 않은 것이다.

"저는 수십 년 동안 중국에서 사업을 해왔고, 장담하건대, 중국인들은 시험을 볼 수는 있어요. 하지만 혁신은 하지 못합니다." 휴렛패커드의 전 최고경영자 칼리 피오리나Carly Fiorina는 2016년 공화당 대통령 후보 경선에서 이렇게 말했다. "그 사람들은 상상력이라곤 정말 눈곱만치도 없어요."[24]

이런 믿음은 널리 퍼져 있지만 이제는 거의 타당하지 않다. 중국에서 손꼽히는 규모의 기술 기업 중 일부―그 대부분은 실리콘밸리에서 성공한 스타트업을 그대로 모방해서 출발했다―는 스스로의 힘으로 개척자가 되었다. 명목상으로는 텐센트^{Tencent}가 구축한 메신저 앱인 위챗^{WeChat}은 미국의 인터넷 회사들이 열망하는 지위의 본보기로 진화하고 있다. 소셜미디어를 공유하고, 각종 요금을 납부하고, 돈을 송금하고, 데이트 상대를 만나고, 레스토랑을 예약하는 등의 기능 목록이 끝없이 늘어나는 통합 플랫폼이 된 것이다. 기술 스펙트럼의 반대편 끝을 보면, 잡지 『와이어드^{Wired}』는 중국 남부 국경 너머로 홍콩과 마주보는 민간 부문 허브인 선전에 하드웨어의 실리콘밸리라는 이름을 붙였다. 언제든 곧바로 기술 부품을 공급하는 능력과 실험 문화, 그리고 사람들이 아이디어를 받아들여 기본형 제품을 만들어내는 속도 때문이다.[25]

그렇지만 밑에서부터 이루어지는 이런 시장 주도의 기업가 정신은 베이징이 혁신에 대한 열망을 실현할 수 있기를 기대하면서 펼치는 국가 주도의 목표 중심적 전략과 동떨어져 있다. 이런 전략의 핵심에 있는 것은 돈이다. 경제협력개발기구^{OECD}에 따르면, 경제 규모에 비해 중국은 이미 유럽연합보다 연구 개발에 더 많은 돈을 쓰고 있으며, 지금 추세대로라면 2020년에는 총지출에서 미국을 능가할 것이다.[26] 그 돈의 대부분은 세계 최대의 천체입자물리학 연구소 같은 비현실적인 특별한 연구 시설에 투자되고 있다. 쓰촨의 지하 2킬로미터 깊이에 묻혀 있는 이 연구소는 암흑물질 실험에 이용된다.[27] 중국 동남부에 지어지고 있는 사방으로 뻗은 지하 단지는 중성미자 연구에 활용될 것이다.[28] 구이저우성의 전파망원경은 세계 최대의 크기로 직경이 0.5킬로미터에 달해 과학자들은 과거 어느 때보다도 밤하늘을 더 깊이 들여다볼 수 있다.[29] 2016년에 중국이 발사한 세계 최초의 양자 위성은 더욱 안전한 통신을 개발하는 데 활용될 수 있다.[30] 중국은 이 모든 프로젝트들이 성과를 내서 미래 산업에 활용되기를 기대한다.

하지만 단기적으로 보면, 베이징 당국은 국영기업에 혁신을 크게 의존하고 있다. 몇 가지 성공 사례도 있다. 2017년 초, 한 국영 철강 회사가 볼펜 펜촉에 들어가는 볼베어링을 만드는 자체 기술을 개발했다고 발표했다. 하지만 베이징 당국이 추구하는 전략이 시장의 유인보다는 관료주의의 유인에 따라 움직인다는 사실을 감안하면, 정부가 들인 노력보다 실제로 큰 가치를 실현시켰는지 조금 의문이 든다.

2015년, 중국인들은 약 180만 건의 국내 특허를 신청했지만—6년 전에 비해 대략 2배에 달하는 수치이다—중국에서는 다른 나라에 비해 특허 등록 문턱이 훨씬 낮다.[31] 따라서 이 특허들 중 고작 5퍼센트만이 해외에서도 신청되었는데, 이 비율은 신청된 특허의 절반 이상이 해외에도 신청되는 미국이나 3분의 1이 해외에 신청되는 일본과 비교된다.[32] 게다가 많은 특허가 이듬해에 등록되지 않는데, 경제적 가치가 전혀 없거나 애초에 특허 보호 신청을 한 배후의 동기가 정부가 특허를 등록하기만 해도 지급하는 보조금을 받기 위한 것이기 때문이다.

따라서 베이징 당국은 자국의 토착 혁신가들의 창의성에만 의존하기보다는 몇 가지 지름길을 택하고 있다. 2014년 당시 FBI국장이었던 제임스 코미James Comey는 〈60분〉 인터뷰에서 이렇게 말했다. "중국인들에게 해킹을 당하면서도 그런 사실을 알지 못하는 사람들이 있습니다." 중국인들은 "[중국 기업들이] 발명하지 않아도 되도록 자신들에게 유용한 정보"를 찾고 있다.[33] 중국은 대규모로 산업 스파이 활동을 벌인다. 하지만 외국 기업들이 첨단 연구를 상품화할 기회를 갖기 전에 그 연구를 훔치는 것은 해외에서 개발된 지적재산권을 획득하기 위한 광범위한 캠페인의 작은 일부에 불과하다. 중국은 오래전부터 자국에서 제품을 판매하기를 원하는 외국 기업들에게 중국 기업과 합작 투자 회사를 세워서 특허 기술을 공유할 것을 요구하고 있다. 가령 중국에서 GM 브랜드로 팔리는 자동차는 GM과 상하이에 소재한 국영기업이 각각 절반씩 소유한 기업이 생산한다. 세계에서 인구가 가장 많은 시장에 진입하려면 그런 대가를 치러야 한다. 외국 기업들은 오래된 기술만 양도하려고 하지만 베이징 당국은 입장료를 계속 올리는 중이다. "이제는 최첨단 기술을 공유하자는 요구가 높아지고 있다." 주중 유럽연합상공회의소는 중국의 산업 정책에 관한 2017년 문서에서 이렇게 지적했다. "과거에 일부 외국 기업들은 최소한 기술 이전을 부분적으로 제한했고 (……) 그러므로 적어도 장기적인 경쟁력을 위태롭게 만들지 않을 수 있었다. 하지만 이제는 점점 그렇게 하기가 어려워지고 있다."[34]

중국 기업들 또한 해외로 나가서 자신들이 원하는 기술을 보유한 외국 기업을 손에 넣고 있다. 유럽연합상공회의소 문서에 따르면, 중국 기업들은 2016년에 유럽에서 350억 유로를 투자했는데, 이것은 전년도에 비해 77퍼센트가 증가한 동시에 유럽의 대중국 투자보다 4배 많은 액수다.[35] 이 돈의 대부분은 중국 정부가 중국 기업을 사들이려는 외국 기업들에게 접근 금지령을 내린 최첨단 로봇공학 같은 분야로 들어가고 있다. 이런 인수가 가능한 것은 국가가 후원하는 대규모

군자금 덕분이다. "중국의 전략은 특히 대규모 지출에 의존한다. 이 지출에는 기술 구매뿐만 아니라 투자와 인수에 대한 지원도 목표로 삼아 10년에 걸쳐 공공과 국가에 의해 움직일 민간 자금 1,500억 달러도 포함되어 있다." 오바마의 백악관은 반도체 분야에서 세계 지도자가 되려는 중국의 전략에 관한 2017년 보고서에서 이렇게 지적했다. "중국은 또한 현지화와 기술 이전을 촉진하기 위해 자국 시장에 접근하는 데 여러 조건을 부과한다."[36]

물론 일단 기술을 확보하면 그 기술을 중심으로 경쟁력 있는 사업을 구축할 필요가 있다. 겉으로 보면, 세계 일류의 로봇공학이나 반도체 산업을 구축하는 문제에 관한 한 중국은 일본이나 한국, 독일, 또는 심지어 미국에 대해서도 자연적 우위가 전혀 없어 보인다. 외국 기업들과 정부들이 신경질적인 반응을 보이는 것은 중국이 자연적 우위가 전혀 없는 산업들에서 세계를 지배하는 지위에 올라서는 당혹스러운 기록을 보여주기 때문이다.

보호주의

미국 최대의 철강업체인 뉴코어Nucor Corporation의 부사장 짐 다시Jim Darsey는 미국 하원에 제출한 의견서에서 이렇게 말했다. "중국이 철강을 만드는 데 필요한 것들—즉 원료와 저렴한 에너지—이 대부분 없는 상황에서 중국공산당은 1990년대 말에 세계 최대의 철강 산업을 건설하기로 대담한 결정을 내렸습니다."[37] 2015년 미국 철강 산업은 일자리 1만 2,000개를 잃었다.[38] 그해에 중국은 국내에서 대규모 설비 과잉 문제에 직면한 가운데 1억 1,200만 톤의 철강을 수출했다. 미국, 캐나다, 멕시코의 생산량을 전부 합친 것보다 많은 양이었다.[39] 10년 전에 중국이 여전히 철강 순수입국이었던 점을 감안하면 더욱 놀라운 위업이었다.[40] "미국이 철강 제조의 경쟁력을 잃었기 때문에 이 수입품이 들어오는 게 아닙니다. 사실은 정반대입니다. 우리는 원료가 풍부하고 에너지 가격도 낮습니다. 그리고 전 세계에서 가장 생산성 높은 철강 노동자를 보유하고 있습니다." 다시가 말했다. "하지만 전혀 수익률을 낼 필요가 없는 산업을 성장시키는 데 자원을 무제한으로 쏟아붓는 외국 정부들과는 경쟁이 되지 않습니다."[41]

연구자인 우샤 헤일리Usha Haley와 조지 헤일리George Haley가 2013년에 쓴 책 『중국 산업에 투입되는 보조금Subsidies to Chinese Industry』에 따르면, 2000~2007년에 중국 철강 제조업체에 투입된 보조금은 3,800퍼센트 증가했는데, 그 대부분이 발전용 석탄, 점결탄coking coal, 전기 등의 형태로 지원되었다.[42] 2007년에 철강 산업에 투입된 에너지 보조금만 해도 157억 달러에 이르는데, 이 금액은 뉴코어의 총매출액과 맞먹는다.[43]

설비 과잉이라는 곤경에 빠져 있는 또 다른 산업인 제지업에서도 비슷한 일이 벌어졌다. 2008년, 중국은 미국이나 유럽연합에서 생산되는 것보다 훨씬 싼 종이 제품을 만들어냄으로써 세계 최대의 제지 산업국 지위를 미국으로부터 넘겨받았다.[44] 그렇지만 중국에는 숲이 거의 없고, 물—종이를 만드는 데 중요한 또 다른 원료다—도 상대적으로 부족하다. 노동비용은 종이 제조 비용의 4퍼센트를 차지할 뿐이다.

헤일리 부부는 철강, 제지, 유리, 자동차 부품에 투입되는 중국의 보조금을 추적하는 자신들의 책에서 이렇게 말한다. "노동비용이 사소한 역할을 하는 이 모든 자본 집약적인 산업에서 (……) 대략 5년 만에 중국은 순수입국에서 전 세계에서 손꼽히는 생산국이자 수출국으로 발돋움했다."[45]

문제는 중국이 자신들이 중요하게 여기는 이 산업들을 지배할 수 있다는 사실이 아니라, 지배를 가능케 한 정책이 또한 막대한 규모의 낭비를 야기한다는 것이다. "정부가 발전 정책을 시행하는 식으로 일정한 산업을 지원하기로 선택하면 (……) 그 산업들은 결국 설비 과잉에 빠진다." 중국의 저명한 경제학자 판강樊綱의 말이다. "일단 이런 식의 정책을 시작하면, 각급 정부가 자체적으로 보조금을 나눠주고, 시장의 모든 이들이 법석을 떨며, 단기간에 설비 과잉 산업으로 바뀌어 버린다."[46]

미국은 중국의 보호주의에 어떻게 대처할지를 놓고 늘 분투하고 있다. 2004년, 사우스캐롤라이나주 출신 공화당 상원 의원인 린지 그레이엄Lindsey Graham은 뉴욕주 출신 민주당 상원 의원 척 슈머Chuck Schumer와 함께 만약 위안화를 절상하지 않는다면 미국으로 들어오는 모든 중국산 수입품에 대해 27.5퍼센트의 일괄 관세blanket tariff를 부과하겠다고 위협했다. 당시 그레이엄 상원 의원은 이렇게 말했다. "우리는 사우스캐롤라이나주에서 섬유 부문 일자리 수천 개를 잃었습니다. 중국인들이 더 열심히 또는 더 제대로 일해서 그런 것이 아니라 협잡질을 일삼기 때문입니다."[47]

중국은—특히 섬유 같은 산업에서—세계 무역에서 차지하는 비중이 계속 높아지는데도 미국 의회의 행동을 저지할 수 있는 수준으로만 위안화 가치를 올렸다. 그동안 미국에서는 자유무역은 모두에게 이익이 되며 세계화를 환영해야 한다는 합의가 이루어졌었다. 하지만 자유무역에 대한 단호한 믿음은 점차 중국의 성공이 미국을 짓밟고 이루어진 것이라는 인식에 길을 내주었다. 미국은 물론 텔레비전과 나이키 신발을 싸게 살 수 있어서 이득을 보았지만, MIT의 경제학자들에 따르면 미국은 1999~2011년에 무려 240만 개의 일자리를 중국에 빼앗겼다.[48] 일자리 손실은 불균등하게 배분되어 랭커스터 카운티 같은 곳들에 집중되었다. 중국에 대한 대중의 고조되는 반감을 가장 적나라하게 보여준 것은 아마 도널드 트럼프일 것이다. 2016년 선거운동 중 트럼프는 중국이 무역에서 자행한 협잡질에 대한 응징으로 중국산 수입품에 일괄 관세를 부과하겠다고 한 의회의 위협을 부활시켰다.

그렇지만 세계 무대에서 중국은 글로벌 자유무역의 옹호자를 자임한다. 시진핑은 트럼프가 미국 대통령에 당선된 직후 열린 2017년 다보스 세계경제포럼 연설에서 이렇게 말했다. "보호주의를 추구하는 것은 암실에 스스로 갇히는 것과 다름없는 짓입니다. 비바람이 들이치는 건 막을 수 있을지 몰라도 빛과 공기도 막아버리는 셈입니다."[49]

그렇지만 사실 중국은 국내 경제 문제가 점점 심각해지면서 보호주의 색채를 강화하고 있다. 철강과 제지 부문에서 해외 기업과의 경쟁을 몰아낸 것과 똑같은 정책이 바야흐로 신기술 산업에도 적용되고 있다. 예를 들어 베이징 당국은 2020년까지 로봇을 10만 대 넘게 생산한다는 목표를 정했다. 2016년, 중국은 산업용 로봇을 7만 2,000대 이상 만들었다. 전년도보다 34퍼센트 증가한 수치이다.[50] 하지만 그해 6

월에 신궈빈辛国斌 공업정보화부 차관은 로봇 산업이 이미 설비 과잉 문제에 직면하고 있다고 경고했다. "로봇공학 기업들은 맹목적인 확장을 피할 필요가 있다."[51]

외국인들이 중국의 정책에 압박감을 느끼는 것은 비단 첨단기술 산업에서만이 아니다. 주중 독일 대사 미하엘 클라우스Michael Clauss는 2017년 다보스 포럼과 때를 맞추어 독일 신문 『한델스블라트Handelsblatt』에 기고한 칼럼에서, 분유 산업에서 "구식의 수입 대체 정책이 여전히 활발하다"고 지적했다. "최근 유아용 분유에 내려진 규제에 따르면, 외국 기업들은 생산 노하우 전체를 세세한 내용까지 당국에 공개해야 한다. 가령 정확한 제조법만이 아니라 생산 과정에서 사용되는 기계 설비, 심지어 기업의 연구 개발 부서와 관련된 모든 사람의 이력과 연락처까지 제출해야 한다."[52]

최근 몇 년간 중국은 우유 산업을 현대화하는 데 수십억 달러를 지출했지만, 2016년에 중국 젖소 농장의 절반가량이 손실을 보았다.[53] 오스트레일리아나 미국, 뉴질랜드 같은 나라들은 젖소를 키우기에 아주 적합한 광활한 공지가 있지만, 중국은 토지의 15퍼센트 정도만이 경작에 적합한데 그중 5분의 1은 심하게 오염된 상태다.[54] 양질의 우유를 생산하려면 해외에서 단백질이 풍부한 사료를 수입해야 하는데, 그러면 생산비가 올라간다.[55] 게다가 2008년에 산업용 화학물질이 섞인 유제품을 먹고 최소한 6명의 아이가 사망(추가로 30만 명이 치료를 받았다)하는 등 몇 차례 충격적인 사건이 벌어진 뒤로 중국 소비자들은 국내에서 생산된 분유를 신뢰하지 않는다.[56] 그렇지만 중국 당국은 증가하는 수입품에 맞서서 국내 산업을 방어하는 데 절대적으로 헌신

한다. 한창푸韓長賦 농업장관은 2016년 우유 생산업자들과 회동한 자리에서 "우리의 토착 낙농 산업을 포기하고" 해외 경쟁에 "그렇게 큰 시장을 쉽게 넘겨줄 이유가 전혀 없다"고 말했다.[57] 그렇지만 현실적으로는 중국이 어쩔 수 없이 그렇게 해야 하는 이유가 꽤 있었다.

많은 경우에 보호주의가 공공연하게 드러나지는 않지만 외국 기업들은 걸핏하면 보이지 않는 장벽에 부딪혀서 중국에서 사업을 하는 데 곤란을 겪는다. 미국에 소재한 연구 기업인 컨퍼런스보드Conference Board에 따르면, 외국 기업들은 "국내 기업을 통제하는 정부 엘리트들의 보이지 않는 손의 지원을 받는 현지 일류 기업들의 끝없이 높아지는 경쟁력"에 대처해야 한다. 게다가 다국적기업이 누리는 모든 성공은 일시적인 성과에 그치기 쉽다. "성공을 거두고 3~5년이 지나면 새로운 법규가 생겨나서 법규 준수 비용을 치러야 하거나 한없이 풍부한 자금원과 말도 안 되는 낮은 가격으로 무장한 현지 경쟁자들이 등장해서 발목을 잡기" 때문이다.[58]

클라우스 대사는 2017년 칼럼에서 이렇게 말했다. "중국의 정치 지도부는 외국인 투자를 추가로 개방하고, 독일 기업과 중국 기업에 평평한 운동장을 보장할 뿐만 아니라 지적재산권을 보호하는 것도 최우선 과제로 삼겠다고 끊임없이 안심시킨다. 하지만 많은 기업들이 이런 부분에서 어려움이 커지고 있다고 우리에게 계속 토로한다. 어떤 지점에서 보면 동등한 대우에 대한 정치적 보장이 종종 보호주의 경향에 길을 내주고 있는 듯 보인다."[59]

외국인들과 중국인들 모두 당국이 문제를 인식하고 처리할 것이기 때문에 경제가 좋아질 것이라는 말을 입에 달고 산다. 하지만 베이징 당국이 이미 해법을 고안해둔 만큼, 그것은 확신의 이유가 되지 못한다. 중국 지도자들은 근간이 되는 제도는 바꾸지 않은 채 새로운 경제를 건설하려고 노력하는 중이다. 그들은 오래된 성장 모델을 새로운 산업들에 적용하는 식으로 문제를 통해 성장하고자 한다. 어떤 필사적인 요인이 작용하고 있는 것은 분명하다. 만약 중국이 조만간 부자 나라 반열에 오르지 못한다면 노령화하는 인구 때문에 중진국의 함정을 피하기가 더 어려워질 테고, 국가를 젊게 만들겠다는 중국의 야심은 적어도 한 세대 뒤로 미뤄질 것이다. 하지만 중국이 의지하는 전략은 분명 다른 나라들을 희생시키면서 이루어진다.

그렇지만 전 세계 다른 나라들이 질 것 같은 순간에도 중국은 여전히 이길 것 같지 않다. 중국은 경제적·금융적 안정성을 위협하는 근본적인 문제들, 특히 압도적으로 높은 부채와 낭비 수준을 해결하지 않고서도 로봇공학과 반도체를 지배할지 모르며, 심지어 우유 시장에서 외국 기업들을 몰아낼 수도 있다. 이런 문제들이 계속 악화될수록 중국이 어떤 식으로든 벌어질 심판을 피할 가능성은 줄어든다. 그 심판의 부작용은 지구 곳곳에서 감지될 것이다.

섬유업계의 거물 주산칭은 모든 자산을 한곳에 몰아넣지 않았다. 과감하게 미국에 투자한 사업에 대해 매우 낙관적이면서도 중국에도 분산을 해놓았다. 샤오산에서 보석 산업에도 진출해서 두툼한 금도금 펜던트와 팔찌, 반지 등을 정교하게 디자인해서 제작한다. 2016년 현재 이 산업에서 아직 수익을 거두고 있지는 못하지만 주산칭은 큰 희망을 걸고 있었다.

한편 그는 방적기도 추가로 구입했다. 예전에 미국으로 보낸 방적기들은 비교적 거친 천으로 만드는 바지와 외투—코트와 재킷—용 방적사를 생산하기 위한 것이었다. 그는 이 기계들을 독일과 일본에서 구입한 새로운 기계로 교체했다. 더 고운 셔츠용 면사를 만드는 기계들이다. 미국 시설은 전보다 훨씬 생산량이 줄었다—연간 생산량이 3만 톤으로, 이전하기 전에 6만 2,000톤을 생산하던 것과 비교된다. 하지만 이 3만 톤은 품질이 월등히 높고, 직원들의 세심한 주의와 기술도 더 필요하며, 주산칭에게 벌어다주는 돈도 더 많다. 우리가 처음 만나고 2년여 뒤인 2015년에 그의 중국 공장을 다시 방문했을 때, 그 차이가 극명하게 드러났다. 노동자가 줄어들었고, 새로운 기계들 때문에 제조 과정이 크게 자동화된 상태였다. 진공 호스들이 기계들 사이의 통로를 위아래로 움직이면서 면화 보풀 찌꺼기를 빨아들여 사람이 빗자루질을 할 필요가 없었다. 주산칭은 공장에서 생산하는 최상의 제품은 바지용 방적사 사업이 실패한 중국에서도 너끈히 살아남을 수 있으리라고 기대했다.

그리고 부동산이 있었다.

주산칭이 중국 배후 지역에서 부동산 개발 사업도 한다고 말했을 때, 나는 그 사업도 점검해보기로 했다. 처음에는 그냥 일종의 취미라고 생각했다. 나는 크얼Keer 그룹이 항저우에 건설 예정인 센추리번드 Century Bund 단지 같은 것을 기대하지 않았다. 춤추는 말들과 모서리를 금칠한 무광 검정으로 된 그리스 여자들의 조각상으로 장식된 분수가 늘어선 진입로에서부터 작은 금색 백합 문장 타일로 장식된 수영장이 있는 클럽하우스에 이르기까지 단지는 중국 벼락부자들에게 호화

롭고 고급스러운 독특한 감각을 환기시키려고 노력하는 듯 보였다. 이 단지에는 빌라가 360개—각각 전용 엘리베이터와 육아 도우미나 집 사용 방이 따로 있다—에 첸탕^{錢塘}강 남쪽 둑을 따라 늘어선 고층 아파트가 10여 동 있었다. 첸탕강은 항저우와 샤오산 사이를 흐르는 강이다. 규모만 보아도 주산칭의 사업이 얼마가 대단한지 다시 생각하게 되었다. 부동산은 결코 부업이 아니었다. 대표 사업이었다.

주산칭은 2007년에 부동산 개발에 뛰어들었다. 그해에 그는 처음으로 미국으로 사업을 이전하려는 구상을 시작했다. 방적 산업의 설비 과잉은 이미 커다란 문제였고, 주산칭의 순이익률도 조금씩 줄어들고 있었다. 하지만 아직 해외로 이전할 준비가 되지 않아서 처음으로 땅을 매입했다. 현재 그는 샤오산 안팎에 주거용, 상업용 단지 5개를 보유하고 있다. 우리가 처음 만났을 때, 나는 부동산 부문이 전체 사업에서 얼마나 중요하냐고 물었다. 그가 대답했다. "부동산은 [섬유] 회사를 보조하는 역할입니다."

9장

신창타이,
새로운 표준

9장

브리드스토 라벤더 농장^{Bridestowe Lavender Estate}은 프로방스와 비슷한 위도에 자리하지만, 프랑스의 라벤더 경작 중심지에서 지리적으로 아주 멀리 떨어져 있다. 원래 영국이 가장 죄질이 나쁜 죄인들을 보내는 유형지로 활용한 오스트레일리아에서도 가장 작은 주인 태즈메이니아의 동북쪽 모퉁이에 자리하고 있는 브리드스토 농장은 한때 외딴섬으로 간주되었다. 로버트 레이븐스^{Robert Ravens}가 2007년에 브리드스토를 사들였을 때 이곳에서는 거의 90년 동안 향수와 비누용 기름을 만드는 라벤더가 재배되고 있었다. 하지만 레이븐스는 소유권을 취득한 지 몇 년 만에 본의 아니게 사업 방향을 완전히 재정립하기에 이르렀다. 브리드스토에서 재배하는 라벤더에 대한 중국의 수요가 그 자신이 다룰 수 있는 한계를 넘어섰던 것이다.

레이븐스—화학 산업에서 중역으로 경력을 쌓았다—가 농장을 인수했을 때, 헛간에는 아무 쓸모도 없는 말린 라벤더가 가득 차 있었다. 이 재고를 활용할 방법을 찾던 레이븐스와 그의 부인은 말린 라벤더로 테디베어 인형을 만들어보았다. 처음에는 조그맣게 시작했다. 중국에서 테디베어 인형 껍데기를 실어와서 그 속을 라벤더로 채웠다. 그리고 일일이 손으로 꿰매어 지역 농산물 품평회에서 판매했다. 처음에는 다섯 가지 색깔을 만들었는데, 보라색만 인기가 있어 품평회가 끝난 다음에는 농장의 선물용품점에 보라색 테디베어를 쌓아놓기 시작했다. 곰 인형은 아시아에서 온 관광객들에게 특히 인기가 있었기 때문에 레이븐스는 인형을 활용해서 농장을 관광지로 홍보하기로 결정했다. 그는 홍콩의 유명 셰프가 농장을 방문한 뒤(브리드스토 라벤더의 독특한 특징 가운데 하나는 실제로 먹을 수 있다는 것이다) 라벤더 밭에서 곰인형과 함께 뛰어노는 사진을 소셜미디어에 게시하는 기획을 마련했다. 기획은 어느 정도 성공을 거두었다. 하지만 진짜 큰 인기를 얻은 것은 2013년 1월의 일이었다. 당시 홍콩 드라마 스타와의 열애로 떠들썩했던 중국의 유명 배우 장신위張馨予가 중국판 트위터 웨이보Weibo에 곰 인형과 함께 찍은 사진을 올렸다. "차가운 상하이의 밤에 완벽한 동반자"라는 문구와 함께였다. 레이븐스의 말을 들어보자. "농장 전화가 불이 나기 시작했습니다. 웹사이트가 폭주해서 잠시 닫아야 할 정도였어요."

다른 유명인들도 잇따라 사진을 올렸고, 브리드스토는 레이븐스가 보비Bobbie라고 이름붙인 테디베어를 사러 당일치기 여행을 오는 중국인들을 태운 버스로 금세 넘쳐났다. 보비가 중국에서 워낙 인기를 끌었기 때문에 브리드스토는 오스트레일리아 최대의 라벤더 농장이었는데도 농장에서 생산 가능한 말린 라벤더로는 밀려드는 수요를 감당할 수 없었다. 오스트레일리아 라벤더재배협회Australian Lavender Growers Association에 따르면, 오스트레일리아에서 생산되는 라벤더를 모두 합쳐도 중국의 테디베어 수요를 충당할 수 없었다. 레이븐스는 전에는 오스트레일리아 본토에 있는 상점들과 인터넷을 통해 테디베어를 판매했지만, 2013년 9월 양쪽 모두에서 판매를 중단했다. 이제부터는 곰인형을 구하는 유일한 방법은 농장을 직접 방문하는 것뿐이었다.

11월부터 레이븐스는 보비를 브리드스토 농장에서 방문객 1명당 1개씩만 구입할 수 있게 했다. 이런 구매 제한 덕분에 농장은 다음 철까지 버틸 수 있었다. 이듬해에는 수확한 라벤더 전체를 곰 인형 제조에 투입해서 7만 개의 테디베어를 만들었다. 2013년 4만 개에서 크게 늘어난 양이었다. 하지만 레이븐스 농장의 직원들은 구매 제한을 설명하느라 진땀을 흘려야 했다. 중국인 고객들은 오스트레일리아 오지의 한가로운 이 모퉁이에서 엄격한 구매 제한 규정을 접하고는 종종 화를 참지 못했다. 농장을 방문한 다음 날, 나는 태즈메이니아 주변을 돌아보는 중국인 관광객들을 인솔해 온 선전 출신의 여행 가이드 한 명을 만났다. 나는 그녀에게 원래 브리드스토를 방문할 계획이었는지 물었다. 그녀는 풀이 죽은 표정으로 아니라고 대꾸했다. 곰 인형 구매 제한 때문에 거기까지 올 만한 가치가 없었기 때문이다. 그녀는 중국을 출발할 때 친구와 친척들로부터 총 60개의 곰 인형을 사다달라는 부탁을 받았다고 했다. 하나만 가지고 돌아가는 건 별 의미가 없었다.

"직원들이 항상 안절부절못합니다. 모두들 더 사고 싶어 안달을 하니까요." 내가 브리드스토를 찾아갔을 때 레이븐스가 말했다. "조금이

라도 틈이 나나 싶으면 항상 다른 할 일이 생긴다니까요." 우리가 선물
용품점 앞에 서서 이야기를 나누는데, 중년의 중국인 남자가 내게 다
가왔다. 그는 멜버른대학 방문교수로 부인과 어린 딸을 데리고 캠핑카
로 태즈메이니아를 돌면서 휴가를 보내는 중이었다. 그는 수줍은 표정
으로 내가 곰 인형을 살 생각인지, 만약 그렇지 않으면 내 구매 할당량
을 자기한테 넘겨줄 수 있는지 물었다.

영국의 방적 공장주들이 중국인들이 입는 모든 셔츠에 1인치씩 천
을 추가할 수만 있으면 앞으로 얼마나 많은 부를 쌓을 수 있을지 꿈꾸
었던 19세기 이래 외국인들은 이 순간에 관한 공상에 몰두했다. 불과
얼마 전만 해도 글로벌 경제에서 중국이 맡은 역할은 오로지 저렴한
제조업 제품 생산자에 국한되었다. 그런데 도시화가 급격하게 진행되
면서 중국은 다른 나라가 상품을 수출하는 나라가 되었다. 하지만 오
늘날 중국은 소비자의 나라이며, 바야흐로 세계 곳곳에서 중국 소비자
의 존재가 감지되고 있다. 불과 10년 전만 해도 중국에서 경기 둔화나
위기가 발생한다고 해도 세계 다른 지역에서는 크게 문제가 되지 않
았을 것이다. 하지만 오늘날 중국은 글로벌 경제의 구조 안에 워낙 촘
촘하게 뒤섞여 있기 때문에 중국이 현재 직면한 경제 문제들에서 생
기는 악영향이 지구 전체에 파문을 일으킬 것이다.

앞으로 벌어질 상황은 우리가 익숙한 모습과 다를 가능성이 크다.
중국 기업들은 비교적 해외 차입을 적게 하기 때문에 외국 금융기관
들은 일이 잘못되더라도 위험에 크게 노출되지 않는다. 게다가 중국
국내의 주식, 채권 시장에 투자된 해외 자본이 대단히 적고, 중국 정부

는 거의 배타적으로 해외보다는 국내 은행과 보험사들로부터만 돈을 빌리고 있다. 베이징 당국은 의도적으로 중국 금융 시스템을 세계 전체로부터 고립시키는 데 성공했으며, 따라서 중국에서 문제가 발생해도 국제금융에 악영향이 파급될 가능성은 별로 없다. 그보다는 경제적 수요가 위축되기 시작하고, 중국이 해외로부터 사들이는 양이 줄어들면 그때 그 영향력이 감지될 것이다.

시진핑은 2017년 다보스 세계경제포럼 연설에서 "중국의 빠른 성장은 글로벌 경제의 안정과 팽창을 이끄는 지속적이고 강력한 엔진 구실을 하고 있다"고 지적하면서 미국에서 서브프라임 모기지 위기가 발생한 이래 중국이 글로벌 성장의 30퍼센트 이상을 창출하고 있다고 언급했다.[1] 실제로 중국 경기가 둔화되면 세계 경기도 둔화된다. 그렇지만 나머지 세계가 경험하는 악영향은 협소하게 정의된 방식에만 국한될 것이다.

가장 중요한 악영향은 금속에 대한 글로벌 수요에서 나타날 것이다. 중국은 전 세계 철광석의 절반가량을 소비한다. 2014년 중국은 그해에 소비된 납 전체의 41퍼센트, 주석의 51퍼센트, 그리고 구리, 아연, 알루미늄, 니켈도 대략 40~50퍼센트를 사용했다.[2] 2012년 중국 경제가 처음으로 둔화되기 시작하자, 금속 가격이 곤두박질쳤다. 부채로 자금을 마련하는 주택과 기반 시설 건설—거대 금속 소비자—이 중국의 성장을 유지하는 데 주된 역할을 한다는 점을 감안하면, 금속 수요가 급격하게 감소할 여지는 여전히 크다. 그렇지만 그 영향에 민감해할 나라는 광업에 크게 의존하는 소수의 나라들, 그중에서도 특히 오스트레일리아, 인도네시아, 라틴아메리카, 그리고 아프리카의 일부 지역들에 그칠 가능성이 크다.

사실 세계 나머지 지역은 중국 호황의 혜택을 그리 받지 못했다. 시진핑은 중국이 글로벌 성장에 공헌한다고 자부할지 모르지만, 중국은 대규모 무역 흑자를 챙기기 때문에 그 경제 규모에 비해 다른 나라에서 창출하는 경제활동 규모가 압도적으로 작다. 2016년 중국이 수입한 제품의 양은 세계 전체에 수출한 양의 3분의 1에 불과했다.[3] 많은 외국 브랜드들이 중국에서 막대한 이익을 올리기는 하지만—가령 폭스바겐은 전 세계 총매출의 절반 정도를 중국에서 올린다—그들이 중국에서 판매하는 제품 또한 대개는 중국에서 만들어진다.[4] 미국은 세계의 최종 소비자로 글로벌 경제활동에 크게 기여한다. 미국은 세계 각지로부터 수입품을 빨아들이며, 수입이 수출을 훌쩍 뛰어넘는다. 이와 대조적으로 중국은 자국이 소비하는 것을 대부분 직접 만든다.

하지만 이런 상황은 빠르게 바뀌고 있다. 중국은 점점 부유해짐에 따라 엔터테인먼트에서부터 사치품, 신형 항공기에 이르기까지 자국에서 생산하지 못하는 것들을 엄청난 규모로 사들이는 중이다. 예를 들어 미국 영화는 중국에서 중국 영화보다 훨씬 인기가 좋다. 할리우드로서는 중국의 티켓 구매력이 워낙 중요하기 때문에 스튜디오들은 중국인 배우를 영화에 적극적으로 캐스팅하고 있으며, 중국에서 상영이 금지되는 일이 발생하지 않도록 중국을 묘사하는 데 공을 들인다. 지금까지 수년간 중국인 구매자들은 사치품 시장에서 가장 중요한 역할을 담당해 전 세계에서 판매된 사치품 가방과 시계 매출액 가운데 무려 3분의 1을 차지했고,[5] 파리에서는 구찌를 비롯한 사치품 브랜드들이 레이브스와 그의 테디인형과 비슷한 경험을 하고 있다. 일부 상점들은 버스를 타고 몰려온 중국인 관광객들이 그 자리에서 재고를 싹쓸이하는 것을 막기 위해 구매 수량을 엄격하게 제한한다. 한편 제 조업 분야에서 가장 첨단 기술에 의존하는 부문을 살펴보면, 전체 보 잉 항공기의 25퍼센트를 중국이 구매하는데, 2016년에 보잉 부회장은 대중국 항공기 판매 덕분에 미국의 일자리 15만 개가 유지되고 있다 고 추산했다.[6]

중국인 관광객들은 다른 어느 나라 국민보다도 많은 돈을 해외에 서 쓴다. 중국인이 전체 관광객 순위에서 1위를 차지하는 일본에서 중 국인들은―주로 중국이 아직 직접 만들지 못하는 최첨단 전자제품에 ―순식간에 엄청나게 돈을 써서 일본인들이 바쿠가이爆買い, 즉 싹쓸이 쇼핑을 가리키는 새로운 단어를 만들어낼 정도다.

게다가 2016년 말 현재 미국, 영국, 오스트레일리아에서 공부하는 중국인 유학생이 60만 명 정도인데, 거의 모두 대학과 고등학교 수업 료를 납부하고 있어 감당 가능한 수준을 넘어서 몸집을 불린 교육기 관들에는 중요한 부가적인 자금원이 되고 있다.

하지만 최대의 승자는 아마 1차 산업일 것이다. 미국의 대중국 농산 물 수출은 2006~2016년에 3배 증가했다.[7] 최대의 수혜자인 콩 재배 농민들은 2015년에 중국인들에게 100억 달러가 넘는 콩을 팔았다. 이 것은 미국의 대중국 농산물 총수출의 대략 절반에 해당하는 액수다.[8] 한편 저울의 반대쪽 끝에는 메인주 어민들 같은 틈새 생산자들이 있 다. 이 어민들은 2016년에 중국에 살아 있는 로브스터를 수출해 전년 도에 비해 3배 많은 소득을 벌었다.[9] 중국은 세계 최대의 우유 수입 시 장으로 부상했으며, 쇠고기, 해산물, 와인, 꿀, 과일, 견과류, 치즈, 초콜

릿, 올리브유, 그리고 점점 부유해지는 사회의 취향에 호소하는 거의 모든 상품을 점점 더 많이 수입하는 중이다.

중국에 점점 다가오는 경제 문제는 미국의 경기 둔화와 같은 방식으로 세계에 영향을 미치지는 않겠지만, 중국은 콩에서부터 항공기, 관광, 테디베어 인형에 이르기까지 광범위한 시장에서 중요한 구매자 —많은 경우에 단일한 가장 중요한 구매자—로 올라섰다. 중국의 경제 문제가 이런 다양한 제품군에 어떤 영향을 미칠지 판단하기는 불가능하며, 글로벌 거시 경제에 전체적으로 어떤 영향을 미칠지는 더욱 예단하기 어렵다. 하지만 중국의 경제성장이 파열음을 빚으면 한 영역은 틀림없이 심각한 영향을 받을 것이다. 글로벌 낙관주의가 허물어지는 것이다.

세계는 또 다른 성장 엔진을 절실히 필요로 한다. 미국이나 유럽연합은 지난 위기에서 아직 제대로 회복하지 못했고, 일본 역시 1980년대에 제시했던 전망을 이행하지 못했다. 중국은 단지 그 틈을 막는 것처럼 보인다. 중국의 소비가 증대하면서 세계는 부유해진 중국을 통해 어떻게 모든 사람이 이득을 얻을 수 있는지를 맛보았다. 한때 영국 공장주들이 셔츠 자락을 늘리는 문제를 놓고 공상에 빠졌던 것처럼, 우리 시대는 중국의 5,000만 중산층 소비자—중국 전체 인구의 일부를 대표한다고 보기 힘든 수치이다—가 추가로 생겨나면, 기존의 1억 명 정도의 중산층 시민들이 이미 그 어느 때보다 더 많은 양을 사고 있는 모든 상품에 대한 수요가 치솟으리라는 새로운 희망을 품고 있다. 보잉은 중국이 향후 20년 동안 항공기에 1조 달러를 지출할 것으로 예상한다.[10] 스타벅스의 전 최고경영자 하워드 슐츠Howard Schultz는 언젠가 이 커피 체인이 미국보다 중국에 더 많은 지점을 둘 거라고 전망한다.[11] 오스트레일리아에서는 농업 호황이 일어나서 광업 호황이 중단된 자리를 메우게 될 것으로 기대한다. 다시 말해 중국의 중산층은 글로벌 경제의 기대를 한몸에 받고 있다.

중국의 급증하는 소비를 중국이 성공을 거두었다거나 그 경제 모델이 우월하다는 징표로 여기기 쉽다. 하지만 소비가 나머지 경제 전체와 따로 떨어져서 거품 속에 존재하는 게 아니라는 사실을 유념해야 한다. 세계가 오랫동안 기다린 중국의 소비라는 희망으로부터 마침내 혜택을 받으려면, 중국 경제가 계속 성장해야 한다. 중국의 경제 기적이 촛불처럼 꺼져버린다면, 이 기적이 글로벌 경제에 행사하는 거대한 잠재력도 나란히 사라져버릴 것이다. 하지만 소비 침체는 글로벌 경제에 영향을 끼치는 데 그치지 않고 중국 내에서도 심각한 정치적 반향을 낳을 것이다.

대중과 중국공산당의 사회계약

레이븐스는 엄청난 성공을 거두었지만 보비가 그토록 인기를 끈 이유를 제대로 설명하지 못했다.

나와 만났을 때 그는 골똘히 생각하다 입을 열었다. "어쨌든 우리는 서른 살 중국 여성들의 문화적 영혼을 건드린 겁니다."

1년이 지났지만 그는 여전히 확신하지 못했다. "이제 모든 사람이 보비를 갖고 싶어해요. 살 만한 여력이 있는 명품인 거죠."

그런데 사실 그렇게 만만한 가격이 아니다. 처음 판매를 시작했을 때 레이븐스는 곰 인형 하나에 20달러를 붙였지만, 사람들이 온라인에서 되파는 값이 정가의 4배가 넘는다는 것을 알고 가격을 올리기 시작했다. 2016년 초에는 개당 70달러에 판매했는데도 공급량을 충분히 확보하기 위해 농장에서 1인당 구매하는 개수를 계속 제한해야 했다.

우리는 중국인들이 해외에 나가서 보여주는 엄청난 구매력이 충분히 예상되는 수준이고, 중국의 거침없는 경제적 부상이 낳은 불가피한 결과이며 세계 최대의 경제 규모인 미국을 따라잡기 일보 직전인 경제에 어울리는 모습이라고 생각한다. 그렇지만 뭔가 좀 석연치 않은 구석이 있다. 오스트레일리아의 전형적인 중산층 가정 — 또는 이 문제에 관한 한 미국이나 유럽의 가정도 포함하자 — 이라면 곰 인형 하나에 70달러를 쓰는 문제를 조금 심각하게 생각해봐야 할 것이다. 마찬가지로, 미국이나 오스트레일리아의 대학에 자녀를 보내기 위해 등록금을 전액 부담하는 중국인 부모들이 수십만 명이나 있다. 그런데 미국이나 오스트레일리아의 중산층들은 상당히 많은 대출이나 보조금, 재정 지원이 없으면 자녀 등록금을 전액 내주지 못한다. 중국인들은 오스트레일리아를 찾는 관광객의 최대 원천일 뿐만 아니라 1인당 쓰는 돈도 다른 어느 나라 관광객보다도 많다.

그렇지만 중국은 아직 개발도상국이다. 중국 사람들은 부자 나라 국민들에 비해 소득이 훨씬 적다. 2014년에 미국의 3인 가족이 중산층 자격을 갖추려면 소득이 최소한 4만 2,000달러가 되어야 했다.[12] 중국에서는 "중산층"의 정의를 놓고 아직 논란이 분분하지만, 연소득 2만

달러만 되어도 단순히 중산층이 아니라 상당한 부유층에 속한다.[13]

중국의 극단적인 소비 습관의 원인을 인구 규모에서 찾는 것은 쉬운 일이다. 중국에는 사람들이 더 많고, 따라서 부유한 사람도 많다. 확실히 중국에는 부자가 더 많지만―최근 집계에 따르면 미국보다 억만장자가 더 많았다―인구가 많다고 반드시 부자가 많은 것은 아니다.[14] 중국 경제는 미국의 70퍼센트 규모에 불과하지만, 인구는 4배 많다. 상대적으로 중국은 부가 적고, 그 부도 더 성글게 퍼져 있다. 남들이 부러워하는 중국 관광객들의 구매력은 자연스러운 현상이 아니라 한쪽으로 크게 기울어진 소득분배가 낳은 결과이다.

중국은 세계에서 손꼽힐 정도로 심각한 소득 불평등에 시달린다. 중국의 공식 통계에 따르면, 2012년 지니계수―0이면 완벽하게 평등하고 1이면 완벽하게 불평등한 소득 불평등 척도―는 0.47로 대략 미국만큼이나 불평등한 수준이다[15](세계은행은 지니계수가 0.4를 넘으면 극단적인 불평등의 신호라고 본다). 한편 그와 별도로 이루어진 계산들에 따르면, 중국의 불평등 지수는 훨씬 나빠서 0.53에서 0.61 사이로 추산된다.[16]

이런 엄청난 부의 불균형을 감안할 때, 중국이 일촉즉발의 상태가 아니라는 사실은 무척 놀랍다. 우리는 대체로 불평등이 안정을 크게 저해하는 요인이라고 생각한다. 특히 베이징처럼 가진 사람들과 못 가진 사람들이 나란히 살면서 지하방 세입자들이 페라리나 마세라티를 모는 떼부자들과 같은 거리를 이용하는 경우는 더욱 그렇다.

그렇지만 혁명의 조짐이 들끓는 징후는 전혀 보이지 않는다. 오히려 중국인들은 자신이 부자가 될 수 있다는 기대에 관한 한 세계에서 가장 낙관적인 축에 속한다. 2016년 퓨리서치^{Pew Research}가 조사한 바에 따르면, 현지에서 조사에 응한 중국인 가운데 70퍼센트가 경기 둔화와 상관없이 다음 해에 자신의 재정 상황이 개선될 것으로 기대했고, 또 80퍼센트는 자기 자녀가 자신보다 더 나은 생활수준을 누릴 것이라고 대답했다.[17] 이와 대조적으로, 미국에서는 응답자의 60퍼센트가 자기 자녀의 생활수준이 자기보다 나빠질 것으로 예상했다.[18]

중국 사회의 표준적인 일반인은 대부분의 선진국 경제에서는 상상하기 힘든 수준으로 개인적 번영의 향상을 경험하고 있다. 미국에서는 1970년대 이래 실질임금이 정체되어 있는데,[19] 다시 말해 어떤 사람이 지난 40년 동안 같은 일자리에 계속 남아 있을 경우 처음 일을 시작했을 때와 비교해 현재 주급이 전혀 오르지 않았다는 이야기이다. 중국에서는 지난 7, 8년 동안 같은 일을 하고 있다면 소득이 2배가 되었을 것이다. 게다가 만약 8년 전에 집을 샀다면 집값이 2배로 올랐을 공산이 크다. 그리고 지난 10년 동안 위안화는 미국 달러 대비 가치가 30퍼센트 올라서 해외에서 수입하는 물건은 무엇이 됐든 값이 더 싸졌다.

40세 이하의 중국인은 불황이라는 걸 전혀 알지 못한다. 이 문제에 관해서 젊은 중국인은 경제성장이 6퍼센트 이하로 떨어지는 것을 경험한 적이 없다. 젊은이들에게 성장은 신문에 보도되는 추상적인 개념이 아니라, 자신의 삶의 질을 급격하게 향상시켜주는 주된 원동력이다. 내가 1994년에 처음 중국을 여행했을 때, 외국인에 대한 호기심 때문에 사람들이 거리에서 무리지어 나를 따라다녔다. 오늘날에는 로마에서 중국 경찰이 순찰을 돌며 매년 그 도시를 찾는 중국인 관광객들을 도와준다.[20] 2001년에 내가 베이징에서 유학 중이었을 때는 아파트 복도 벽을 따라 양배추가 산더미처럼 쌓여 있었다. 겨울을 나기 위해 사람들이 쟁여놓은 것이었다. 요즘 베이징 사람들은 앱을 이용해 출장 요리사를 집으로 부른다. 소득이 점점 늘어나면서 중국 사람들은 이제 소득 증대를 일반적인 상태로 보기에 이르렀다. 무엇보다도 중국 인들은 이런 부의 증대 추세가 계속될 것으로 기대한다.

언론인들은 대체로 대중과 중국공산당이 체결한 사회계약이 경제 성장을 근간으로 한다고 말한다. 하지만 성장은 그것이 인민들의 생활을 향상시키는 한에서만 중요하다. 이런 사회계약을 좀더 미묘하게 해석하는 언론은 성장이 베이징 당국으로 하여금 완전고용을 보장하게 해주기 때문에 중요한 것이라고 주장한다. 한때는 그랬을지 모른다. 하지만 이제는 중국 당국이 1990년대에 그랬던 것처럼 아무 가치도 없는 일자리를 그냥 만들어내는 것으로는 충분하지 않다. 당시에는 자동 엘리베이터 버튼을 누르는 직원이 따로 있고, 국가 공무원의 일과 중 하나가 『인민일보』를 처음부터 끝까지 읽는 것이었다. 오늘날의 사회계약은 소득 증대를 기반으로 한다. 중국 50개 도시에 사는 중국인 4,000명을 대상으로 중국공산당에 관한 인식을 조사한 정치학자 브루스 딕슨Bruce Dickson이[21] 그의 책 『독재자의 딜레마The Dictator's Dilemma』에서 말하는 것처럼, 정권 지지에 가장 중요한 공헌을 하는 요인은 "개인적 번영의 지속적인 향상"이다. 중국 경제의 구조적 취약성을 감안할 때, 이런 현실은 상황을 다소 복잡하게 만든다. 딕슨의 말을 들어보자. "가구 소득은 정권에 대한 지지와 밀접하게 연결되지만, 이것은 또한 당의 생존 전략에 잠재한 약점도 가리킨다. 만약 소득이 정체하

거나 심지어 감소하면, 정권에 대한 지지 역시 떨어질 확률이 높다."²²

지금까지 중국 인민들은 경제성장이라는 이름 아래 많은 것을 참았다. 인민들은 자녀를 떼어놓고 먼 타향까지 가서 공장과 건설 현장에서 일을 했다. 후커우제 탓에 가족이 함께 이사를 가지 못했기 때문이다. 사람들은 북적거리는 공동 숙소에서 살면서 매우 반복적인 제조업 일자리를 얻었다. 그리고 심각한 환경오염을 견디며 살았다. 요람에서 무덤까지 책임지는 사회주의의 종말을 받아들였고, 그 자리를 대신한 극단적인 불평등을 견뎠다. 쥐꼬리만 한 보상금을 받고 토지를 수용당했다. 제도화된 부패를 감내했다. 그리고 한 자녀 이상을 가질 권리든 불의에 항의할 권리든, 모든 시민 권리의 박탈을 받아들였다.

하지만 그 대가로 받는 게 번영 — 현재 수준의 번영이 아니라 그들이 기대하도록 길들여진 더 나은 생활 — 이라면, 소득 증대가 멈추는 경우에 과연 어떤 일이 벌어질까? 특히 중국의 러스트벨트에서 이미 벌어지고 있는 것처럼, 사람들이 정리 해고를 당하거나, 경영 상태가 악화된 회사가 상여금 지급을 중단하든가 임금을 체불하거나, 직원들에게 급여 삭감을 받아들이도록 강요한다면 어떤 일이 벌어질까? 노동시장의 정반대편에서 — 한층 더 숫자가 많아지는 — 대졸자들이 해가 갈수록 자기 앞에 놓인 기회가 애초에 달성 가능하다고 믿었던 기대에 한참 못 미치는 것을 발견한다면 과연 어떤 일이 벌어질까? 이미 그런 기대는 어그러지고 있다.

중국은 사회적 평온이 해탈의 경지에 다다른 나라가 아니다. 준공식적인 데이터라도 구해볼 수 있었던 마지막 해인 2010년에 중국 각지에서 벌어진 "대중적 소요"는 18만 건이 넘었다. 10년 전에 비해 4배 늘어난 수치였다.[23] 이런 소요 사건은 폭력 사태로 비화하는 토지 분쟁이나, 임금 체불과 정리 해고를 둘러싸고 벌어지는 노동자들의 항의, 신장·티베트·네이멍구 등에서 벌어지는 소수민족의 시위, 화학 공장이나 쓰레기 소각로 건설을 막기 위해 지역사회에서 벌이는 행진 등 여러 가지 형태를 띠고 있다. 할인 판매하는 식용유가 떨어졌다고 슈퍼마켓에서 폭동이 일어나거나 경찰이 지역 시민을 대하는 방식 때문에 시위가 벌어지기도 한다. 그리고 때로는 일본이 모욕을 했다면서 자생적으로 일본에 대한 분노를 표출하기도 한다(정부는 반일 시위와 관련해 충분한 조정, 버스 제공, 교통 통제 등을 제공한다).

경제성장이 정체하기 시작하면 중국 대중의 분노가 아래로부터 터져 나올 것이라는 생각은 지나친 것이 아니다. 그렇지만 중국의 경제 문제가 대중적 소요나 최소한 정부가 통제할 수 없는 종류의 소요로 비화할 가능성은 거의 상상하기 어렵다. 중국 당국은 질서를 유지하는 데 이례적으로 유능해졌다. 당국은 국내 안보에 막대한 투자를 해 준군사적 경찰력을 강화하고, 도시 전역에 CCTV 카메라를 설치하며, 소셜미디어를 긴밀하게 모니터하면서 검열하고 있다. 조금이라도 조직적인 반정부 움직임이 있으면 신속하게 처리한다. 민권 변호사들―아마 중국에 남은 마지막 부류의 반정부 세력일 것이다―은 최근 몇 년 동안 검거되어 투옥되었다. 해외 비정부기구들은 경찰의 감시를 받으며, 국내 비정부기구들은 가뜩이나 소규모인 데다 정치적 한계를 의식하며 행동한다. 노동분쟁은 지방 차원에 국한되고 신속하게 처리된다. 보통 체불임금을 지불하는 동시에 경찰이 주동자를 탄압하는 식이다.

하지만 거리에서 혁명이 일어날 가능성은 많지 않아도, 악화되는 경제 상황과 그것으로 대변되는 사회계약의 파탄은 분명 정치체제에 압박이 될 것이다. 게다가 아래로부터의 압력에 사회경제적 상층부로부터 나타나는 아주 다른 종류의 압력이 더해질 것이다.

손을 떼는 사람들

나는 로버트 레이븐스의 브리드스토 농장을 방문할 때, 베이징의 한 동료가 선물로 받은 테디베어를 하나 가지고 갔다. 자주색에 라벤더 향이 나서 언뜻 보면 보비와 비슷하게 생겼다. 크기는 사람 팔뚝만 한데, 목에 리본이 묶여 있고 발바닥에는 흘림체로 "B"자가 자수되어 있었다. 동료는 이게 브리드스토에서 생산된 것인지 확인하고 싶어했다. 어디선가 추산한 바에 따르면, 보비 열풍이 시작되고 6개월 만에 중국 온라인에서 가짜 보비가 10만 개 팔렸다고 한다. 그 시점까지 농장에서 생산된 수량의 2배에 해당하는 수치이다. 한동안 어디를 가나 보비가 보였다. 상하이에서 가장 고급스러운 상점 지구에 있는 부티크에서도 보비를 팔았다. 청두 공항 내 상점에도 진열되어 있었다. 그리고 화학물질이 폭발하는 사고가 벌어져 톈진의 넓은 구역이 만신창이가 됐을 때, 잔해를 찍은 사진 속에도 반쯤 탄 보비 인형이 있었다.

브리드스토에 도착하자마자 레이븐스가 바로 눈에 들어왔다. 그는 키가 크고 탄탄한 체구에 백발은 성성해도 은퇴하기에는 정력이 넘쳐 흐르는 사람이었다. 잠깐 농장을 돌아본 뒤, 우리는 선물용품점에 앉아 완만하게 경사진 농장의 원형 분지 주위에 줄맞추어 늘어선 라벤더를 내려다보았다. 나는 레이븐스에게 곰 인형을 건넸지만 그는 인형이 담긴 캔버스 백에서 인형을 꺼내보지도 않았다. 그냥 한번 눌러보더니 가짜라고 말했다. 진품하고 나란히 놓고 보니 비율이 약간 이상한 게 눈에 들어왔다. 레이븐스는 냄새도 다르다고 역설했지만—브리드스토의 향기는 "깊고 풍부하다"고 했다—선물용품점에 가득한 라벤더 비누와 스프레이, 잼, 크림 사이에 앉아 있었기 때문에 라벤더 향을 구별하는 데 필요한 후각적 훈련은 내 능력 밖이었다.

브랜드 외에 사실 보비와 결부된 지적재산권은 많지 않다. 인형은 누가 봐도 귀엽지만, 테디베어의 기본 콘셉트에서 크게 나아간 게 없다. 전자레인지에 넣고 따뜻하게 데울 수 있다는 점은 아주 좋지만—라벤더와 밀을 섞어 넣어서 열기가 유지된다—그 점이 이렇게 엄청난 유행을 설명해주지는 않는다. 중국인들이 향기롭고 푹신푹신한 자주색 장난감에 뭔가 깊은 문화적 친밀감을 갖고 있기 때문에 보비 열풍이 분 것도 아니다. 열풍의 근간에는 보비로 대표되는 어떤 것이 도사리고 있다.

태즈메이니아의 20퍼센트 정도는 세계유산으로 보호받는 황야이며, 주의 나머지 지역에도 산업이라고 할 만한 게 거의 없다.[24] 브리드스토는 전 세계 라벤더 농장에서 흔히 사용하는 살충제나 살균제를 쓰지 않는다. 워낙 외딴 곳이라 마름병이 퍼지지 않기 때문이다. 라벤더가 생장하지 않는 겨울 동안에는 제초제를 몇 가지 쓰지만, 일단 싹이 트기 시작하면 화학물질은 치워두고 기계로 잡초를 제거한다. 실제로 보비는 태즈메이니아의 깨끗하고 푸른 원시적 환경이 만든 작품이다. 이와 대조적으로 중국은 경작지의 20퍼센트 가까이가 오염된 상태다. 주로 중금속인 오염 물질은 농산물에까지 축적된다.[25] 그런데 훨씬 더 우려스러운 점은, 중국 소비자들이 국내에서 구입하는 농산물이 제대로 관리되거나 가짜가 아니거나 절차를 무시한 누군가가 내용물을 건드리지 않았다는 것을 믿지 못한다는 것이다.

중국에서 가장 이목을 끈 식품 안전 사건은 2008년에 일어났다. 중국의 우유 생산자들이 제품에 멜라민—우유의 단백질 함량을 실제보다 높아 보이게 해주는 공업용 첨가물—을 첨가해서 결국 유아 사망자가 다수 발생하고 수천 명이 불구가 되었다. 그뒤로 중국 언론에는 시궁창 기름(튀김기, 하수구, 하수도 기름 차단 장치 등에서 모은 기름을 재활용한 식용유)이 조리용으로 재활용된 사건에서부터 냉장 보관되지 않은 백신이 어린이 수천 명에게 접종된 사건에 이르기까지 제품 안전 관련 사건이 끊임없이 터져 나오고 있다. 백신 사건의 어린이들에게서는 지금도 면역성 여부가 확인되지 않고 있다.[26] 이것은 공중보건상의 커다란 문제이지만 당국은 문제를 해결할 능력이 없어 보인다.

극명한 한 예로, 2011년에 수백 명이 클렌부테롤Clenbuterol을 제조, 유통하다가 검거되었다. 클렌부테롤은 근육을 키우고 몸무게 감량을 자극하는 화학물질로, 살코기를 많이 만들기 위해 돼지 사료에 불법적으로 사용되었다. 하지만 당국의 검거 조치도 이 관행을 막는 데 별 효과가 없었다. 이듬해 국가 스포츠관리국은 런던 올림픽을 준비 중이던 선수들에게 외식—훈련 캠프의 통제된 환경을 제외한 모든 식당에서—을 할 때 고기를 먹지 못하게 금지했다. 클렌부테롤을 섭취해서 도핑 단속에 걸릴까봐 염려한 것이다.[27] 2016년, 미국풋볼리그NFL 역시 선수들에게 만약 중국으로 여행을 가더라도 고기를 많이 먹으면 약물

테스트에 걸릴 수 있다고 경고했다.[28]

중국 제품의 품질이나 신빙성을 확인하려면 종종 극단적인 조치가 필요하다. 레이브스는 긁으면 떨어지는 회색 코팅 아래에 특수 코드를 숨긴 태그를 보비에 붙여서 위조를 방지한다. 브리드스토 웹사이트에 있는 특정 영역에 숫자를 입력하면 보비 사진이 나와서 엄지를 위나 아래로 움직여 진품 여부를 확인해준다. 그가 한숨을 내쉬었다. "끝내주는 곰 인형에 붙이기에는 아주 첨단적인 기술이죠."

식료품에 관한 한 많은 중국인들은 외국 상표가 붙은 것만 산다. 국산보다 더 품질이 좋다고 생각하기 때문이다. 어떤 이들은 수입품만 선호하고 중국 공장에서 만든 외국 상품은 꺼려한다. 그리고 또 다른 이들―특히 어린 자녀를 둔 부모들―은 자신이 구입하는 제품의 품질과 출처를 보증하는 유일한 방법은 외국인들이 쇼핑하는 곳에서 해외 구매를 하는 것이라는 결론에 다다랐다.

한 추정치에 따르면, 2016년 중반 현재 오스트레일리아에는 4만 명의 사람들이 중국에 있는 가정을 위한 쇼핑 도우미―중국어로는 다이고우代购라고 하는데, 말 그대로 "대리 구매"를 뜻한다―로 고용되어 있다. 다이고우는 걸핏하면 슈퍼마켓에서 분유를 싹쓸이해서 지역 주민들의 조제분유 부족 사태를 유발해 오스트레일리아에서 신문 헤드라인을 장식하곤 한다. 그 결과, 현재 슈퍼마켓들은 손님이 구입할 수 있는 분유 개수를 제한한다. 하지만 분유는 수요가 많고 세간의 이목을 가장 많이 끄는 제품일 뿐이다. 다이고우가 중국으로 보내는 물품 목록에는 비타민, 스킨케어 제품, 꿀, 천연 원료로 만든 샴푸, 아동복, 자외선 차단 로션, 진통제, 벌레 퇴치제, 초콜릿, 그리고 물론 라벤더 테디베어도 있다(그렇지만 내가 들은 바로는 보비만큼 잘 팔리는 건 아무것도 없다).

일부 다이고우는 타오바오淘宝(이베이보다 더 큰 성공을 거둔 중국판 이베이)를 이용하면서 여기서 사이버 상점을 운영한다. 다른 이들은 위챗(아주 복잡한 기능이 많은 메신저 앱)을 이용해 고객과 소통하면서 때로는 스마트폰으로 동영상 채팅까지 한다. 중국에 있는 고객에게 슈퍼마켓을 돌면서 선반에서 제품을 집어 들어 쇼핑카트에 넣고 계산대에서 돈을 내는 모습까지 실시간으로 보여주는 것이다. 중국의 구매자들은 대개 오스트레일리아 현지 소매가의 50퍼센트 정도를 다이고우에게 수수료도 지불한다.[29]

이론상 어떤 나라가 일단 일정 수준의 평균 소득을 달성하면 중산층이 정치적 권리 확대를 요구하기 시작한다. 공공연하게 민주주의를 요구하지는 않더라도 적어도 자신들이 관심을 갖는 문제들에 영향을 미칠 권리는 요구하게 마련이다. 그렇지만 딕슨과 그의 조사에 따르면, 중국 중산층은 정치적으로 묵묵히 따를 뿐만 아니라 중국공산당을 진정으로 지지하기까지 한다. 딕슨은 이렇게 말한다. "이런 현상은 중국인들의 정치적 태도에서 되풀이해 발생하는 주제다. 중국인들은 소득이 높아질수록 현재 상태를 더 높게 평가하며, 더욱 만족스럽게 여긴다."[30]

이해할 수 있는 일이다. 경제체제는 상층 집단에게 전체 부의 압도적인 양을 분배하고 있다. 그렇지만 다른 조사들에서 드러나는 것처럼, 중국의 부유층은 식품의 질, 제품 안전, 공해 등에 관한 불안을 가장 민감하게 느끼고 있지만 그들이 무언가 행동을 할 여지는 거의 없다. 정부는 온라인에서 나타나는 일정 정도의 불만은 현실 세계로 넘쳐흐르지 않는 한 묵인한다. 식품 안전 사건의 피해자들에게는 정의를 요구할 수 있는 일정 수준의 자유가 주어지지만, 어떤 시점을 넘어서 항의를 계속하면 정부가 등을 돌려버린다. 잃을 것이 너무도 많기 때문에 공해나 식품 안전을 개선할 수 있는 유형의 변화를 위해 압력을 가하는 데 따르는 개인적 비용 역시 매우 높다. 재정적 자원이 있는 사람들의 경우, 이런 부 덕분에 자신이 격렬하게 혐오하면서도 바꿀 수 없는 중국 사회의 바람직하지 못한 측면들에서 손을 뗄―또는 적어도 어느 정도 거리를 둬서 방비할―수 있다.

교육을 위해 해외로 향하는 급증하는 수많은 젊은 중국인들은 이런 정서를 활용한다. 대중은 점차 중국 대학들을 유용한 기술을 개발하지도 못하면서 졸업생만 양산하는 학위 생산 공장이라고 여긴다. 대학 수업은 시험에 통과하기 위해 엄청난 양을 기계적으로 암기하고 대학교수의 말을 앵무새처럼 따라하는 것으로 구성된다. 정부 통계를 보면, 대졸자가 기대할 수 있는 초임은 고향을 떠나 도시로 온 노동자가 건설 현장에서 받는 것보다 약간 낮은 수준이다.[31] 이와 대조적으로 외국에 나가서 교육을 받으면 국내에서는 접하기 힘든 기회가 열린다.

게다가 해외여행을 할 만큼 돈이 많으면 중국의 끊임없는 공해도 견딜 만해진다. 2016년 12월에 자욱한 스모그가 중국의 엄청나게 넓은 지역을 뒤덮었을 때, 중국의 몇몇 대형 여행사들은 해외여행 판매가 크게 증가했다고 밝혔다. 한 여행사는 순전히 공해를 피하기 위해 15만 명이 추가로 해외로 향할 것으로 예상했다.[32]

중국 정부는 식품 안전이나 공해, 교육에 관한 불만의 목소리를 모르지 않는다. 당국은 오래전부터 이 문제들을 해결하려고 했지만 실패했다. 필요한 개선을 이루려면 당은 최종적인 중재자 역할에서 물러나고 공익을 우선에 두는 감독과 책임의 체계를 세워야 한다. 깨끗한 공기와 물을 확보하려면 강력하고 독립적인 환경보호부가 필요하다. 환경보다 성장을 우선시하는 지방정부의 지원을 받는 국영기업들이 환경보호부를 무시하지 못하게 해야 한다. 식품 안전의 경우도 마찬가지이다. 그리고 환경보호부와 식품의약국이 규제해야 하는 기업들과 공모하는 일이 없도록 두 기관에 대한 독립적인 감독도 필요하다. 교육개혁은 아마 훨씬 더 어려울 텐데, 특히 당이 정치교육 수업을 통해 젊은이들의 사고를 형성하고 서구 사상에 노출되는 정도를 제한하기 위해 교육을 활용하기 때문이다.[33] 국가 입장에서 보면, 학교 교육은 정치적 통제와 관련된다. 반면 일반 대중 입장에서는 고용 및 기회와 관련된다. 물론, 당국이 통제 수단을 포기하지 않으려고 항상 경계하는 정치체제에서 이런 개혁이 조만간 일어날 것 같지는 않다.

좋은 선택지가 없다

원인이 무엇이든 경제 불황과 위기는 보통 사람들 모두에게 거의 비슷한 방식으로 영향을 미친다. 사람들은 일자리와 상여금을 잃고, 노동시간이 줄어든다. 일자리를 잃지 않은 사람들은 자신의 경제적 안정에 관해 걱정한다.

하지만 중국에서는 사회에 존재하는 경제적 불평등에 대해 실감하면서 느끼는 분노 때문에 이런 스트레스가 더욱 커질 가능성이 높다. 중국인들이 국가가 국민의 건강과 복지를 보호해주지 못하는 상황을 보상할 만한 자원이 이제 더 이상 없다는 것을 깨달을 때, 좌절은 더욱 커질 것이다. 결국 중국 경제의 둔화—불황이나 위기는 말할 것도 없고—는 경제적인 사건인 만큼이나 정치적인 사건이 될 것이다.

중국 지도자들이 정치적 불안정이 어떤 모습을 띨지에 관해 공개적으로 의견을 내비치는 일은 아주 드물지만, 2017년 3월—오랫동안 시장 지향적 개혁을 주창해온—루지웨이가 바로 그런 발언을 했다. 재무장관 자리에서 밀려난 지 불과 몇 달 뒤, 루지웨이는 지금까지 베이징 당국이 경제적 안정을 유지할 수 있었던 까닭에 일정한 자족감이 생겨났다고 경고했다. 그는 부채 주도 지출이 급증할 때 개혁을 추진하고, 개혁에 불가피하게 수반되는 혼란을 완화하는 데 이 지출을 활용했어야 했는데 성장을 떠받쳤을 뿐이라고 주장했다.

이 모든 지출은 "경제 안정이라는 환상을 만들어내어 사람들이 개혁의 고통을 감내하려 하지 않게 만들었다. 만약 우리가 스스로 번 시간을 허비해버린다면, 운신의 폭이 점점 줄어들 것이다. 마침내 개혁이 닥치면 (……) 고통이 더욱 커지고, 합의에 도달하기가 더 어려울 것이며, 극우나 극좌 포퓰리즘으로 빠져들기 쉬울 것이다."[34]

외부자들은 중국공산당이 살아남을 것인지 아니면 어떤 식으로든 붕괴할 것인지에 대해 강박관념을 가지기 쉽다. 중국의 안정성에 관한 논의는 거의 하나같이 중국공산당이 과연 지속적인 존재로서의 생명력을 갖고 있는지의 문제로 귀결된다. 마치 이 문제가 중국의 미래를 규정하는 유일하고 가장 중요한 요인이라도 되는 것처럼 여겨지는 것이다. 그렇지만 1949년 이래 중국은 어떤 나라보다도 많은 사회적·정치적 격변을 겪었다. 이 기간 동안 중국은 대약진운동, 문화대혁명, 덩샤오핑의 부상과 경제개혁, 톈안먼 시위, 1990년대 말 철밥통^{铁饭碗}* 파괴 등을 통과했다. 이 과정은 모두 일당의 지도에 따라 이루어졌다.

어느 누구도 그런 소란스러운 시대로 돌아갈 것이라고 예측하지는 않지만, 지난 20년간 이어진 안정 때문에 우리는 중국의 현재 상태가 자연스러운 상황이라고 여기고 안심하게 되었다. 경기 둔화—또는 더 나쁜 상황—가 혁명으로 귀결될 가능성은 없지만, 중국이라고 해서 왼쪽이나 오른쪽으로 정치 방향이 급격하게 바뀌지 말란 법은 없다. 좌절감에 빠진 국민들에 직면한 국가가 포위 상태라고 느껴 포퓰리즘적인 방향으로 돌아설지 모른다. 또는 민족주의를 강화해 관심을 자신이 해결하지 못하는 문제들에서 다른 데로 돌릴 수도 있다. 일각에서 이미 진행 중이라고 주장하는 것처럼, 권위주의를 강화해서 변화를 막으려고 할 수도 있다. 아니면 경쟁하는 파벌들이 국가가 나아갈 적절한 방향을 놓고 다툼을 벌이면서 내적으로 분열될 수도 있다. 중국은 통치의 근본적인 변화를 경험하기 위해 정부의 변화를 경험할 필요가 없다.

이것이 중요한 것은 중국의 정치적 대응이 정부가 경제를 개혁할 수 있는지, 할 수 있다면 어떻게 개혁할 것인지에 영향을 미치기 때문이다. 얼마 전 나의 한 중국인 친구는 내게 자신이 조국의 향후 5년에

---

* 중국식 사회주의 체제에서 공무원과 국영기업 직원으로 대표되는 평생직장을 가리키는 표현. 경제개혁 이후 쉽게 깨지는 흙밥통^{泥饭碗}으로 바뀌고 있다.

대해서는 낙관적이지 않지만, 앞으로 20년 동안은 밝은 미래를 기대할 수 있을 것으로 본다고 말했다. 그런 낙관주의는 중국 지도자들이 중진국 함정을 통과하는 경제적 이행을 잘 처리할 능력이 있다고 가정한다. 그렇지만 지금까지 그렇게 할 수 있었던 나라는 거의 없다. 그런 이행 과정은 중국 정치체제가 경제 실패에 의해 악화될 것으로 예상되는 잠재적인 사회적 압력에 어떻게 대응하느냐에 크게 좌우될 것이다.

중국 전문가들 사이에 향후 전망에 관해 합의된 견해가 조금이라도 있다면, 그것은 중국이 어떤 식으로든 그럭저럭 헤쳐나갈 것이라는 점뿐이다. 어쨌든 중국은 개혁 시대 동안 언뜻 보기에 어마어마한 위기에 여러 차례 직면했지만, 경제는 기본적인 궤적을 유지할 수 있었다. 1990년대 말, 장쩌민 주석과 주룽지朱鎔基 총리는 엄밀히 따지면 지급 불능 상태인 은행 시스템, 경화증에 걸린 국영기업을 중심으로 구축된 경제, 부패의 늪에 빠진 관료제, 분수에 넘치는 차입에 의존하는 지방정부, 특권 포기에 반대하는 기득권 세력 등을 완전히 전복시켜 자신들이 꿈꿀 수 있었던 것보다 훨씬 부유한 경제를 세우기 위한 토대를 닦았다.

하지만 이번에는 상황이 아주 다르다. 장쩌민과 주룽지는 두 가지의 새로운 성장 동력을 풀어놓았다. 두 사람은 주택 시장을 자유화해서 20년에 걸친 도시화의 문을 열었고, 중국의 세계무역기구 가입을 처리해서 수출 부문에 엄청난 힘을 실어주었다. 이번에는 특효약이 남아 있지 않으며―장쩌민과 주룽지가 놀라우리 만치 별다른 외상을 남기지 않고 구제한―금융 시스템은 훨씬 더 크고 복잡해졌다. 게다가 경제가 한층 더 부유하게 성장한 가운데 기득권 세력은 지켜야 할 것이 훨씬 많아졌다.

　시진핑 주석은 성장이 둔화된 현 시기에 신창타이新常态, 즉 "새로운 표준New Normal"이라는 이름을 붙였다. 마케팅용으로는 탁월한 표현이다. 현재 상황에서 표준적인 것은 사실 아무것도 없기 때문이다. 실제로 중국 경제는 무척 유동적인 상태다. 무엇보다도 남아 있는 좋은 선택지가 하나도 없으며, 중국을 새로운 활력과 높은 효율성을 갖춘 경로에 올려놓기 위해 필요한 고통을 감내할 만한 정치적 동력도 없어 보인다. 정부는 스스로 이름 붙인 "적당히 빠른 성장"을 유지해야 한다는 엄청난 압력에 시달린다. 그런 성장을 하지 못하면 중국은 중진국 함정을 피하지 못할 것이며, 또한 인구 변동이 중요해져서 노령화 때문에 경제가 고갈되기 전에 국가를 다시 젊게 만든다는 꿈도 실현하지 못할 것이다. 하지만 이런 높은 수준의 성장을 유지하려고 하면 부채와 낭비 문제가 더욱 악화될 뿐이다.

　게다가 개혁에는 대가가 따른다. 베이징 당국은 마법 지팡이를 휘둘러 부채를 사라지게 만들 수 없다. 부채를 정리하는 부담을 어떻게 분배할지를 결정해야 한다. 그리고 이런 결정에는 정치적 파급 효과가 따른다. 위안화 평가절하는 수출에는 유리하지만 중산층에게는 불리하다. 적당한 가격의 해외여행과 쇼핑, 교육 등의 특전이 사라지기 때문이다. 마찬가지로, 시장 지향적 개혁은 경제적 효율성에는 유리하지만 부유층에게는 불리하다. 부유층은 국가가 경제에서 차지하는 특권적 지위 덕분에 이득을 누리기 때문이다. 과다한 공장을 폐쇄하는 것은 산업 설비 과잉 문제를 해결하기 위한 중요한 일보이지만, 그렇게 하면 결국 실업이 늘고 임금이 줄어 불평등이 심화될 것이다. 그리고 세금을 인상하거나 인플레이션을 부추기는 것은 기업 부채 부담을 줄이는 데는 유용하지만 대중의 소비 능력을 잠식시킬 것이며, 결국 시진핑이 상황이 한결 좋아질 것이라고 약속하는—그리고 중국이 세계 질서에서 자신의 정당한 자리를 되찾을 것이라는 "중국의 꿈中国梦"을 약속하는—가운데 인민의 물질적 삶은 피폐해질 것이다.

여러 해 동안 중국의 거침없는—경제적·정치적—부상은 불가피해 보였지만, 그런 형태의 미래는 가망 없다는 것이 점차 분명해지고 있다. 중국은 개혁과 고통, 정치적 지도력이 요구되는 고질적인 경제적 문제를 가지고 있다. 그들은 모든 나라들의 성장을 추동하는 부유한 나라라는, 자신이 바라는 역할을 맡으려면 이 문제를 해결해야 한다. 많은 이들은 중국이 그런 역할을 맡게 되면 자신의 경제력을 이용해서 국제질서를 자기 이익에 맞게 뜯어고칠까봐 우려한다. 21세기는 중국의 세기가 될 것인데, 그것은 어렵게 얻은 40년간의 번영에 강인한 정신의 개혁과 희생이 뒤따라야만 가능할 것이다. 여전히 그런 일은 일어날 수 있지만, 그러려면 중국이 현재 걷고 있는 경로에 근본적인 변화가 있어야 할 것이다. 하지만 지금은 그들의 경제 기적이 고통스럽고 불확실한 종언을 겪을 것으로 보인다.

서론: 공포와 탐욕

1. Yi Wang, *Australia-China Relations Post 1949: Sixty Years of Trade and Politics* (New York: Routledge, 2012), 4장.

2. "Tom Price, Pannawonica, and Paraburdoo," Australia's North West, http://www.australiasnorthwest.com/Destinations/The_Pilbara/Tom_Price_Pannawonica_and_Paraburdoo.

3. Amanda Buckley, "Mr. Hu and $5 Billion Worth of Rock," *Sydney Morning Herald*, April 15, 1985, https://www.newspapers.com/newspage/121192255/.

4. "Rio Tinto and Sinosteel Sign Heads of Agreement for Channar JV Further Extension Discussions," Rio Tinto, November 17, 2014, http://www.riotinto.com/media/media-releases-237_13586.aspx.

5. Buckley, "Mr. Hu."

6. John W. Miller, "The $200,000 a Year Mine Worker," *Wall Street Journal*, November 16, 2011, https://www.wsj.com/articles/SB1000142405297020 46219045770161723508693 12.

7. "World Economic League Table 2015 Highlights," Centre for Economics and Business Research, December 26, 2015, https://cebr.com/reports/welt−2016/; John Hawksworth, Hannah Audino, and Rob Clarry, *The World in 2050—The Long View: How Will the Global Economic Order Change by 2050?*, paper series, PricewaterhouseCoopers, February 2017.

8. Ruchir Sharma, "How China Fell Off the Miracle Path," *New York Times*, June 3, 2016, https://www.nytimes.com/2016/06/05/opinion/sunday/how−china−fell−off−the−miracle−path.html?_r=0.

9. "China Hit by First Moody's Downgrade Since 1989 on Debt Risk," *Bloomberg*, May 23, 2017.

10. Keith Bradsher, "Why China's Growing Debt Load Worries the World," *New York Times*, May 24, 2017, https://www.nytimes.com/2017/05/24/business/china−downgrade−explained.html?smid=tw−share&_r=0.

11. Mark Carney, "Opening Remarks by the Governor," financial stability report press conference, Bank of England, November 30, 2016, http://www.bankofengland.co.uk/publications/Documents/fsr/2016/fsrspnote301116.pdf.

12. Charlie Rose, "Short−Seller Jim Chanos: Red Flag over China," *Bloomberg Businessweek*, April 8, 2010, https://www.bloomberg.com/news/articles/2010−04−08/short−seller−jim−chanos−red−flag−over−china.

13. David Barboza, "Contrarian Investor Sees Economic Crash in China," *New York Times*, January 7, 2010, http://www.nytimes.com/2010/01/08/business/global/08chanos.html.

14. George Soros, "The World Economy's Shifting Challenges," *Project Syndicate*, January 2, 2014, https://www.project−syndicate.org/commentary/george−soros−maps−the−terrain−of−a−global−economy−that−is−increasingly−shaped−by−china?barrier=accessreg.

15. James T. Areddy, "George Soros in China's Crosshairs After Predicting Tough Economic Times Ahead," *Wall Street Journal*, January 27, 2016,

https://blogs.wsj.com/chinarealtime/2016/01/27/george-soros-in-chinas-crosshairs-after-predicting-tough-economic-times-ahead/.

16. Lydia Saas, "Americans See China as Top Economy Now, but U.S. in Future," Gallup, February 22, 2016, http://www.gallup.com/poll/189347/americans-china-top-economy-future.aspx.

17. John Garnaut, "'Fear and Greed' Drive Australia's China Policy, Tony Abbott Tells Angela Merkel," *Sydney Morning Herald*, April 16, 2015, http://www.smh.com.au/federal-politics/political-news/fear-and-greed-drive-australias-china-policy-tony-abbott-tells-angela-merkel-20150416-1mmdty.html.

18. Malcolm Scott and Cedric Sam, "China and the United States: Tale of Two Giant Economies," *Bloomberg*, May 12, 2016, https://www.bloomberg.com/graphics/2016-us-vs-china-economy/.

19. Richard Milne, "Norway See Liu Xiaobo's Nobel Prize Hurt Salmon Exports to China," *Financial Times*, August 15, 2013, https://www.ft.com/content/ab456776-05b0-11e3-8ed5-00144feab7de.

20. Kwanwoo Jun, "South Korea Talks Tougher on China Retaliation," *Wall Street Journal*, April 4, 2017, https://www.wsj.com/articles/south-korea-talks-tougher-on-china-retaliation-1491301100.

21. Chun Han Wong, "Conglomerate Feels Heat from China's Anger at South Korea," *Wall Street Journal*, March 10, 2017, https://www.wsj.com/articles/conglomerate-feels-heat-from-chinas-anger-at-south-korea-1489161806.

22. Xi Jinping, "在党的十八届五中全会第二次全体会议上的讲话" (제18차 당대회 5중전회 2차 회의 연설), *Qiushi*(求实), January 1, 2016.

23. Lou Jiwei, "楼继伟清华大学演讲: 我国可能滑入中等收入陷阱" (루지웨이의 칭화대학 연설: 중국은 서서히 중진국 함정으로 빠져들 가능성이 있다), *Sina Finance*, May 1, 2015, http://finance.sina.com.cn/china/20150501/135822089571.shtml.

1. "SEC Charges China−Based Executives with Securities Fraud," U.S. Securities and Exchange Commission, February 22, 2012, https://www. sec.gov/news/press−release/2012−2012−31.htm.

2. Securities and Exchange Commission v. Rino International Corp., Dejun "David" Zhou, and Jianping "Amy" Qiu, 1:13−cv−00711(D.D.C.), May 15, 2013, https://www.sec.gov/litigation/complaints/2013/comp−pr2013−87.pdf.

3. "SEC Sues Chairman of SinoTech Energy for Misappropriating $40 Million of Company Cash, and SinoTech for Falsifying Asset Values," U.S. Securities and Exchange Commission, April 23, 2012, http://www.sec. gov/litigation/litreleases/2012/lr22341.htm.

4. "Oral Ruling on Defendant's Application to Strike and Plaintiff's Application for Documents," Huang v. Silvercorp Metals, Supreme Court of British Columbia, 2016 BCSC 278, February 4, 2016, http://www. lawgm.com/wp−content/uploads/2016/07/Huang−v.−Silvercorp−Metals−Inc.−2016−BCSC−278−00137175xCEA79.pdf.

5. Wojciech Maliszewski, Serkan Arslanalp, John Caparusso, José Garrido, Si Guo, Joong Shik Kang, W. Raphael Lam, T. Daniel Law, Wei Liao, Nadia Rendak, Philippe Wingender, Jiangyan Yu, and Longmei Zhang, "Resolving China's Corporate Debt Problem," IMF Working Paper WP/16/203, October 2016, https://www.imf.org/external/pubs/ft/ wp/2016/wp16203.pdf.

6. Shawn Donnan, "What the Fed Says About China Behind Closed Doors," *Financial Times*, March 8, 2015, https://www.ft.com/content/a49c325c−c5ed−11e4−ab8f−00144feab7de.

7. Usha C. V. Haley and George T. Haley, *Subsidies to Chinese Industry: State Capitalism, Business Strategy, and Trade Policy* (New York: Oxford University Press, 2013).

8. Curtis Milhaupt and Wentong Zheng, "Beyond Ownership: State

Capitalism and the Chinese Firm," *Georgetown Law Journal* 103 (2015): 665~721쪽.

9. Wu Hai, "一个企业家致总理的公开信: 总理, 我想做点事, 但是很憋屈" (한 기업가가 총리에게 드리는 공개서한: 총리님, 저는 하고 싶은 일이 있는데 저지당하고 있습니다), *Economic Observer*, March 30, 2015, http://www.eeo.com.cn/2015/0330/274264.shtml.

10. "Li Keqiang's Report on the Economic Situation at the 16th National Congress of the ACFTU," Xinhuanet, November 16, 2013, http://news.xinhuanet.com/english/bilingual/2013-11/16/c_132888493_2.htm.

11. "Reasons for Judgment," Huang v. Silvercorp Metals Inc., 2015 BCSC 549, April 13, 2015, http://www.lawgm.com/wp-content/uploads/2015/07/Huang-v.-Silvercorp-Metals-Inc.-2015-BCSC-549.pdf.

12. 앞의 글.

13. 앞의 글.

14. Mark MacKinnon and Andy Hoffman, "In China, Silvercorp Critic Caught by Police," *Globe and Mail*, June 3, 2013, https://www.theglobeandmail.com/report-on-business/international-business/asian-pacific-business/in-china-silvercorp-critic-caught-in-campaign-by-police/article4528671/.

15. 앞의 글.

16. Bruce Livesey, "The Full Story of Jon Carnes, Silvercorp, and the BCSC," *Globe and Mail*, May 29, 2015, https://www.theglobeandmail.com/report-on-business/rob-magazine/the-strange-case-of-alfred-little/article24443237/.

17. Bill Alpert and Leslie Norton, "The High Price of Digging Up Dirt in China," *Barron's*, September 28, 2013, http://www.barrons.com/articles/the-high-price-of-digging-up-dirt-in-china-1380348035?tesla=y.

18. Li Keqiang, "在国务院第三次廉政工作会议上的讲话" (국무원 3차 *깨끗한 정*

치 업무회의 연설), State Council, February 28, 2015, http://www.gov.cn/ guowuyuan/2015-02/28/content_2822857.htm.

19. "Opening Ceremony for China's National Games Set for Daytime to Save Cost," Xinhuanet, July 6, 2013, http://en.people.cn/90779/8313580. html.

20. Fran Wang, "Liaoning Government Admits False Growth Data from 2011-2014," Caixin, January 18, 2017, http://www.caixinglobal. com/2017-01-18/101046468.html.

21. 앞의 글.

22. "'注水数据'贻害大'挤出水分'须较真"("부풀린 통계"가 남긴 불안한 유산, "물기를 짜내라"는 교훈을 진지하게 받아들여야), Xinhuanet, December 10, 2015, http://news.xinhuanet.com/2015-12/10/c_1117414620.htm.

2장 좀비 기업

1. "Dedication Program: National Historic Mechanical Engineering Landmark; The Wyman-Gordon 50,000-Ton Forging Press," American Society of Mechanical Engineers, October 20, 1983, https://www.asme. org/wwwasmeorg/media/ResourceFiles/AboutASME/Who%20We%20 Are/Engineering%20History/Landmarks/89-wyman-gordon-50000-ton-hydraulic-forging-press.pdf.

2. "800MN大型模锻压机项目荣获'2014年度四川省科技进步一等奖'"(8억 규모 대규모 단조 프레스 프로그램, "2014년 쓰촨성 과학기술부상 수상"), Sinomach, June 11, 2015, http://www.sinomach.com.cn/xwzx/zgsdt/2015_ zgsdt/201506/t20150611_60719.html.

3. Dexter Roberts and Chi-Chu Tschang, "Why China's Buying into Rio Tinto," *Bloomberg LP*, February 5, 2008, http://www.bloomberg. com/news/articles/2008-02-05/why-chinalcos-buying-into-rio-tintobusinessweek-business-news-stock-market-and-financial-advice.

4. Siva Govindasamy, "China's Comac Aims for First C919 Flight by Early 2017: Sources," Reuters, February 23, 2016, http://www.reuters.com/article/us-coma-china-c-idUSKCN0VW110.

5. Scott Cendrowski, "China's Answer to Boeing Loses Shine," *Fortune*, February 16, 2016, http://fortune.com/2016/02/16/china-comac-c919-delay-delivery/.

6. "The State as Shareholder: Raison d'État," *Economist*, June 28, 2014, http://www.economist.com/news/business/21605921-other-countries-are-selling-state-owned-industries-france-trading-up-raison-d-tat.

7. Terence Bell, "The Biggest Aluminum Producers, 2014," *The Balance*, updated November 21, 2016, http://metals.about.com/od/Top-10-Producers/tp/The-10-Biggest-Aluminum-Producers-2014.htm.

8. Nicholas R. Lardy, *Markets over Mao: The Rise of Private Business in China* (Washington, D.C.: Peterson Institute for International Economics, 2014), 106쪽.

9. "Total Credit to the Non-financial Sector," Bank for International Settlements, 2017년 7월 18일 접속, http://www.bis.org/statistics/tables_f.pdf.

10. Hu Qing, "任式改革'能否力挽狂澜" (런훙빈의 개혁으로 형세가 뒤집힐까?), *China Energy News*, May 25, 2015, 23쪽.

11. "四川省人民政府关于调整全省最低工资标准的通知" (최저임금 기준 조정에 관한 쓰촨성 인민정부의 공고), Sichuan Provincial People's Government, June 17, 2015, http://www.sc.gov.cn/10642/10883/11066/2015/6/20/10340340.shtml.

12. "四川二重集团大裁员引发千人罢工" (쓰촨성 얼종그룹 정리 해고로 노동자 수천 명 파업), YouTube, May 12, 2015, https://www.youtube.com/watch?v=CLBTOZ1zu0g.

13. "李克强: 商事制度改革要协同向纵深推进" (리커창 총리: 기업 개혁을 진전시키려면 산업부와 통상부의 협력이 중요), State Council of the People's Republic of China, March 22, 2015, http://www.gov.cn/guowuyuan/2015-

03/22/content_2837186.htm.

14. "我省出台'金融七条'助力煤炭供给侧改革" (산시성, 석탄 공급 부문 구조 개혁을 위한 '7개 금융 조치' 발표), People's Government of Shanxi Province, June 16, 2016, http://www.shanxigov.cn/n16/n8319541/n8319612/n8322053/n8324962/n19299484/19511435.html.

15. Wojciech Maliszewski, "Resolving China's Corporate Debt Problem," IMF Working Paper WP/16/203, October 2016, https://www.imf.org/external/pubs/ft/wp/2016/wp16203.pdf.

16. "The Nature, Performance, and Reform of the State-Owned Enterprises," Unirule Institutes of Economics, 2011.

17. Tao Ran, "The Issues of Land in China's Urbanization and Growth Model," in *Deepening Reform for China's Long-Term Growth and Development*, ed. Ross Garnaut, Cai Fang, and Ligang Song (Canberra, Australia: ANU Press, 2014), 335~377쪽.

18. Shijin Liu et al., *Urban China: Toward Efficient, Inclusive, and Sustainable Urbanization* (Washington, D.C.: World Bank Group, 2014), http://documents.worldbank.org/curated/en/274891468018263655/Urban-China-toward-efficient-inclusive-and-sustainable-urbanization.

19. *Coastal Wetland Conservation Blueprint Project in China*, Paulson Institute, August 2016, http://www.paulsoninstitute.org/wp-content/uploads/2016/08/Wetland-Report-EN-Final.pdf.

20. Weiying Zhang, *The Logic of the Market: An Insider's View of Chinese Economic Reform*, trans. Matthew Dale (Washington, D.C.: Cato Institute, 2015), 352쪽.

21. "China," Office of the United States Trade Representative, 2013, https://ustr.gov/sites/default/files/2013%20NTE%20China%20Final.pdf.

22. Markus Eberhardt, Zheng Wang, and Zhihong Yu, "Intra-national Protectionism in China: Evidence from the Public Disclosure of 'Illegal' Drug Advertising," Research Paper Series at the University

of Nottingham, April 2013, http://www.nottingham.ac.uk/gep/documents/papers/2013/2013-04.pdf.

23. "Overcapacity in China: An Impediment to the Party's Reform Agenda," European Union Chamber of Commerce in China, February 22, 2016.

24. "China Steel Production Capacity to Peak in 2016," *China Daily*, November 20, 2015, http://www.chinadaily.com.cn/business/2015-11/20/content_22504605.htm.

25. Christian Shephard and Tom Mitchell, "China's Steel Sector Hit by Losses," *Financial Times*, February 1, 2016, https://www.ft.com/content/338b4394-c8aa-11e5-be0b-b7ece4e953a0.

26. "Overcapacity in China."

27. Martin Rowe and Clarkson Asia, *Shipbuilding Market Overview,* Clarksons, March 19, 2013, https://www.marinemoney.com/sites/all/themes/marinemoney/forums/HK13/presentations/0955B%20Martin%20Rowe.pdf.

28. "报告称应加快僵尸企业出清步伐缓解金融风险"(금융 리스크를 완화하기 위해 좀비 기업들을 정리하는 속도를 높여야 한다는 보고), Xinhuanet, June 13, 2016, http://news.xinhuanet.com/fortune/2016-06/13/c_129056209.htm. 인민은행 경제 뉴스에서 재인용.

29. "Overcapacity in China."

30. "中国8万吨模锻压机助力歼: 有人千方百计刺探"(중국 8만 톤 단조 프레스, J11 전투기 연구 개발에 도움: 일각에서 정보 파악 위해 최선 다하는 중), Sinomach, October 10, 2014, http://www.sinomach.com.cn/xwzx/xydt/2014hydt/201412/t20141218_46664.html.

3장 유령 도시

1. "沈阳经济区八城市市长集体答记者问"(선양 경제구 8개 도시 시장 일문일답), State Council Information Office of the People's Republic of China, April 7, 2010, http://www.scio.gov.cn/xwfbh/gssxwfbh/xwfbh/liaoning/

document/595907/595907_1.htm.

2. Daria Gonzales, "Meet the People Who Still Live in Russian Ghost Towns," *Russia Beyond the Headlines*, February 5, 2013, http://rbth.com/travel/2013/02/05/life_goes_on_in_russian_ghost_towns_22505.html.

3. Guanghua Chi, Yu Liu, Zhengwei Wu, and Haishan Wu, "Ghost Cities Analysis Based on Positioning Data in China," November 12, 2015, arXiv.org, Cornell University Library, https://arxiv.org/pdf/1510.08505.pdf.

4. Askok Bardham, Robert Edelstein, and Cynthia Kroll, "Housing Market Stability in China and the Potential for Global Contagion," Fisher Center for Real Estate and Urban Economics, University of California, Berkeley, June 2014.

5. "Is China Able to Keep Building 3 Power Stations a Week?," China.org.cn, October 7, 2012, http://china.org.cn/environment/2012-10/07/content_26715090.htm.

6. Michael Spence, Patricia Clarke Annez, and Robert M. Buckley, *Urbanization and Growth: Commission on Growth and Development*, World Bank, 2009, https://openknowledge.worldbank.org/handle/10986/2582.

7. Shira Szabo and Ron Henderson, "New City/Old City," Fourth International Conference of the International Forum on Urbanism, Amsterdam and Delft, 2009, http://newurbanquestion.ifou.org/proceedings/5%20The%20Transformation%20of%20Urban%20Form/full%20papers/D063-1_Szabo_Shira_Henderson_Ron_New%20City%20Old%20City.pdf.

8. "地方新城新区建设数量多规模大造城盛宴风险大" (새로운 도시와 구의 대규모 건설은 도시에 커다란 위험을 가져온다), Xinhuanet, August 19, 2013, http://news.xinhuanet.com/politics/2013-08/19/c_125192959.htm.

9. 앞의 글.

10. "Feb. 18, 1991: Deng Xiaoping talks about developing Pudong," Today in History, *China Daily*, February 18, 2011, http://www.chinadaily. com.cn/china/cpc2011/2011−02/18/content_12474399.htm.

11. Yao Min−G, "Deng's Legacy: The Cinderella Story of Pudong," *Shanghai Daily*, August 18, 2014, http://www.shanghaidaily.com/feature/art−and−culture/Dengs−legacy−The−Cinderella−story−of−Pudong/shdaily.shtml.

12. "乔润令: 我国新城规划人口超现有体制达34亿" (차오룬링: 신도시와 신구 계획은 34억 명 정도에게 주거를 공급하기에 충분하다), *Sina*, October 19, 2013, http://finance.sina.com.cn/hy/20131019/153317045900.shtml.

13. *Urban China: Toward Efficient, Inclusive, and Sustainable Urbanization*, World Bank, 2014, 113쪽, https://openknowledge.worldbank.org/handle/10986/18865.

14. "人民日报评论部: '造城虚火症该治了'" (인민일보 논평부: 개발병을 치료할 시기), *People's Daily*, August 28, 2013, http://opinion.people.com.cn/n/2013/0828/c1003−22715591.html.

15. Bingham Kennedy Jr., "Dissecting China's 2000 Census," Population Reference Bureau, June 2001, http://www.prb.org/Publications/Articles/2001/DissectingChinas2000Census.aspx.

16. "凡河新城引领未来城市发展方向" (판허 신구, 톄링의 도시화로 이어질 것), *People's Daily*, January 6, 2014, http://leaders.people.com.cn/n/2014/0106/c359550−24033287.html.

17. Tieling City municipal website, 2017년 7월 19일 접속, http://www.tieling.gov.cn/zjtl/showall.asp?table=tdashiji&n=%CC%FA%C1%EB%B4%F3%BC%C7%CA%C2&fID=7.

18. "凡河新城引领未来城市发展方向" (판허 신구).

19. Peggy Sito, "God's Businessman Has Eye on Bible Theme Park," *South China Morning Post*, November 23, 2009, http://www.scmp.com/article/699193/gods−businessman−has−eye−bible−theme−park.

20. "李克强: 推进城镇化意不在'楼'而在'人'" (리커창: 도시화의 의미는 "건물"

이 아니라 "사람"에 있다), November 28, 2014, http://www.gov.cn/guowuyuan/2014-11/28/content_2784326.htm.

21. David Barboza, "Building Boom in China Stirs Fears of Debt Overload," *New York Times*, July 6, 2011, http://www.nytimes.com/2011/07/07/business/global/building-binge-by-chinas-cities-threatens-countrys-economic-boom.html.

22. David Hearst, "China, Corruption, and the Court Intrigues of Nanjing," *Guardian*, October 26, 2013, http://www.theguardian.com/commentisfree/2013/oct/26/china-corruption-nanjing-ji-jianye-mayor; Amy Li, "What Has Li Chuncheng 'the Demolisher' Done to Chengdu?," *South China Morning Post*, December 12, 2012, http://www.scmp.com/news/china/article/1103692/what-has-li-chuncheng-demolisher-done-chengdu.

23. Chen Erze, "地方新城新区建设数量多规模大 造城盛宴风险大"(건설 중인 신도시와 신구의 수는 많고, 범위도 넓고, 위험도 크다), *People's Daily*, August 19, 2013, http://news.xinhuanet.com/politics/2013-08/19/c_125192959.htm.

24. Andrew Browne, "Booming Municipalities Defy China's Efforts to Cool Economy," *Wall Street Journal*, September 15, 2007, http://www.wsj-asia.com/pdf/WSJA_2007_Pulitzer_China.pdf.

25. Lesley Stahl, "China's Real Estate Bubble," *CBS News*, August 3, 2014, http://www.cbsnews.com/news/china-real-estate-bubble-lesley-stahl-60-minutes/.

26. "China in Transformation—Zhengzhou a Ghost City or a Mega City?," China International Capital Corporation, May 19, 2015.

27. David Barboza, "How China Built 'iPhone City' with Billions in Perks for Apple's Partner," *New York Times*, December 29, 2016, https://www.nytimes.com/2016/12/29/technology/apple-iphone-china-foxconn.html?_r=0.

28. 앞의 글.

29. "China in Transformation."

30. Li Huimin, "铁岭新城成新'鬼城'"(톄링 신도시, 새로운 "유령 도시"로 전락하는 중), *China Business Journal*, August 31, 2013, http://www.cb.com.cn/index.php?m=content&c=index&a=show&catid=20&id=1010945&all.

31. "City Planning in One of the Fastest-Growing U.S. Cities," interview with Mitchell Silver by Robin Young, *Here and Now*, WBUR-FM, Boston, Massachusetts, January 24, 2014, http://hereandnow.wbur.org/2014/01/24/city-planning-raleigh.

32. "李铁谈新城新区建设六大问题 称政府不了解城市化发展规划"(리톄, 신도시와 신구가 직면한 6대 문제를 논하면서 정부가 도시화 개발 계획을 이해하지 못한다고 주장하다), *Caijing*, January 19, 2015, http://economy.caijing.com.cn/20150119/3802042.shtml.

33. Whitford Remer, "A Big WINN for Water Resources," *2017 Infrastructure Report Card*, American Society of Civil Engineers, December 15, 2016, http://www.infrastructurereportcard.org/a/#p/overview/executive-summary.

34. Andrew Flowers, "Why We Still Can't Afford to Fix America's Broken Infrastructure," *FiveThirtyEight*, June 3, 2014, http://fivethirtyeight.com/features/why-we-still-cant-afford-to-fix-americas-broken-infrastructure/.

35. "廖晓军: 主动适应经济发展新常态 依法加强和 改进预算决算审查监督工作"(랴오샤오쥔: 솔선해서 예산회계 검토와 감독을 강화, 개선하기 위한 법에 따라 새로운 경제 발전에 적응하자), *People's Daily*, November 5, 2015, http://dangjian.people.com.cn/n/2015/0916/c117092-27594420.html.

36. Christine Wong, "The Fiscal Stimulus Programme and Public Governance Issues in China," *OECD Journal on Budgeting* 11, no. 3 (2011): 1~22쪽, http://dx.doi.org/10.1787/budget-11-5kg3nhljqrjl.

37. Fielding Chen and Tom Orlik, "China Provincial Debt," *Bloomberg Brief*, March 23, 2016, http://newsletters.briefs.blpprofessional.com/document/MSwL-d.iUp63BHrcfz9zzQ—_6ozlnlm0a64zbme8k7/china-

provincial-debt.

38. "成思危: 地方债—2014年的难题" (청쓰웨이: 지방정부 부채—2014년의 가장 큰 문제), eeo.com.cn, December 23, 2013, http://www.eeo.com.cn/2013/1223/253919.shtml.

39. Yinqiu Lu and Tao Sun, "Local Government Financing Platforms in China: A Fortune or Misfortune?," IMF Working Paper WP/13/243, October 2013.

40. Xi Jinping, "全国金融工作会议在京召开" (베이징에서 개최된 전국금융공작회의), July 15, 2017, http://www.gov.cn/xinwen/2017-07/15/content_5210774.htm.

41. Mark MacKinnon, "'Ghost City' of Dandong New District a Spectre of North Korea's Paranoia," *Globe and Mail*, April 23, 2013, http://www.theglobeandmail.com/news/world/ghost-city-of-dandong-new-district-a-spectre-of-north-koreas-paranoia/article11514569/.

4장 토지 약탈과 부동산 붐

1. Zhenhua Yuan, "Land Use Rights in China," *Cornell Real Estate Review* 3 (July 2004): 73~78쪽, http://scholarship.sha.cornell.edu/cgi/viewcontent.cgi?article=1088&context=crer.

2. Zhao Ziyang, *Prisoner of the State: The Secret Journal of Premier Zhao Ziyang* (New York: Simon & Schuster, 2009)[(국역) 『국가의 죄수』, 자오쯔양·바오푸 지음, 장윤미·이종화 옮김, 에버리치홀딩스, 2010], 108쪽.

3. George E. Peterson, *Unlocking Land Values to Finance Urban Infrastructure*, World Bank, 2009, https://openknowledge.worldbank.org/bitstream/handle/10986/6552/461290PUB0Box3101OFFICIAL0USE0ONLY1.pdf?sequence=1.

4. "Summary of 2011 17-Province Survey's Findings," Landesa Rural Development Institute, April 26, 2012, http://www.landesa.org/china-survey-6/.

5. Zhang Yulin, "认识中国的圈地运动" (중국 인클로저 운동의 이해), 中国乡村发现 (중국 향촌의 발견) 3 (2014), http://www.zgxcfx.com/Article/77419.html.

6. Matthew Yglesias, "What Does All the Land in Manhattan Cost?," *Vox*, January 6, 2016, http://www.vox.com/2016/1/6/10719304/manhattan-land-value.

7. "Policy Basics: Where Do Our Federal Tax Dollars Go?," Center on Budget and Policy Priorities, updated March 4, 2016, http://www.cbpp.org/research/federal-budget/policy-basics-where-do-our-federal-taxdollars-go.

8. Zhang, "认识中国的圈地运动" (중국 인클로저 운동의 이해).

9. "China's Land Sales Slow Sharply in 2015," *Shanghai Daily*, April 6, 2016, http://www.shanghaidaily.com/business/real-estate/Chinas-land-sales-slow-sharply-in-2015/shdaily.shtml.

10. "National Real Estate Development and Sales in 2016," National Bureau of Statistics in China, http://www.stats.gov.cn/english/pressrelease/201701/t20170122_1456808.html.

11. Bill Gates, "A Stunning Statistic About China and Concrete," *GatesNotes* (blog), June 25, 2014, https://www.gatesnotes.com/About-Bill-Gates/Concrete-in-China.

12. Xuefei Ren, *Urban China* (Cambridge, U.K.: Polity Press, 2013), 64쪽.

13. Doug Saunders, "Behind China's Crisis, Consumers Driven Underground—Literally," *Globe and Mail*, August 21, 2015, http://www.theglobeandmail.com/news/world/the-ant-tribe-of-china/article26054666/.

14. Hanming Fang, Quanlin Gu, Wei Xiong, and Li-An Zhou, "Demystifying the Chinese Housing Boom," *NBER Macroeconomics Annual* 30, no. 1 (April 2015), https://doi.org/10.1086/685953.

15. Dean Baker, "The Housing Bubble and the Financial Crisis," *Real-World Economics Review*, no. 46 (2008): 74, http://paecon.net/PAEReview/issue46/Baker46.pdf.

16. "The Critical Issue: China and China Plays," Global Equity Strategy, Credit Suisse, July 2015, 6쪽.

17. Edward Glaeser, Wei Huang, Yueran Ma, and Andrei Shleifer, "A Real Estate Boom with Chinese Characteristics," *Journal of Economic Perspectives* 31, no. 1 (2017): 93~116쪽, http://scholar.harvard.edu/files/shleifer/files/chinaboom_final.pdf.

18. Andy Rothman, "Sinology: Does China Have a Housing Bubble?," Matthews Asia, November 2016, https://institutional.matthewsasia.com/sinology-china-housing-bubble/.

19. "74 New Airports to Be Completed by 2020: Trips to Small Cities Easier," State Council of the People's Republic of China, February 19, 2017, http://english.gov.cn/state_council/ministries/2017/02/19/content_281475571877834.htm.

20. Andrew Browne, "Left-Behind Children of China's Migrant Workers Bear Grown-Up Burdens," *Wall Street Journal,* January 17, 2014, http://www.wsj.com/articles/SB10001424052702304173704579260900849637692.

21. Xiao Jincheng, "就业是城镇化的核心问题" (고용 문제가 도시화의 핵심이다), *CIUDSRC*, March 20, 2015, http://www.ciudsrc.com/new_zazhi/fengmian/hekan/2015-03-20/82813.html.

22. "China's Big-City Homeowners in Austerity Mode Are Weighing on Retail," *Bloomberg*, March 23, 2017, https://www.bloomberg.com/news/articles/2017-03-23/stretched-china-homeowners-weigh-on-retailsales-in-big-cities.

23. Huileng Tan, "China Faces Policy Dilemma as Home Prices Jump in GDP Boost," CNBC, September 19, 2016, http://www.cnbc.com/2016/09/19/china-faces-policy-dilemma-as-home-prices-jump-in-gdpboost.html.

24. "Mortgage Slave," *China Digital Times*, April 21, 2017, https://chinadigitaltimes.net/space/Mortgage_slave.

25. Esther Fung, "More Than 1 in 5 Homes in Chinese Cities Are Empty, Survey Says," *Wall Street Journal*, June 11, 2014, https://www.wsj.com/articles/more-than-1-in-5-homes-in-chinese-cities-are-empty-survey-says-1402484499.

26. Rothman, "Sinology."

27. "The Critical Issue," 11쪽.

28. Jonathan Woetzel, "China's Cities in the Sky," Voices, McKinsey & Company, 2017년 7월 19일 접속, http://voices.mckinseyonsociety.com/chinas-cities-in-the-sky/.

29. Glaeser et al., "Real Estate Boom."

30. Kaiji Chen and Yi Wen, "The Great Housing Boom of China," Working Paper Series, Research Division, Federal Reserve Bank of St. Louis, revised August 2016, https://research.stlouisfed.org/wp/2014/2014-022.pdf.

31. Jacky Wong, "Why China's Developers Can't Stop Overpaying for Property," *Wall Street Journal*, June 20, 2016, http://www.wsj.com/articles/why-chinas-developers-cant-stop-overpaying-for-property-1466385119.

32. Gabriel Wildau, "Chinese Top Official Warns Economy 'Kidnapped' by Property Bubble," *Financial Times*, August 10, 2017, https://www.ft.com/content/3bfea8be-7da2-11e7-9108-edda0bcbc928?desktop=true&conceptId=bbc18ff7-253b-3e2c-92d8-86bb3b0afb31&segmentId=d8d3e364-5197-20eb-17cf-243784-1d178a#myft:notification:instant-email:content:headline:html.

5장 그림자 금융

1. Justin McCarthy, "Just Over Half of Americans Own Stocks, Matching Record Low," Gallup, April 20, 2016, http://www.gallup.com/poll/190883/half-americans-own-stocks-matching-record-low.aspx.

2. Chuin—Wei Yap, "China Court Spares Life of Millionaire," *Wall Street Journal*, April 20, 2012, http://www.wsj.com/articles/SB10001424052702 30351340457735351627458794.

3. Steven Wei Su, "Criminal Liabilities for Illegal Fundraising in China," HG.org, 2017년 7월 19일 접속, https://www.hg.org/article/asp?id=20800; Cao Li, "Ex—Rich List Woman in $57m Fraud," *China Daily*, April 17, 2009, http://www.chinadaily.com.cn/business/2009—04/17/content_7686565.htm.

4. Dinny McMahon, Lingling Wei, and Andrew Galbraith, "Chinese Premier Blasts Banks," *Wall Street Journal*, April 4, 2012, https://www.wsj.com/articles/SB10001424052702304750404577321762422668428.

5. Jeremy Blum, "A Dog Could Run China's Banking System, Says Former Statistics Bureau Spokesman," *South China Morning Post*, December 24, 2013, http://www.scmp.com/news/china—insider/article/1389717/dog—could—run—chinas—banking—system—says—former—state—council?page=all.

6. "China Is Playing a $9 Trillion Game of Chicken with Savers," *Bloomberg*, April 10, 2017, https://www.bloomberg.com/news/articles/2017—04—10/china—is—playing—a—9—trillion—game—of—chicken—with—investors.

7. Adam Schneider, "Growth and Evolution of the U.S. Banking System," Deloitte Center for Financial Services, April 2013, https://www.richmondfed.org/~/media/richmondfedorg/conferences_and_events/banking/2013/pdf/cms_2013_deloitte.pdf.

8. "Total Assets, All Commercial Banks," Economic Research, Federal Reserve Bank of St. Louis, updated July 14, 2017, https://fred.stlouisfed.org/series/TLAACBW027SBOG.

9. "Moody's: China's Shadow Banking Activity Expands Briskly; Credit Growth Outpaces Nominal GDP," Moody's Investors Service, October 27, 2016, https://www.moodys.com/research/Moodys—Chinas—shadow—banking—activity—expands—briskly—credit—growth—outpaces—

PR_357115.

10. 앞의 글.

11. "Mainland China Trust Survey 2011: Extending the Reach of China's Financial Services," KPMG, July 2011, 3쪽, https://kpmg.de/docs/20110826_China-Trust-Survey-201107-4.pdf.

12. "Moody's: China's Shadow Banking System Continues to Grow; Leverage Increases Further," Moody's Investors Services, July 27, 2016, https://www.moodys.com/research/Moodys-Chinas-shadow-banking-system-continues-to-grow-leverage-increases—PR_352727.

13. Xiao Gang, "Regulating Shadow Banking," *China Daily*, October 12, 2012, http://www.chinadaily.com.cn/opinion/2012-10/12/content_15812305.htm.

14. Zheping Huang, "Ignored by Beijing, These Desperate Chinese Investors Are Looking to Hong Kong," *Quartz*, May 23, 2016, https://qz.com/689951/chinas-government-is-ignoring-these-desperate-investors-so-they-left-the-mainland-to-get-help/.

15. Zheping Huang, "China's Government Is Standing by While Investors Lose Life's Savings," *Quartz*, October 15, 2015, https://qz.com/524817/chinas-government-is-standing-by-while-investors-lose-their-life-savings/.

16. Xie Yu, "Fanya Exchange's 36 Billion Yuan Default 'Tip of Iceberg' in China," *South China Morning Post*, September 25, 2015, http://www.scmp.com/news/china/economy/article/1861179/fanya-exchanges-36-billion-yuan-default-tip-iceberg-china.

6장 거대한 돈뭉치

1. Artnet and the China Association of Auctioneers, *Global Chinese Antiques and Art Auction Market Annual Statistical Report 2012*, 2012, http://www.cn.artnet.com/en/chinese-art-auction-market-report/

assets/pdfs/global_chinese_art_auction_market_report_2012_en.pdf.

2. Florence Fabricant, "Nixon in China, the Dinner, Is Recreated," *New York Times*, January 25, 2011, http://www.nytimes.com/2011/01/26/dining/26nixon.html?mcubz=3.

3. "茅台酒收藏'风光无限'—北京歌德拍卖岛城征集老茅台" (마오타이주 수집품에 대한 "높은 수요"—베이징 거더 경매, 칭다오에서 오래된 마오타이주 수집), Beijing Googut Auction Company, 2017년 7월 21일 접속, http://www.googut.com/index.php?m=content&c=index&a=show&catid=99&id=106.

4. Elin McCoy, "Is Now the Time to Buy a Case of Château Lafite?," *Bloomberg LP*, August 10, 2015, https://www.bloomberg.com/news/articles/2015-08-10/is-now-the-time-to-buy-a-case-of-chateau-lafite-.

5. "Jade: Myanmar's Big State Secret," Global Witness, October 23, 2015, https://www.globalwitness.org/en/campaigns/oil-gas-and-mining/myanmarjade/.

6. Dinny McMahon, "Forget Stocks—Chinese Turn Bullish on Booze and Caterpillar Fungus," *Wall Street Journal*, January 30, 2012, http://www.wsj.com/articles/SB10001424052970203471004577142594203471950.

7. Noah Stone, "The Himalayan Gold Rush: The Untold Consequences of Yartsa gunbu in the Tarap Valley," Independent Study Program (ISP) Collection, SIT Digital Collections, Donald B. Watt Library, School for International Training, Spring 2015, http://digitalcollections.sit.edu/cgi/viewcontent.cgi?article=3120&context=isp_collection.

8. Chris Buckley, "President Xi's Great Soccer Dream," *New York Times*, January 4, 2017, http://www.nytimes.com/2017/01/04/world/asia/china-soccer-xi-jinping.html?smid=tw-share&_r=0.

9. Wu Xiaotian, "人民日报: 泡沫与虚火 成为金元时代中超的雷区" (인민일보: 슈퍼리그 거품, 리그 황금시대에 죽음의 함정이 될 것), *Sohu*, December 19, 2016, http://sports.sohu.com/20161219/n476253921.shtml.

10. "The Chinese Money Wall (Update)," Ousmène Jacques Mandeng,

Economics Commentary, October 6, 2016, http://www.
ousmenemandeng.com/comments/16-10-6-Chinese-money-wall-
updated.html.

11. 앞의 글.

12. Ana Swanson, "7 Big Questions About China's Astonishing Stock
Market Crash and What Happens Next," *Washington Post*, July 8, 2015,
https://www.washingtonpost.com/news/wonk/wp/2015/07/08/7-
big-questions-about-chinas-astonishing-stock-market-crash-and-
what-happens-next/?utm_term=.d9cd2bef5f37.

13. Hudson Lockett, "How Many Eiffel Towers? Chinese Rebar Trades Defy
Measurement," *Financial Times*, April 29, 2016, https://www.ft.com/
content/c72550ac-34df-3e53-bbd2-c504fb122658.

14. "The World's Most Extreme Speculative Mania Unravels in China,"
Bloomberg LP, updated May 10, 2016, http://www.bloomberg.com/
news/articles/2016-05-09/world-s-most-extreme-speculative-
mania-is-unraveling-in-china.

15. Gong Wen, Xu Zhifeng, and Wu Qiuyu, "开局首季问大势—权威人士
谈当前中国经济" (1사분기의 커다란 질문—권위자가 중국 경제에 관해 이야기하
다), *People's Daily*, May 9, 2016, http://paper.people.com.cn/rmrb/
html/2016-05/09/nw.D110000renmrb_20160509_1-02.htm.

16. Skyscraper Center, Council on Tall Building and Urban Habitat, http://
www.skyscrapercenter.com/.

17. Huang Wenchuan, "经济转型期的金融监管—专访银监会主席
尚福林" (경제 변환기의 금융 규제—증권감독관리위원장 상푸린과의 인터
뷰), *Seeking Truth*, September 1, 2013, http://www.qstheory.cn/
zxdk/2013/201317/201308/t20130827_264718.htm.

18. Xiang Songzuo, "遏制经济脱实向虚 化解金融风险" (경제가 실물에서 가
상으로 이동하는 것을 억제하고, 금융 리스크를 해소해야), *China Securities
Journal*, December 3, 2013, http://cs.com.cn/sylm/zjyl_1/201312/
t20131203_4230466.html.

19. Zhang Yuzhe and Wang Yuqian, "Bad Loans, Part 2: Big Four Asset Management Companies Get Pushed Aside," *Caixin Global*, December 23, 2016, http://www.caixinglobal.com/2016-12-23/101030016.html.

20. "2006-2016年中国融资租赁企业数量发展情况" (2006~2016년 중국 금융 리스 기업 수의 증가세), China Leasing Association, March 15, 2017, http://www.zgzllm.com/index.php?m=content&c=index&a=show&catid=15&id=16319.

21. *The Paper*, http://www.thepaper.cn/newsDetail_forward_1582524Yi.

22. http://money.163.com/17/0810/10/CRFIA9JV0025984C.html.

23. "Overview," Financial Services Spotlight, Select-USA, https://www.selectusa.gov/financial-services-industry-united-states.

24. Ambrose Evans-Pitchard, "China Losing Control as Stocks Crash Despite Emergency Measures," *The Telegraph*, July 27, 2015, http://www.telegraph.co.uk/finance/china-business/11766449/China-losing-control-as-stocks-crash-despite-emergency-measures.html.

25. John Ruwitch, "How Rumor Sparked Panic and Three-Day Bank Run in Chinese City," Reuters, March 26, 2014, http://www.reuters.com/article/us-china-banking-idUSBREA2P02H20140326.

26. Gabriel Wildau, "China's 'National Team' Owns 6% of Stock Market," *Financial Times*, November 25, 2015, https://www.ft.com/content/7515f06c-939d-11e5-9e3e-eb48769cecab.

27. 앞의 글.

28. Dinny McMahon, "Lack of Local Lending Sinks Chinese Company's Pakistan Deal," *Wall Street Journal*, November 5, 2014, http://www.wsj.com/articles/china-textile-maker-cancels-pakistan-acquisition-deal-as-local-banks-wont-lend-1415192513.

29. Liyan Qi and Enda Curran, "China Uncovers Almost $10 Billion in Fraudulent Trade Financing Deals," *Wall Street Journal*, September 25, 2014, http://www.wsj.com/articles/china-uncovers-more-than-10-billion-in-fraudulent-trade-financing-deals-1411620122.

30. "2013年二季度山东银行业运行情况" (2013년 2사분기 산둥성 은행 상황), China Banking Regulatory Commission, Shandong branch, July 16, 2013, http://www.cbrc.gov.cn/shandong/docPcjgView/AF161FDBD94E4502 BCF203E117DED522/600909.html.

31. Enda Curran, Daniel Inman, and Ira Iosebashvili, "Foreign Banks See Exposure to Qingdao Port Topping $500 Million," *Wall Street Journal*, July 3, 2014, http://www.wsj.com/articles/foreign-banks-see-exposure-to-china-port-qingdao-topping-500-million-1404387558.

32. *Global Financial Stability Report—Fostering Stability in a Low-Growth, Low-Rate Era*, International Monetary Fund, October 2016, http://www.imf.org/external/pubs/ft/gfsr/2016/02/pdf/text.pdf.

33. Dr. Rudi Dornbusch, interview, *Frontline*, 2017년 7월 21일 접속, http://www.pbs.org/wgbh/pages/frontline/shows/mexico/interviews/dornbusch.html.

34. Gong Wen, Xu Zhifeng, and Wu Qiuyu, "开局首季问大势—权威人士谈当前中国经济" (1사분기의 커다란 문제들—권위자에게 듣는 중국 경제 이야기), *People's Daily*, May 9, 2016, http://paper.people.com.cn/rmrb/html/2016-05/09/nw.D110000renmrb_20160509_1-02.htm.

7장 개혁에 대한 저항

1. Mark Kurlansky, *Salt: A World History* (New York: Walker, 2002)[(국역) 『소금』, 마크 쿨란스키 지음, 이창식 옮김, 세종서적, 2003].

2. Leslie Chang, "China's Campaign Against Iodine Ills Highlights Halfway Nature of Reforms," *Wall Street Journal*, June 20, 2001, https://www.wsj.com/articles/SB992983580510505095.

3. China National Salt Industry Corporation, interview by author.

4. Angela M. Leung, Lewis E. Braverman, and Elizabeth N. Pearce, "History of U.S. Iodine Fortification and Supplementation," National Center for

Biotechnology Information, November 13, 2012, http://www.ncbi.nlm.nih.gov/pmc/articles/PMC3509517/.

5. You Nuo, "Initiatives from Local Governments Necessary," *China Daily*, updated September 21, 2005, http://www.chinadaily.com.cn/english/Opinion/2005-11/21/content_496532.htm.

6. "国务院总理温家宝答中外记者问" (중국과 외신 기자들의 질문에 대한 국무원 총리 원자바오의 대답), People'sDaily.com, March 16, 2007, http://npc.people.com.cn/GB/28320/78072/78077/5479917.html.

7. Andrew Browne, "The Whiplash of Xi Jinping's Top-Down Style," *Wall Street Journal*, updated June 23, 2015, http://www.wsj.com/articles/the-whiplash-of-xis-top-down-style-1435031502.

8. Brian Spegele, "Are Chinese Leaders Ready to Take on Vested Interests?," *Wall Street Journal*, November 11, 2013, http://blogs.wsj.com/chinarealtime/2013/11/11/are-chinese-leaders-ready-to-take-on-vested-interests/.

9. National Development and Reform Commission, *Report on the Implementation of the 2014 Plan for National Economic and Social Development and on the 2015 Draft Plan for National Economic and Social Development, Wall Street Journal*, March 5, 2015, http://online.wsj.com/public/resources/documents/NPC2015_NDRC.pdf.

10. "Catching Tigers and Flies," ChinaFile, updated December 15, 2016, https://anticorruption.chinafile.com/.

11. "Robber Barons, Beware," *Economist*, October 22, 2015, http://www.economist.com/news/china/21676814-crackdown-corruption-has-spread-anxiety-among-chinas-business-elite-robber-barons-beware.

12. "China Corruption: Record Cash Find in Official's Home," News, BBC, October 31, 2014, http://www.bbc.com/news/world-asia-29845257.

13. Charles Clover and Jamil Anderlini, "Chinese General Caught with Tonne of Cash," *Financial Times*, November 21, 2014, https://next.

ft.com/content/4883f674-7171-11e4-818e-00144feabdc0.

14. Melinda Liu, "China's Great Dream," *Newsweek*, December 30, 2012, http://www.newsweek.com/chinas-great-dream-63415.

15. "孙立平: 既得利益集团对改革的挑战还没有真正到来"(쑨리핑: 이익집단 개혁은 아직 실현되지 않았다), ifeng.com, April 17, 2014, http://news.ifeng.com/a/20140417/40003398_2.shtml.

16. James T. Areddy, "China Sentences Son and Wife of Ex-Security Chief to Prison," *Wall Street Journal*, updated June 15, 2016, http://www.wsj.com/articles/china-sentences-son-and-wife-of-ex-security-chief-to-prison-1465988099.

17. Benjamin Kang Lim and Ben Blanchard, "Exclusive: China Seizes $14.5 Billion Assets from Family, Associates of Ex-Security Chief: Sources," Reuters, March 30, 2014, http://www.reuters.com/article/us-china-corruption-zhou-idUSBREA2T02S20140330.

18. Minxin Pei, *China's Crony Capitalism: The Dynamics of Regime Decay* (Cambridge, Mass.: Harvard University Press, 2016), 2쪽.

19. "党内不能存在形形色色的政治利益集团"(정치적 기득권 세력이 당내에 존재해서는 안 된다), Ministry of Supervision of People's Republic of China, January 12, 2016, http://www.ccdi.gov.cn/yw/201601/t20160112_72582.html.

20. Guo Ping, "坚定改革信心 保持定力和韧劲"(개혁에 대해 굳은 믿음을 갖고, 힘과 끈기를 유지하자), CCTV, August 19, 2015, http://opinion.cntv.cn/2015/08/19/ARTI1439979953357129.shtml.

21. Minoru Nakazato, "An Optimal Tax That Destroyed a Government—An Economic Analysis of the Decline of the Tang Dynasty," *University of Tokyo Law Review* 6 (September 2011): 244쪽, http://www.sllr.j.u-tokyo.ac.jp/06/papers/v06part12(nakazato).pdf.

22. Zeng Fanying and Wang Wei, "我国盐业垄断的法制问题研究"(중국 소금 전매의 법적 문제 연구), *Journal of Sichuan Normal University* (Social Sciences Edition) 38, no. 1 (January 2011): 45~50쪽.

23. Lv Fuyu, "我国盐业管制制度改革的路径选择"(중국 소금 산업 규제 체제 개혁을 위한 경로 선택), *Journal of Zhejiang Gongshang University* 112, no. 1 (January 2012): 29~42쪽.

24. Yuan Dong and Li Yaoqiang, "袁东明李耀强: 以重组推食盐市场化改革"(위안둥과 리야오치앙: 식용 소금 시장화 개혁을 증진하기 위한 조직 재편 활용), *China Economic News*, February 6, 2015, http://www.cet.com.cn/wzsy/gysd/1464992.shtml.

25. 앞의 글.

26. Alex Wang, "Chinese State Capitalism and the Environment," in *Regulating the Visible Hand? The Institutional Implications of Chinese State Capitalism*, ed. Benjamin Liebman and Curtis Milhaupt (New York: Oxford University Press, 2016).

27. *Under the Dome*, directed by Chai Jing (YouTube, 2015).

28. Xiao Qiang, "Sun Liping(孙立平): The Biggest Threat to China Is Not Social Turmoil but Social Decay (Part Ⅱ)," *China Digital Times*, March 12, 2009, http://chinadigitaltimes.net/2009/03/sun-liping-%E5%AD%99%E7%AB%8B%E5%B9%B3-the-biggest-threat-to-china-is-not-social-turmoil-but-social-decay-part-ii/.

29. 앞의 글.

30. Erica S. Downs, "Business Interest Groups in Chinese Politics: The Case of the Oil Companies," in *China's Changing Political Landscape: Prospects for Democracy*, ed. Cheng Li (Washington, D.C.: Brookings Institution Press, 2008), https://www.brookings.edu/wp-content/uploads/2016/06/07_china_oil_companies_downs.pdf에서도 볼 수 있음.

31. He Fan, "The Long March to the Mixed Economy in China," *Australian*, February 10, 2015, http://www.businessspectator.com.au/article/2015/2/10/china/long-march-mixed-economy-china.

32. Ministry of Industry and Information Technology of the People's Republic of China, "工业盐经营问题应按照最高人民法院批复意见执行"(산업용 소금 문제 관리는 대법원 의견에 따라 다뤄야 한다), October 24, 2011,

http://www.miit.gov.cn/n1146285/n1146352/n3054355/n3057601/
n3057608/c3866526/content.html.

33. *Analysing Chinese Grey Income*, Credit Suisse, August 6, 2010, https://
doc.research-and-analytics.csfb.com/docView?language=ENG&sourc
e=ulg&format=PDF&document_id=857531571&serial-id=WabTv3n9Bd
HCgZ3T53I97qLKOv%2BqNcskKT70z4WvVpI%3D.

34. 앞의 책.

8장 중국판 공급 중심 경제학

1. Louise Pettus, *The Springs Story: Our First Hundred Years: A Pictorial History* (Fort Mill, S.C.: Springs Industries, 1987), 47쪽.

2. Jim Davenport, "Town Struggles to Find a Future After Mill Closes," *Washington Post*, October 5, 2003, https://www.washingtonpost.com/archive/politics/2003/10/05/town-struggles-to-find-a-future-after-mill-closes/347f3cfb-91df-4fa9-8f25-323db4146151/.

3. "U.S. Textiles: An Industry in Crisis," National Cotton Council of America, June 11, 2002, http://www.cotton.org/econ/textile-crisis.cfm.

4. Steve Inskeep, "Former S.C. Textile Workers Look for Ways to Cope," NPR, January 18, 2008, http://www.npr.org/templates/story/story.php?storyId=18202797.

5. Hiroko Tabuchi, "Chinese Mills Bring Textile Jobs Back to S.C.," *Post and Courier*, August 23, 2015, http://www.postandcourier.com/article/20150824/PC05/150829867/chinese-textile-mills-bring-jobs-back-to-south-carolina-elsewhere-in-us.

6. Rebecca Ruiz, "America's Most and Least Vulnerable Towns," *Forbes*, October 9, 2008, http://www.forbes.com/2008/10/09/cities-vulnerable-towns-forbeslife-cx_rr_1009vulnerable.html.

7. Michaela D. Platzer, *U.S. Textile Manufacturing and the Trans-Pacific Partnership Negotiations*, Congressional Research Service, Federation of

American Scientists, August 28, 2014, https://www.fas.org/sgp/crs/row/R42772.pdf.

8. Stephen MacDonald, Fred Gale, and James Hansen, *Cotton Policy in China*, United States Department of Agriculture, March 2015, https://www.ers.usda.gov/webdocs/publications/36244/52550_cws−15c−01.pdf?v=42094.

9. "Hottest Chili," Guinness World Records, 2017년 7월 24일 접속, http://www.guinnessworldrecords.com/world−records/hottest−chili.

10. Hiroko Tabuchi, "Chinese Textile Mills Are Now Hiring in Places Where Cotton Was King," *New York Times*, August 2, 2015, http://www.nytimes.com/2015/08/03/business/chinese−textile−mills−are−now−hiring−in−places−where−cotton−was−king.html?_r=0.

11. Harold L. Sirkin, Michael Zinser, and Justin Rose, "The Shifting Economics of Global Manufacturing," *BCG Perspectives*, August 19, 2014, https://www.bcgperspectives.com/content/articles/lean_manufacturing_globalization_shifting_economics_global_manufacturing/.

12. Michael Schuman, "Is China Stealing Jobs? It May Be Losing Them, Instead," *New York Times*, July 22, 2016, https://www.nytimes.com/2016/07/23/business/international/china−jobs−donald−trump.html?referer=https://www.google.com/.

13. 앞의 글.

14. Liyan Qi, "China's Working Age Population Fell Again in 2013," *Wall Street Journal*, January 21, 2014, https://blogs.wsj.com/chinarealtime/2014/01/21/chinas−working−population−fell−again−in−2013/.

15. "The Rising Cost of Manufacturing," *New York Times*, August 2, 2015, http://www.nytimes.com/interactive/2015/07/31/business/international/rising−cost−of−manufacturing.html.

16. Spinners Committee, "Travel Report, China 2014," International Textile

Manufacturers Federation, 2014, http://www.itmf.org/images/dl/reports/sc-travel-reports/SpinCom_Report-China-2014.pdf.

17. Xi Jinping, "Speech to Ministerial Level Study Session on Carrying on the Spirit of the 18th Party Congress," *People's Daily*, May 10, 2016, http://paper.people.com.cn/rmrb/html/2016-05/10/nw.D110000renmrb_20160510_1-02.htm.

18. "李克强发问中国制造: 能否造和外国一样好用的笔" (리커창, 중국 제조업자들에게 묻다: 우리도 외국산 펜처럼 좋은 펜을 만들 수 있나?), ifeng.com, June 16, 2015, http://news.ifeng.com/a/20150616/43987185_0.shtml.

19. "李克强: 要更加注重运用市场化办法化解过剩产能" (리커창: 설비 과잉 문제를 해결하기 위해 시장 방식을 활용하는 데 더 많은 관심을 기울일 필요가 있다), *People's Daily*, January 11, 2016, http://politics.people.com.cn/n1/2016/0111/c1001-28037822.html.

20. "圆珠笔挑战高端制造" (최고급 볼펜에 도전하다), 对话 (대화), CCTV, November 22, 2015, http://tv.cntv.cn/video/C10316/f7ac9d1831f14061b493b32db74577f4.

21. Andrew Batson, "Not Really 'Made in China,'" *Wall Street Journal*, updated December 15, 2010, http://www.wsj.com/articles/SB10001424052748704828104576021142902413796; Yuqing Xing and Neal Detert, "How the iPhone Widens the United States Trade Deficit with the People's Republic of China," ADBI Working Paper Series, no. 257, Asian Development Bank Institute, December 2010, https://www.adb.org/sites/default/files/publication/156112/adbi-wp257.pdf.

22. *China's Supply-Side Structural Reforms: Progress and Outlook*, Economist Intelligence Unit, 2017, 24쪽.

23. "A Piece of Nature, Merely Borrowed," Prodir, October 29, 2015, http://blog.prodir.com/en/2015/10/a-piece-of-nature-merely-borrowed/.

24. Lydia O'Connor, "Carly Fiorina Calls the Chinese Unimaginative Idea Thieves," *Huffington Post*, May 27, 2015, http://www.huffingtonpost.com.au/entry/carly-fiorina-china-innovate_n_7446512.

25. Erik Roth, Jeongmin Seong, and Jonathan Woetzel, "Gauging the Strength of Chinese Innovation," McKinsey, October 2015, http://www.mckinsey.com/business—functions/strategy—and—corporate—finance/our—insights/gauging—the—strength—of—chinese—innovation.

26. Yutao Sun and Cong Cao, "Will China Become World's Largest Research Spender by 2020?," Analysis, China Policy Institute, December 4, 2014, http://cpianalysis.org/2014/12/04/will—china—become—worlds—largest—research—spender—by—2020.

27. Gianfranco Bertone, *Behind the Scenes of the Universe: From the Higgs to Dark Matter* (Oxford: Oxford University Press, 2013), 1장.

28. "Daya Bay Experiment Begins Taking Data," *Cern Courier*, September 23, 2011, http://cerncourier.com/cws/article/cern/47189.

29. Rebecca Morelle, "China's Science Revolution," BBC, May 23, 2016, http://www.bbc.co.uk/news/resources/idt—0192822d—14f1—432b—bd25—92eab6466362.

30. Josh Chin, "China's Latest Leap Forward Isn't Just Great—It's Quantum," *Wall Street Journal*, August 20, 2016, http://www.wsj.com/articles/chinas—latest—leap—forward—isnt—just—greatits—quantum—1471269555.

31. "Are Patents Indicative of Chinese Innovation?," ChinaPower, Center for Strategic and International Studies, http://chinapower.csis.org/patents/.

32. "China's IQ (Innovation Quotient)," Thomson Reuters, 2014, http://ip.thomsonreuters.com/sites/default/files/chinas—innovation—quotient.pdf.

33. Scott Pelley, "FBI Director on Threat of ISIS, Cybercrime," *60 Minutes*, CBS, October 5, 2014, http://www.cbsnews.com/news/fbi—director—james—comey—on—threat—of—isis—cybercrime/; James Cook, "FBI Director: China Has Hacked Every Big U.S. Company," *Business Insider*, October 6, 2014, http://www.businessinsider.com/fbi—director—china—has—hacked—everybig—us—company—2014—10.

34. "China Manufacturing, 2025: Putting Industrial Policy Ahead of Market

Force," European Union Chamber of Commerce in China, March 7, 2017.

35. 앞의 글.

36. "Ensuring Long-Term U.S. Leadership in Semiconductors," Obama White House Archives, January 2017, https://obamawhitehouse.archives.gov/sites/default/files/microsites/ostp/PCAST/pcast_ensuring_longterm_us_leadership_in_semiconductors.pdf.

37. "Nucor Testimony of Jim Darsey," American Iron and Steel Institute, April 13, 2016, https://www.steel.org/~/media/Files/AISI/Public%20Policy/Testimony/2016/Nucor%20Testimony%20of%20Jim%20Darsey%2041316.pdf?la=en.

38. "Addressing Steel Excess Capacity and Its Impacts: Ensuring a Level Playing Field for American Businesses and Workers," fact sheet, Office of the United States Trade Representatives, April 2016, https://ustr.gov/about-us/policy-offices/press-office/fact-sheets/2016/april/addressing-steel-excess-capacity-its.

39. "Testimony Before the U.S.-China Economic and Security Review Commission: China's Shifting Economic Realities and Implications for the United States," American Iron and Steel Institute, February 24, 2016, https://www.steel.org/~/media/Files/AISI/Public%20Policy/Testimony/John%20Ferriola%20US%20China%20Economic%20and%20Security%20Review%20Commission%20Written%20Statement.pdf.

40. Usha C. V. Haley and George T. Haley, *Subsidies to Chinese Industry: State Capitalism, Business Strategy, and Trade Policy* (New York: Oxford University Press, 2013).

41. "Nucor Testimony of Jim Darsey."

42. Haley and Haley, *Subsidies to Chinese Industry*.

43. "2007 Nucor Annual Report," U.S. Securities and Exchange Commission, 2017년 7월 24일 접속, https://www.sec.gov/Archives/edgar/data/73309/000119312508039702/dex13.htm.

44. Haley and Haley, *Subsidies to Chinese Industry*.

45. 앞의 책.

46. "樊纲直言反对政府扶持特定产业：都在忽悠" (판강, 정부의 특정 산업 지지에 노골적으로 반대), *Sina*, February 14, 2015, http://finance.sina.com.cn/hy/20150214/152821555156.shtml.

47. Wes Hickman and Kevin Bishop, "Graham Pushes Congressional Action to Aid Textile Industry," United States Senator Lindsey Graham, October 13, 2003, http://www.lgraham.senate.gov/public/index.cfm/press-releases?ID=ED7B4BCD-D214-4355-B545-7BD6E3B39C49.

48. David H. Autor, David Dorn, and Gordon H. Hanson, "The China Shock: Learning from Labor Market Adjustment to Large Changes in Trade," National Bureau of Economic Research Working Paper no. 21906, January 2016, http://www.nber.org/papers/w21906.

49. President Xi's Speech to Davos in Full," World Economic Forum, January 17, 2017, https://www.weforum.org/agenda/2017/01/full-text-of-xi-jinping-keynote-at-the-world-economic-forum.

50. "China 'Highly Alert' of Overcapacity in Robotics: Regulator," Xinhuanet, March 11, 2017, http://news.xinhuanet.com/english/2017-03/11/c_136120523.htm.

51. "工信部副部长辛国斌：机器人已有投资过剩隐忧" (공업정보화부 차관 신궈빈: 로봇은 이미 과잉 투자 문제에 직면), *Sina*, June 16, 2016, http://finance.sina.com.cn/china/gncj/2016-06-16/doc-ifxtfrrc3709815.shtml.

52. "China at Davos: Cooperating to Defend Our Open Global Economic Order," Embassy of the Federal Republic of Germany in the People's Republic of China, 2017년 7월 24일 접속, http://www.china.diplo.de/Vertretung/china/de/02-pol/Erklaerung-kondolenzseiten/170116-statement-s.html.

53. Abraham Inouye, "People's Republic of China—Dairy and Products Annual," Global Agricultural Information Network Report no. 16060, USDA Foreign Agricultural Service, November 16, 2016, https://

gain.fas.usda.gov/Recent%20GAIN%20Publications/Dairy%20and%20
Products%20Annual_Beijing_China%20-%20Peoples%20Republic%20
of_11-16-2016.pdf.

54. Josh Chin and Brian Spegele, "China Details Vast Extent of Soil
Pollution," *Wall Street Journal*, April 17, 2014, https://www.wsj.com/
articles/SB10001424052702304626304579507040557046288.

55. Eric Meyer, "Chinese Milk Is Being Dumped in Fields," *Forbes*, January
19, 2015, https://www.forbes.com/sites/ericrmeyer/2015/01/19/
chinese-milk-is-being-dropped-in-the-fields/#139eaca25b87.

56. Celia Hatton, "Will China's New Food Safety Rules Work?," BBC,
September 30, 2015, http://www.bbc.com/news/blogs-china-blog-
34398412.

57. "农业部部长在中国奶业20强(D20)峰会暨奶业振兴大会上作主旨演讲"
(농업장관 중국 낙농 산업 D20 최고 간부회의 기조연설), State Council of the
People's Republic of China, August 27, 2016, http://www.gov.cn/
xinwen/2016-08/27/content_5102876.htm.

58. David Hoffman and Andrew Polk, "The Long Soft Fall in Chinese
Growth," white paper, Conference Board, October 2014, https://www.
conference-board.org/publications/publicationdetail.cfm?publicationid
=2847&centerId=6.

59. "China at Davos."

9장 신창타이, 새로운 표준

1. "President Xi's Speech to Davos in Full," World Economic Forum, January
17, 2017, https://www.weforum.org/agenda/2017/01/full-text-of-xi-
jinping-keynote-at-the-world-economic-forum.

2. Shaun Roche and Marina Rousset, "China: Credit, Collateral, and
Commodity Prices," Hong Kong Institute for Monetary Research working
paper no. 27, December 2015.

3. Brad Setser, "China's WTO Entry, 15 Years On," Council on Foreign Relations, January 18, 2017, www.cfr.org/blog-post/chinas-wto-entry-15-years?utm.

4. Benjamin Zhang, "One Country Has Kept Volkswagen's Sales from Cratering After Its Emissions Scandal," *Business Insider*, October 17, 2016, http://www.businessinsider.com/volkswagen-sales-increased-after-emissions-cheating-scandal-china-2016-10.

5. John Revill and Jason Chow, "Burberry, Richemont Sales Cool in Hong Kong, Paris," *Wall Street Journal*, January 14, 2016, http://www.wsj.com/articles/burberry-richemont-sales-take-hit-in-hong-kong-paris-1452794040.

6. "Boeing Says China Plane Orders Support 150,000 U.S. Jobs a Year," *Bloomberg*, December 16, 2016, https://www.bloomberg.com/news/articles/2016-12-16/boeing-says-china-plane-orders-support-150-000-u-s-jobs-a-year.

7. "China," United States Department of Agricultural, Foreign Agricultural Services, 2017년 7월 24일 접속, https://www.fas.usda.gov/regions/china.

8. Evelyn Cheng, "America's Farmers Stand to Lose the Most in a Trade War with China," CNBC, January 26, 2017, http://www.cnbc.com/2017/01/26/americas-farmers-stand-to-lose-the-most-in-a-china-trade-war.html.

9. Penelope Overton, "Value of Maine Lobster Exports to China on Pace to Triple in 2016," *Portland (Maine) Press Herald*, January 28, 2017, http://www.pressherald.com/2017/01/28/value-of-maine-lobster-exports-to-china-on-pace-to-triple/.

10. "Boeing Forecasts Demand in China for 6,810 Airplanes, Valued at $1 Trillion," Boeing, September 13, 2016, http://boeing.mediaroom.com/2016-09-13-Boeing-Forecasts-Demand-in-China-for-6-810-Airplanes-Valued-at-1-Trillion.

11. Leslie Patton, "Starbucks Plans to Double Number of Locations in China

by 2021," *Bloomberg*, October 19, 2016, https://www.bloomberg.com/news/articles/2016-10-19/starbucks-plans-to-double-number-of-locations-in-china-by-2021.

12. Richard Fry and Rakesh Kochhar, "Are You in the American Middle Class? Find Out with Our Income Calculator," Pew Research Center, May 11, 2016, http://www.pewresearch.org/fact-tank/2016/05/11/are-you-in-the-american-middle-class/.

13. Youchi Kuo et al., "The New China Playbook," *BCG Perspectives*, December 21, 2015, https://www.bcgperspectives.com/content/articles/globalization-growth-new-china-playbook-young-affluent-e-savvy-consumers/?redirectUrl=%2fcontent%2farticles%2fglobalization-growth-new-china-playbook-young-affluent-e-savvy-consumers%2f&login=true#chapter1; "The Rise of China's New Consumer Class," Goldman Sachs, 2017년 7월 24일 접속, http://www.goldmansachs.com/our-thinking/macroeconomic-insights/growth-of-china/chinese-consumer/index.html?cid=PS_01_50_07_00_01_15_01&mkwid=tmiNnxqa.

14. "Hurun Global Rich List 2016," Hurun Institute, February 24, 2016, http://www.hurun.net/en/articleshow.aspx?nid=15703.

15. Kevin Yao and Aileen Wang, "China Lets Gini Out of the Bottle; Wide Wealth Gap," Reuters, January 18, 2013, http://www.reuters.com/article/us-china-economy-income-gap-idUSBRE90H06L20130118.

16. Chuin Wei-Yap, "In an Unequal China, Inequality Data Lack Equal Standing," *Wall Street Journal*, January 17, 2016, https://blogs.wsj.com/chinarealtime/2016/01/17/in-an-unequal-china-inequality-data-lack-equal-standing/; Yu Xie and Xiang Zhou, "Income Inequality in Today's China," *Proceedings of the National Academy of Sciences of the United States of America* 111, no. 19 (2014), http://www.pnas.org/content/111/19/6928.abstract.

17. Richard Wike and Bruce Stokes, "Chinese Views on the Economy

and Domestic Challenges," Pew Research Center, October 5, 2016, http://www.pewglobal.org/2016/10/05/1-chinese-views-on-the-economy-and-domestic-challenges/.

18. Bruce Stokes, "Global Publics: Economic Conditions Are Bad, but Positive Sentiment Rebounding in Europe, Japan, U.S.," Pew Research Center, July 23, 2015, http://www.pewglobal.org/2015/07/23/global-publics-economic-conditions-are-bad/.

19. Drew DeSilver, "For Most Workers, Real Wages Have Barely Budged for Decades," Pew Research Center, October 9, 2014, http://www.pewresearch.org/fact-tank/2014/10/09/for-most-workers-real-wages-have-barely-budged-for-decades/.

20. Jim Yardley, "For Chinese Police Officers, Light Duty on Tourist Patrol in Italy," *New York Times*, May 12, 2016, https://www.nytimes.com/2016/05/13/world/europe/chinese-police-rome-italy.html?_r=0.

21. Nikita Lalwani and Sam Winter-Levy, "Read This Book If You Want to Know What China's Citizens Really Think About Their Government," *Washington Post*, October 4, 2016, https://www.washingtonpost.com/news/monkey-cage/wp/2016/10/04/read-this-book-if-you-want-to-know-what-chinas-citizens-really-think-about-their-government/?utm_term=.343b3a804217.

22. Bruce J. Dickson, *The Dictator's Dilemma: The Chinese Communist Party's Strategy for Survival* (New York: Oxford University Press, 2016), 229~230쪽.

23. Tom Orlik, "Unset Grows as Economy Booms," *Wall Street Journal*, September 26, 2011, https://www.wsj.com/articles/SB10001424053111903703604576587070600504108.

24. "Tasmanian Wilderness World Heritage Area," Parks and Wildlife Service, Tasmania, last updated March 27, 2017, http://www.parks.tas.gov.au/index.aspx?base=391.

25. Josh Chin and Brian Spegele, "China Details Vast Extent of Soil

Pollution," *Wall Street Journal*, April 17, 2014, https://www.wsj.com/articles/SB10001424052702304626304579507040557046288.

26. "China's Vaccine Scandal Reveals System's Flaws," *Wall Street Journal*, March 25, 2016, http://www.wsj.com/articles/chinas-vaccine-scandal-reveals-systems-flaws-1458906255.

27. "Chinese Olympians Banned from Eating Meat," *China Daily*, March 2, 2012, http://usa.chinadaily.com.cn/sports/2012-03/02/content_14742183.htm.

28. "Players Warned Too Much Meat Abroad May Lead to Positive Test," ESPN, May 4, 2016, http://www.espn.com/nfl/story/_/id/15454487/nfl-warns-eating-too-much-meat-mexico-china-result-positive-test.

29. Phil Mercer, "Shopping in Australia, While in China," BBC, October 24, 2016, http://www.bbc.com/news/business-37584730.

30. Dickson, *Dictator's Dilemma*, 271쪽.

31. Te-Ping Chen and Miriam Jordan, "Why So Many Chinese Students Come to the U.S.," *Wall Street Journal*, May 1, 2016, http://www.wsj.com/articles/why-so-many-chinese-students-come-to-the-u-s-1462123552.

32. Su Zhou, "Travelers Flee Smog in Quest for Clearer Skies, Peace, Quiet," *China Daily*, December 20, 2016, http://usa.chinadaily.com.cn/epaper/2016-12/20/content_27721159.htm.

33. Chris Buckley, "China Warns Against 'Western Values' in Imported Textbooks," *New York Times*, January 30, 2015, https://sinosphere.blogs.nytimes.com/2015/01/30/china-warns-against-western-values-in-imported-textbooks/.

34. "楼继伟警告: 财政和货币政策加杠杆造成经济稳定幻象" (루지웨이의 경고: 재정·통화 정책을 통해 차입 투자를 늘리면 경제가 안정된다는 환상이 생긴다), *Sina Finance*, March 19, 2017, http://finance.sina.com.cn/meeting/2017-03-19/doc-ifycnpit2323467.shtml.

우선 나를 특별 연구원으로 받아준 우드로윌슨국제학술센터^{Woodrow} Wilson International Center for Scholars에 감사드린다. 특별 연구원이 되지 못했다면 아마 이 책을 쓰지 못했을 것이다. 특히 특별 연구원 기간이 만료된 뒤에도 계속 센터에 머무를 수 있게 해준 로버트 리트왁^{Robert} Litwak, 내 아이디어를 듣고 자신의 의견을 들려주는 중요한 역할을 해준(그리고 처음 아버지가 된 내게 환상적인 조언과 지원을 해준) 로버트 댈리^{Robert Daly}, 지원과 격려를 아끼지 않은 키신저연구소*의 모든 성원—스테이플턴 로이^{Stapleton Roy}, 샌디 포^{Sandy Pho}, 루이 종^{Rui Zhong}—과 센터 도서관을 내가 상상할 수 있는 것보다 훨씬 소중한 자원으로 만들

---

* Kissinger Institute. 우드로윌슨국제학술센터에 속한 연구소로 정식 명칭은 키신저중국미국연구소^{Kissinger Institute on China and United States}이다.

어준 재닛 스파이크스Janet Spikes, 미셸 캐멀릭Michelle Kamalich, 캐서린 월러Katherine Wahler 등에게 감사한다. 그리고 언뜻 아무 관련이 없어 보이는 조사 요청을 끊임없이 퍼붓는데도 인내심을 갖고 척척 처리해준 모든 인턴들, 앨리샤 첸Alicia Chen, 장 모량Jiang Moliang, 자 양Jia Yang, 제시카 류Jessica Lie, 스티브 한Steve Han 에게도 고맙다는 말을 하고 싶다.

『월스트리트저널』 중국 사무소의 예전 동료들 모두에게도 감사한다. 이 엄청난 기자 집단과 매일 함께 일하는 것은 그 자체로 영감이 되었다. 특히 베이징 사무소의 두 국장으로 과감하게 나를 믿어준 앤디 브라운Andy Browne, 내가 스스로 무슨 일을 하는지 알고 있다고 신뢰하여 내가 중요하게 생각하는 기사들을 계속 추적할 수 있게 충분히 여유를 준 찰스 허츨러Charles Hutzler에게 감사한다. 그리고 누구보다도 리얀 치Liyan Qi와 그레이스 주Grace Zhu, 양 제Yang Jie가 없었다면 이 책을 쓸 수 없었을 것이다. 그들 모두를 한 문장으로 뭉뚱그리는 것은 공정해 보이지 않는다. 그들은 내가 쓴 가장 좋은 기사들을 같이 작성하다시피 한 파트너였지만, 중국에서 언론 보도에 가하는 변덕스러운 규제를 감안할 때, 그들이 모범적인 언론인이라는 사실에 대해 정말로 받아 마땅한 인정을 받는 일은 일어나지 않을 것이다.

조언을 아끼지 않은 이들, 그리고 특히 이 책의 일부를 미리 읽어준 이들에게 고맙다는 말을 하고 싶다. 특별한 순서 없이 열거하자면, 리처드 맥그리거Richard McGregor, 앤드루 위더먼Andrew Wedeman, 샬린 추Charlene Chu, 그레이엄 스미스Graeme Smith, 칼 월터Carl Walter, 로건 라이트

Logan Wright, 제이슨 베더드Jason Bedord, 크리스티나 한Christina Han, 마이클 밴 더 미어Michael Van der Meer, 앤드루 포크Andrew Polk, 내털리 케이드Natalie Cade, 스티븐 그린Stephen Green, 앤 스티븐슨-양Anne Stevenson-Yang 등이 내게 더없이 소중한 도움을 주었다.

출판사를 구하느라 많은 시간과 노력을 기울인 나의 에이전트 데이비드 맥코믹David McCormick과 그의 동료 수전 홉슨Susan Hobson, 브리짓 매카시Bridget McCarthy, 이 책의 잠재력을 믿어주었을 뿐 아니라 편집자로서 능수능란한 실력을 보여주며 한두 문장만으로도 나를 바로잡아주는 괴력을 발휘한 담당 편집자 릭 울프Rick Wolff에게는 특별히 감사해야 한다.

그리고 누구보다도 아내 레이Lei에게 고맙다. 내가 생각한 것보다 훨씬 오래 걸린 이 프로젝트를 끈기 있게 지지해주고, 내가 쓴 초고가 효과를 발휘하지 못한 이유를 정직하면서도 완곡하게 설명해주고, 중국이 어떻게 움직이는지에 관한 자기만의 독특한 경험과 통찰을 나눠준 아내가 없었다면, 아마 이 책은 조잡한 결과물이 되었을 것이다. 아니 아예 나오지도 못했을 것이다.

최근 여러 신문에 보도된 중국 역사상 최대 규모의 현금 은닉 사건은 그 규모로 세간의 관심을 끌었다. 외신 보도에 따르면, 비리 혐의로 조사를 받던 화룽자산관리공사 전 회장 라이샤오민賴小民의 집에서 3톤에 달하는 현금 뭉치가 쏟아져 나왔는데, 그 액수가 444억 원에 달했다. 이로써 이 책에 등장하는 부패한 장성의 기록이 깨졌다. 이 장성은 뇌물로 받은 1톤의 현금을 집에 쌓아놓고 있다 적발되었는데 그 액수는 365억 원이었다. 중국 경제의 부패상과 이른바 '대륙의 스케일'을 보여주는 극명한 사례로 심심찮게 등장하는 이야기다.

거의 10년 가까이 중국 경제는 매년 10퍼센트 성장을 기록하면서 미국에 이어 세계 2위에 올라섰다. 전성기를 구가한 이 시기에 중국 특파원으로 일한 언론인 맥마흔은 부패만이 중국 경제의 어두운 그림자인 것은 아니라고 지적한다. 그러면서 이 시기에 현장에서 발로 뛰며 취재하면서 직접 눈으로 본 현실을 말해준다. 지은이의 눈에 비친 중국 경제는 전체적인 토대가 상당히 취약하고, 이미 허물어지는 조짐을 보이고 있다.

'메이드 인 차이나' 제품이 없이는 한순간도 일상생활이 가능하지 않을 정도로 전 세계의 거의 모든 소비재를 생산하게 된 세계의 공장, 유럽과 일본의 백화점 명품관을 싹쓸이하는 신흥 부유층, 베이징과 상하이를 비롯한 대도시의 스카이라인을 완전히 바꿔놓은 초고층 건물들, 미국에 이어 가장 많은 230만 명의 백만장자, 상대 국가의 경제에 커다란 타격을 주는 해외 관광객 통제를 외교 무기로 활용하는 중국 정부의 모습을 보면서 많은 이들은 중국이 미국을 제치고 세계 최대의 경제국에 올라 세계 경제를 지배하는 것은 시간문제일 뿐이라고 생각했다.

하지만 지은이는 베이징이나 상하이의 화려한 모습에 취하는 대신 그 이면을 바라보아야 중국 경제의 전체적인 모습을 조망할 수 있다고 일침을 놓는다. 그러면서 세계인이 익히 아는 대도시보다는 중소 도시와 외딴 지역을 돌아다니면서 각계각층의 중국인을 직접 만난다. 이 과정에서 그가 발견하는 모습은 충격적이다. 어마어마한 규모로 지어놓았지만 막상 완공된 뒤 가동률이 형편없거나 아예 생산을 중단한 좀비 공장, 입주 인구 규모를 예상하거나 사전 신청도 없이 무작정 지어서 미분양이 속출해 유령 도시로 변해버린 신축 아파트 단지, 역시 사전 조사를 제대로 하지 않은 채 무모하게 추진하는 바람에 완공된 지 몇 년이 지났지만 여전히 텅 비어 있는 신도시와 신구, 돈 먹는 하마로 전락한 기반 시설 사업, 미로같이 복잡한 그림자 금융 시스템, 공사가 중단된 채 황량하게 서 있는 초고층 건물 등이 적나라하게 드러난다. 이런 취재 과정에서 지은이가 뽑아낸, 중국 경제를 압축적으로 설명하는 키워드는 부채와 부패, 거품, 그리고 이 모든 것의 밑바탕에 놓인 낭비이다.

맥마흔은 중국의 급속한 성장이 가능했던 것은 바로 이 낭비 때문이라고 말한다. 국가가 주도하는 가운데 국영 은행들이 신용을 무한정 공급해서 생산을 자극한 덕분이었다. 국가가 성장 제일주의를 추구하는 가운데 지방정부는 세입을 늘리기 위해 산업 과잉 투자를 장려한다. 그래야 국내총생산 증가 목표를 달성할 수 있기 때문이다. 때로는 수치를 조작하기도 한다. 지은이가 중국 속담을 비틀어 말하는 것처럼, "마을은 진에 거짓말을 하고, 진은 현에 거짓말을 하며, 이런 식으로 결국 국무원까지 거짓말이 이어진다". 그리하여 모든 성의 성장 수치를 합하면 중국 전체의 국내총생산 성장률을 훌쩍 넘어선다. 마치 카드로 지은 집처럼, 이렇게 산더미 같은 부채 위에 쌓아올린 만리장성은 위태롭기만 하다. 무엇보다 문제가 되는 것은 국내총생산 대비 부채 규모가 클 뿐만 아니라 최근 10년 사이에 경이적인 속도로 증가했다는 점이다.

지은이는 이런 성장의 이면을 중국에서 직접 만난 갑남을녀들을 통해 생생하게 보여준다. 작업량을 확보하지 못해 가동을 멈춘 세계 최대의 중압 단조 기계, 신도시 부동산 개발에 밀려 쥐꼬리만 한 보상을 받고 자기 땅을 빼앗긴 가난한 농부, 전매 당국의 횡포에 맞서 혼자 싸우는 평범한 소금 거래업자, 부동산 가격 급등에 따라 생겨난 새로운 계층인 대출 노예와 개미족과 따오쓰 등 사회적 갈등의 화약고를 가

감 없이 보여준다. 또한 공장에서 병입한 제품이라 빈티지가 아무 의미가 없는데도 오래 묵은 마오타이주가 어느 날 갑자기 수백만 원을 호가하게 된 사정이라든가, 항저우 외곽에서 사우스캐롤라이나주로 섬유 공장을 옮기기로 결정한 사업가의 이야기, 고품질의 철강을 생산하고 전 세계 펜의 80퍼센트를 만들면서도 정작 부드럽게 잘 써지는 양질의 볼펜은 생산하지 못해 베어링을 독일과 일본에서 수입해야 하는 중국 산업 이야기 등을 통해 급성장의 그림자를 보여준다.

악성 부채와 만성적인 설비 과잉, 그림자 금융, 기득권 세력의 부패, 투기 열풍, 인구 노령화 외에도 도농·지역·부문 간 심각한 경제적 불균형과 소득 불평등은 중국이 직면한 커다란 문제다. 중국 정부 스스로도 시한폭탄 위에 올라앉아 있다는 것을 알고 있다. 하지만 원자바오 전 총리가 중국 경제가 "불안정하고 불균형하며 조정되지 않고 지속 가능하지 않다"고 경고한 이래 중국 지도자들은 점점 목소리를 높였지만 실질적인 변화는 나타나지 않았다. 시진핑은 대대적인 부패 척결 운동에 나서는 동시에 부동산 투기를 억제하고 그림자 금융의 고삐를 당기려고 한다. 하지만 지은이는 중국 지도부가 추진하는 개혁이 성공할 가능성을 회의적으로 본다. 공급 중심 개혁은 과잉 설비를 해결할 수 있을 뿐 애당초 근본적인 구조 문제를 풀 수는 없기 때문이다. 과연 중국 지도부는 빚으로 쌓은 만리장성에서 점점 커져가는 구멍을 막을 수 있을까? 중국 경제 앞에는 2008년 세계 금융 위기 같은 심판의 날이 기다리고 있을지 모른다. 하지만 지은이는 이 심판의 날이 언제 도래할지, 어떤 형태로 나타날지 섣불리 예측하려 하지는 않는다. 다만 경고의 목소리를 낼 뿐이다. 어쩌면 최근 들어 중국이 공공연하게 팽창주의적인 태도를 보이고 공세적인 대외 정책을 견지하는 데는 이런 사정이 있을 것이다.

한국의 대외 무역의존도 가운데 가장 높은 수치를 기록한 것은 대중 무역의존도로 18퍼센트(2017년 기준)를 차지하며, 수출(27.7퍼센트, 2018년 7월 기준)과 수입(19.6퍼센트, 2018년 7월 기준) 모두 중국이 1위를 차지했다. 대중 무역 흑자는 443억 달러(2017년 기준)에 달한다. 중국 경제의 건전성과 향후 추세에 관심을 기울일 수밖에 없는 사정이다. 그리고 이 책을 읽어야 하는 이유이기도 하다.

2018년 8월 유강은

ㄱ

간쑤성 84, 226, 234
거더 경매 189~191, 193, 194
공급 중심 구조 개혁 265, 269
광시성 129
구제금융 75, 185, 201
국가발전개혁위원회 82, 83, 104, 149
국제통화기금 79, 218
그림자 금융 156, 163, 171~175,
    177~179, 183, 185, 196, 212, 213,
    218~220

ㄴ

나지르, 샤히드 216
낙수 효과 경제학 265
닉슨, 리처드 190

ㄷ

다시, 짐 274
다이고우 303, 304
단둥 123
대출 노예(팡누) 149
덩샤오핑 11, 12, 37, 105, 133, 134,
    168, 308
데이비스, 제퍼슨 253
도시화 14, 92, 99~102, 108, 109, 114,
    118, 120, 226, 288, 309
돈부시, 루디 220
둥펑자동차 81~83
딕슨, 브루스 297, 304

ㄹ

란저우 84
래더, 댄 190

랭커스터 카운티 253~256, 258, 262, 277
랴오닝성 41, 55, 56, 95, 101, 109, 110, 123, 202
랴오샤오췐 121
런훙빈 75
레이건, 로널드 265, 266
로메로, 조지 A. 76
롤리(노스캐롤라이나주) 120
루지웨이 24, 260, 262, 264, 265, 307
뤄양 32, 36, 37, 50, 106
류샤오보 22
류옌난 162~167, 169, 171, 173, 182
리먼브라더스 212, 213
리야오치앙 235, 236, 238, 239
리오틴토 67, 68
리춘청 115
리커창 41, 42, 46, 53, 77, 109, 110, 114, 116, 229, 231, 268
리톄 116, 120

ㅁ
마수드섬유공장 215
마오쩌둥 12, 168, 191, 229
마오타이주 189~194, 204~206, 210
매킨지 71, 99, 100, 154
메르켈, 앙겔라 21
면화 199, 215, 254, 255, 263, 264, 281
밀리언달러 공장 253, 254

ㅂ
바수쑹 136, 137

바이두 99
바이주 189
바쿠가이 291
보비(곰 인형) 286, 287, 293, 294, 300, 301, 303, 304
보잉 67, 291
보호주의 86, 276, 277, 279
부두 경제학 265
부패 척결 운동 38, 53, 210, 218, 232~234, 246
북방명주 200, 201, 210
브리드스토 라벤더 농장 285~287, 300, 301, 303

ㅅ
산둥루이과학기술그룹 215
산둥성 79, 146, 215~217, 242
상푸린 206
샹송쥐 207
새로운 표준(신창타이) 310
샤르마, 루치르 16
샤오강 178, 179
샤오산 255, 256, 258, 263, 280, 282
서브프라임 모기지 위기 26, 145, 147, 175, 180, 289
선양 55, 56, 102, 103, 123, 200, 201
선전 107, 200, 207, 271, 287
선푸 123
세계무역기구 23, 85, 254, 255, 257, 309
세계보건기구 225
세계은행 261, 295

세계화 257, 277

센추리번드 281

소로스, 조지 19, 20, 24

쉴 새 없이 움직이는 손 44

슐츠, 하워드 292

숭안(신구) 104

스옌 80~84

스창쉬 66, 71

스탈, 레슬리 116

시진핑 23, 24, 38, 53, 123, 199, 210, 216, 221, 229, 230~234, 265~268, 277, 289, 310

신궈빈 278

실버코프메탈 33, 34, 37, 48~52

싼샤 댐 133, 203

쑨리핑 233, 239

쓰촨성 63, 64, 68, 75, 88, 106, 233, 271

ㅇ

악성 채무 25, 40, 41, 71, 73, 124, 137, 169, 196, 198, 207

애벗, 토니 21, 22

얀용녠 68, 69

양쯔강 81, 88, 133

얼종(중국제이중형그룹) 63, 64, 66, 68, 69, 71~76, 78, 81, 87~92, 207

예금 인출 사태 211, 212

오스만 남작 134

요오드 결핍(증) 225~228, 237, 245

우잉 165, 167

우하이 46~48

우한 69, 81, 114, 115, 200

원자바오 44, 167, 228~230, 233, 236, 237

웨이보 286

유니룰 79

유령 도시 55, 97~99, 117, 123, 146, 150

율리 163, 164, 167, 169~171, 173, 182

인종칭 156, 208

잉커우 123

ㅈ

자오쯔양 134, 135, 229

장웨이잉 85

장징창 95~97, 101, 102, 110, 113, 123

장쩌민 109, 309

저우융캉 233, 234

정저우 116~118

좀비 기업 76~80, 86

주룽지 309

주산칭 255~258, 262, 263, 280~282

중국 예외주의 20, 21

중국개발은행 124

중국기계공업그룹(시노맥) 74, 75

중국도시개발센터 104, 105, 107, 116, 120

중국석유공사(페트로차이나) 233, 237, 240

중국알루미늄공사(차이날코) 67, 68

중국인민은행 17, 177, 196, 211, 212

중국증권감독관리위원회 179

중난하이 228

지니계수 295
지방정부 자금 조달 기구 122
지젠예 115
진둥하이 56

ㅊ
차오샹훙 238, 239
차이징 237, 238
챙, 고든 19
천궈웨이 236, 237
청쓰웨이 122
체이노스, 짐 19, 24

ㅋ
카니, 마크 18
칸스, 존 32~36, 42, 48, 49, 51, 52
코맥 919 67, 69
코미, 제임스 272
크얼 그룹 281
클라우스, 미하엘 278, 279
클렌부테롤 302
키신저, 헨리 190

ㅌ
타오바오 304
텐센트 271
톄링 95~97, 101~103, 110~113,
    118~120, 123, 124
토지수용 130~132, 135
트럼프, 도널드 277

ㅍ
파라버두 11~13, 21
판강 276
판야금속거래소 180, 198
펀주 197, 204
폭스콘 117, 118
푸둥 105~107
푸청위 208
프리드먼, 밀턴 105
프리드먼, 토머스 20
피셔, 리처드 41
필바라 11~14

ㅎ
한 자녀 정책 230, 260
한창푸 279
허난성 32, 109, 116, 117
허난파운드광업회사 50
허베이성 129, 150, 234, 242, 246
허판 241
허페이 202
헝란 57
헤일리, 우샤 275, 276
헤일리, 조지 275, 276
황쿤 31~37, 42, 48~52
회색 소득 247, 248
후야오방 11, 12
후제 97, 102, 113, 114
후진타오 228, 229
후커우제 108, 148, 298

기타

〈돔 지붕 아래〉 237, 238

〈살아 있는 시체들의 밤〉 76

〈패밀리 앨범 USA〉 90

P2P 대출 163, 164, 169~172, 207, 208

『국가의 흥망성쇠』 16

『독재자의 딜레마』 297

『중국 산업에 투입되는 보조금』 275

『중국의 임박한 몰락』 19

지은이 디니 맥마흔 Dinny McMahon

오스트레일리아 출신의 언론인으로 중국 경제와 금융 시스템 전문가이다. 베이징에서 6년간 『월스트리트저널』 기자로 근무했고, 상하이에서 4년간 『다우존스뉴스와이어스』 기자로 일했다. 중국에 체류하는 동안 『파이스턴이코노믹리뷰』에도 글을 기고했다. 2015년 중국과 『월스트리트저널』을 떠나, 워싱턴DC에 있는 우드로윌슨 국제학술센터 특별연구원으로 일하면서 『빛의 만리장성』을 완성했다. 중국어를 유창하게 구사하는 그는 현재 시카고대학교 폴슨연구소 산하의 중국 경제 전문 싱크탱크인 마르코폴로MarcoPolo에서 일하고 있다.

옮긴이 유강은

국제 문제 전문 번역가. 옮긴 책으로 『불평등의 이유』(2018년), 『신이 된 시장』(2018년), 『자기 땅의 이방인들』(2017년), 『E. H. 카 러시아 혁명』(2017년), 『서양의 부활』(2015년), 『데드핸드』(2015년), 『조지 케넌의 미국 외교 50년』(2013년), 『의혹을 팝니다』(2012년) 등이 있으며, 『미국의 반지성주의』(2017년) 번역으로 58회 한국출판문화상 번역 부문을 수상했다.

빛의 만리장성

발행일	2018년 9월 10일 (초판 1쇄) 2018년 12월 31일 (초판 3쇄)
지은이	디니 맥마흔
옮긴이	유강은
펴낸이	이지열
펴낸곳	미지북스 서울시 마포구 성암로 15길 46(상암동 2-120번지) 201호 우편번호 03930 전화 070-7533-1848 팩스 02-713-1848 mizibooks@naver.com 출판 등록 2008년 2월 13일 제313-2008-000029호
책임 편집	오영나, 이지열
출력	상지출력센터
인쇄	한영문화사
ISBN	978-89-94142-86-9 03320
값	16,800원

블로그 http://mizibooks.tistory.com
트위터 http://twitter.com/mizibooks
페이스북 http://facebook.com/pub.mizibooks